L'APRÈS-VIE

Hélène Renard

L'APRÈS-VIE

ÉDITIONS FRANCE LOISIRS

Éditions du Club France Loisirs,
avec l'autorisation des Éditions Oxus

Éditions France Loisirs,
123, boulevard de Grenelle, Paris,
www.franceloisirs.com

© Oxus 2005
ISBN : 978-2-298-00020-7

Les preuves de l'après-vie

Y a-t-il une vie après la mort? Tous, nous « mourons d'en vie[1] » de connaître la réponse à cette question dont les hommes débattent depuis des siècles. La réponse en est toujours au même point : au « point mort », justement, alors qu'il n'en est pas de plus fondamentale puisqu'elle détermine le sens (à la fois la signification et l'orientation) de la vie humaine.

Mais, c'est « la mort dans l'âme » qu'il faut avouer notre impuissance : nul n'a jamais pu donner de *preuves* de la vie *post mortem*.

Ces preuves, on les réclame aujourd'hui parce que les croyances s'effritent, les certitudes vacillent.

Mais de quelles preuves parle-t-on? Des preuves expérimentales, objectives, fondées scientifiquement? Alors, sans doute se feront-elles encore attendre longtemps si tant est qu'on les trouve un jour. C.-G. Jung notait déjà, à propos des apparitions,

1. Les expressions familières et populaires sont toujours significatives de l'importance d'un concept. On voit que le mot « mort » est intimement lié à de nombreuses expressions de la vie courante. Comme si on apprivoisait la mort en l'incluant dans la vie.

du retour des morts, des ensorcellements et autres
« histoires fantastiques », qu'il était normal qu'à
notre époque scientifique « on désire savoir si de
telles choses sont " vraies " sans prendre en compte
ce que devrait être la nature d'une telle preuve ni
comment on pourrait la fournir ».

Car l'attitude scientifique qui veut des phénomènes démontrables mathématiquement, répéti-
tifs, mesurables, est inadéquate à cette question.
Ce qui n'empêche pas de mener scientifiquement
des expériences et des recherches sur des états
approchant la mort, « états limites » comme on les
appelle, ou sur des états de conscience qui lui
seraient comparables. Ces recherches n'ont pas
pour but de « prouver » la survie mais de décrire
des observations sans pouvoir avancer d'explications définitives.

Cependant, l'après-vie est bien de l'ordre de
l'expérience, mais d'une *expérience individuelle* que
la science ne peut analyser. Problème auquel s'était
heurté le philosophe Jankélévitch (qui n'était pas
croyant) : « Au point de vue purement scientifique,
la survie paraît irrationnelle, elle n'est pas prouvée,
elle n'est pas expérimentée, elle ne peut pas être
expérimentée et elle semble même contredire la
réalité qui est la déchéance physique de l'être
humain. Mais d'un autre côté, d'un point de vue
philosophique, comment concevoir que ma pensée
qui pense la mort puisse être détruite par la mort
puisque, la pensant, elle lui est supérieure ? »

Certes, il est de la plus grande utilité d'observer
avec des méthodes aussi rigoureuses que possible
les réactions des agonisants, de comparer les souvenirs des rescapés de la mort, d'étudier le contenu
des apparitions aux mourants, etc. Tout cela peut

nous éclairer sur la survie sans pour autant constituer des preuves au sens scientifique du mot[1].

Mais il existe une autre catégorie de preuves,
non probantes pour les scientifiques mais qui est la
seule que l'on puisse avancer pour étudier l'après-
vie : les *preuves subjectives*.

Celui qui tient pour lui-même la preuve d'une
forme de vie possible après la disparition du corps
physique (soit parce qu'il a communiqué avec un
défunt, soit parce qu'il a eu la sensation de vivre
hors de son corps, soit parce qu'il est « revenu » des
portes de l'au-delà, etc.), celui-là n'a nul besoin de
preuve objective. Son expérience individuelle lui
tient lieu de preuve tout court.

On objectera qu'il s'agit alors non de preuve
mais de croyance. Entendons par preuve subjective
une croyance dûment éprouvée dans le corps,
physiquement ressentie et vécue[2]. Ce genre d'expérience individuelle s'assortit d'ailleurs d'une
dimension objective qui peut servir de base à une
étude expérimentale.

Henri Bergson, dans son allocution présiden-
tielle à la Société pour la recherche psychique de
Londres, en 1913, déclarait à propos des apparitions et de cette recherche psychique : « Lorsque je
considère le grand nombre de cas, leur similitude,

---

1. Ainsi entendues, ces preuves ne sont d'ailleurs que des confir-
mations d'hypothèses; elles s'assortissent d'un caractère provisoire.
On les tient pour des preuves selon une certaine théorie jusqu'à ce
que quelqu'un d'autre ait trouvé des preuves différentes avec une
théorie modifiée ou même contraire.

2. L'historien Paul Nothomb, dans *L'Homme immortel* (Albin
Michel, 1984), va même jusqu'à démontrer que « le désir de survie de
l'homme est la *preuve* non logique qu'il est destiné à survivre et son
horreur de la mort, la *preuve* non logique qu'il n'est pas fait pour
mourir ». Sa conviction s'appuie sur l'observation que nos désirs sont
des moyens de connaissance des réalités ultimes auxquelles nous
sommes destinés.

leur air de famille et l'harmonie de tant de témoignages qui ont tous été analysés, vérifiés et examinés, j'ai tendance, quant à moi, à croire autant à la télépathie que, par exemple, à la défaite de l'Invincible Armada. Ce n'est pas une certitude mathématique telle qu'elle est formulée par la preuve du théorème de Pythagore. Ce n'est pas non plus la certitude qui émerge de l'examen de la loi de Galilée. C'est cependant le genre de certitude que nous avons dans le domaine de l'histoire et de la jurisprudence. »

Un témoignage (ou même plusieurs) n'est pas une preuve. Témoin unique, témoin nul, disaient les Romains. Cependant, les expériences individuelles forment un ensemble de preuves subjectives. On le remarquera, j'ai préféré, dans cet ouvrage, donner longuement la parole à un seul « grand témoin », celui dont l'expérience m'a semblé à la fois la plus signifiante et la plus exemplaire d'expériences similaires.

La question formulée : « Y a-t-il une vie après la mort ? », peut alors se poser en termes plus précis : pouvons-nous, de notre vivant, avoir des expériences telles qu'elles soient tenues pour des preuves de la survie ? Et, cette fois, la réponse est oui.

Quatre états de vie m'ont paru les plus propices à acquérir ces preuves subjectives de l'après-vie : l'état hors du corps, l'état de pré-mort, l'état de rêve, l'état de médium.

Ils permettent en effet d'accéder à d'autres modes d'existence, entendons par là à d'autres relations avec la matière et avec l'espace-temps. Car tous les quatre remettent en question le rôle apparemment indispensable de l'enveloppe physique.

Ces quatre états de vie fournissent aussi les lignes directrices des recherches au sujet de l'après-vie : expériences extracorporelles, visions sur le lit de mort, souvenirs de vie antérieure, phénomènes médiumniques, etc. Nous verrons dans quelles mesures elles accréditent l'hypothèse de la survie.

Ce qui apparaît, c'est que nous pouvons, dès cette vie, approcher notre condition future. Tout se joue ici et maintenant. C'est dans ce monde, dans ce corps, avec ce psychisme, que nous pouvons obtenir notre preuve de la survie. Après, il sera trop tard [1]. C'est la position du sage Krishnamurti : « Ce que vous êtes à présent est beaucoup plus important que ce que vous serez dans votre vie future. Il ne s'agit pas de savoir s'il y a réincarnation mais s'il y a incarnation en ce moment. » Et comme le dit Marguerite dans *Le Roi se meurt* : « C'est ta faute si tu es pris au dépourvu, tu aurais dû t'y préparer. Tu n'as jamais eu le temps. Tu étais condamné, il fallait y penser dès le premier jour et puis, tous les jours, cinq minutes tous les jours, ce n'était pas beaucoup. Puis dix minutes, un quart d'heure, une demi-heure. C'est ainsi que l'on s'entraîne. »

Reste à déterminer ce que peut être la survie. Est-ce un retour à la grande « soupe » atomique ? Après tout, même réduit en poussière, notre corps sera encore composé d'atomes qui serviront de « terreau » à de futures créatures. Une réincarnation de

---

1. C'est aussi la conclusion de François Grégoire dans son ouvrage sur les croyances en l'au-delà : « Peut-être n'est-il pas absurde de supposer que c'est pendant l'existence terrestre que se crée la vie d'au-delà et que l'homme n'est immortel que si, et dans la mesure où, ici-bas, il a cru sincèrement à l'immortalité. » (Ce qui exclurait l'idée d'une survie pour tout le monde...)

la meilleure part de nous-mêmes ? Ou bien la réin-
tégration de ce que nous avons été dans un corps
d'une matérialité nouvelle ?

Quand nous parlons de survie, nous voulons une
survie individuelle, prolongement de ce que nous
avons été dans cette vie-ci, perfectionnement de ce
que nous aurions voulu être. Si notre identité n'est
pas préservée, à quoi bon survivre ?

Ce que disait Dalí : « Je réclame une vie dans
l'au-delà avec persistance de la mémoire. Je veux
bien renoncer aux béatitudes éternelles pourvu
que, dans l'éternité, je me souvienne de tout. »

Les religions n'affirment pas cette possibilité
d'une conscience préservée, mais elles s'accordent
sur l'idée d'une survivance. L'universalité d'une
croyance n'implique pas sa justesse mais indique,
tout au moins, l'influence importante qu'elle exerce.
Aussi l'étude de l'après-vie dans ses diverses formu-
lations religieuses est-elle bien le point de départ
obligé de toute réflexion sur le sujet.

Depuis la première édition de cet ouvrage, le
champ de mon étude s'est sensiblement agrandi.
Aussi, pour cette mise à jour, ai-je voulu tout particulièrement prendre en compte les dernières expériences et les plus récents témoignages de ceux qui
ont entrepris de communiquer avec les défunts ainsi
que les recherches sur l'état de pré-mort ou sur la
réincarnation.

L'immortalité

Il semble bien qu'en tout lieu et de tout temps la mort ait été ressentie comme inacceptable lorsqu'on la concevait comme une fin. Croire en une autre vie est plus qu'une espérance, c'est une exigence si impérieuse qu'elle peut apparaître comme inscrite dans les gènes de l'être humain.

Le monde visible n'offrant pas de réponse à cette angoisse essentielle, il a fallu imaginer, croire. Et les religions ont proposé leurs conceptions d'un autre monde où se poursuivait la vie.

Les juifs, les chrétiens, les musulmans ont foi en la résurrection. Les bouddhistes, les hindouistes en la réincarnation. À côté de ces grandes religions actuellement pratiquées, il nous a paru important de mettre en évidence ce qui, dans les religions « mortes », a influencé nos croyances, notre inconscient, notre culture à propos de cette idée de survivance de l'homme après sa mort.

Dès la préhistoire, on trouve des traces significatives d'une idée de la survivance : le mort est enseveli – même grossièrement sous un amas de pierres, avec des objets de travail, des silex taillés, etc. Et cela dès l'époque moustérienne (-70 000 à -50 000 environ). La plus ancienne « sépulture », en réalité un amas de pierrailles, semble être en Irak, à Shanidar, à la frontière turque, où huit squelettes de néanderthaliens ont été retrouvés.

À l'âge du paléolithique (-35 000 à -10 000), on enterre les morts dans des grottes, des abris ou même sous le foyer où se tenaient les vivants. Une façon symbolique de maintenir le défunt au sein de sa famille. Le cadavre est enduit d'ocre rouge, une coutume très répandue. La couleur ocre rappelle à l'évidence le rouge du sang et donne ainsi au cadavre une « vie » pour l'autre monde. En Italie, dans une grotte, on a ainsi découvert le squelette d'un enfant reposant sur une couche d'ocre, au milieu de coquillages perforés.

À l'époque néolithique (-10 000), on assure aux morts une existence dans l'au-delà stable et protégée : on mure les grottes après y avoir déposé le corps. Apparaissent alors les premières sépultures : tumulus, dolmens, monuments funéraires et les premiers cimetières [1].

Le cadavre est souvent en position repliée, fœtale. Sans doute parce qu'il était ligoté dès après la mort. Le mort est enseveli avec ses objets familiers et tout un « mobilier » de haches, flèches, vases, etc. On dépose près de lui des offrandes qui lui servent de nourriture pour son séjour dans l'au-delà.

Ces détails révèlent chez les hommes préhistoriques un souci : le mort poursuivant une autre vie, les vivants ne doivent pas se désintéresser de son sort. Et aussi une crainte : le défunt peut revenir les tourmenter. Si l'on songe que certains squelettes ont été fixés au sol, on peut supposer que le tombeau n'était pas l'abri d'une dépouille mortelle, mais sa prison.

Sir James Frazer s'est attaché à rechercher les formes primitives de ce qu'il a appelé « la crainte des

---

1. Le mot cimetière vient du grec *koimêtêrion*, « le lieu où l'on dort ». Notons au passage l'analogie entre la mort et le sommeil, on la retrouvera dans le chapitre consacré à l'état de rêve et la mort.

morts [1] », crainte qui justifie tous les rites funéraires et postfunéraires.

En fait, les relations vivants-morts sont variables, tantôt, en effet, dominées par la crainte (on attribue aux morts les famines, les catastrophes), tantôt par l'affection (quand le défunt est enterré dans la maison, par exemple). Ce qui est constant, c'est la certitude, chez ces peuplades primitives, que le mort n'était pas si mort que cela.

À partir de la fin de la période considérée comme préhistorique, l'histoire se divise et chaque religion propose une solution originale au problème de l'après-vie.

Les Celtes : l'éternité tout confort

Les tombes celtiques renferment un « mobilier » funéraire complet : chars, armes (et même compagnons d'armes volontaires !), ustensiles, monnaies, parures, etc. On peut y voir la preuve non seulement d'une croyance en l'après-vie, mais d'une certaine hostilité au changement !

Les druides croyaient en l'immortalité de l'âme ou du moins en l'abolition du temps dans l'autre monde, comme en témoigne le chant *La Navigation de Bran*. Certains ont cru comprendre, en lisant ces poèmes de type cosmique, que les druides croyaient en la métempsycose mais rien ne le prouve ; il en est de même pour l'éventuelle croyance des Celtes en la réincarnation. Les informations écrites sur ces sujets

---

1. Titre de son ouvrage préfacé par Paul Valéry (Paris, Émile Noury éditeur, 1934).

sont trop sommaires pour qu'on se livre à de telles
affirmations et les propos de César à ce sujet ne sont
pas reconnus par les historiens comme des certitudes. Les druides enseignaient que la mort est un
voyage vers une île lointaine et mystérieuse au-delà
des mers. Belle évocation pour un paradis. Les guerriers morts au combat accédaient directement à ces
terres heureuses, symboliquement situées à l'ouest, à
l'occident, où le soleil se couche. Souvent, c'était une
fée, messagère du *sid*, qui venait chercher le mourant
sous la forme d'un cygne[1], symbole d'un état supérieur de l'être. Déjà, l'autre monde était perçu
comme totalement insensible aux contingences du
temps et de l'espace.

Les Germains : un banquet pour les héros

Les Germains, comme de nombreux Indo-Euro-
péens, incinéraient les cadavres et en inhumaient
ensuite les cendres.

La demeure légendaire des héros morts était le
Walhalla : chaque matin, au chant du coq, les héros
morts au champ d'honneur en sortaient pour aller
combattre le mal aux côtés du dieu Odin. Le soir, les
blessures se fermaient et les guerriers se retrouvaient
avec les *Walkyries* (étymologiquement, celles qui
choisissent les morts sur le champ de bataille) au
banquet du palais d'Odin.

---

1. Il est fréquent que le « transporteur de l'âme » soit un oiseau.
Chez les Iroquois, on lâche un oiseau au-dessus de la tombe, le jour de
l'enterrement. Les Tho du Tonkin attachent des plumes de canard
aux vêtements du mort (d'après sir James Frazer).

Ce séjour idyllique semblait être réservé aux héros et aux rois. Quant au commun des mortels, il était voué à un séjour souterrain dans les eaux sombres et glacées... le Hel.

Le chamanisme :
à la recherche de l'âme en fuite

Né sans doute dans les déserts de l'Asie centrale et de la Sibérie, le chamanisme [1], qui n'est d'ailleurs pas une religion mais plutôt un ensemble de techniques et de rites, ne s'est pas limité à ces régions puisqu'on en retrouve les caractéristiques chez les Indiens des deux Amériques, en Australie, en Indonésie, dans les Andes et au Tibet : guérison magique, pouvoirs, voyage au ciel et aux enfers, conduite des âmes au pays des morts, « suicide » et résurrection, rappel de l'âme, etc.

La mort étant considérée comme un départ de l'âme, le chaman a pour rôle de la ramener au plus vite afin qu'elle n'erre pas en proie à des forces malfaisantes. Le chaman, en état extatique, se dédouble et circule dans les autres mondes, le ciel ou les enfers.

Il est seul capable de trouver l'âme en fuite et de lui faire réintégrer un corps. Grâce à sa capacité d'extase, il est par excellence psychopompe, c'est-à-dire conducteur de l'âme. Pour le voyage périlleux

1. Pour une étude approfondie du chamanisme, on lira évidemment l'ouvrage de Mircea Éliade, *Le Chamanisme* (Payot, 1978), où sont décrits les rites de l'initiation chamanique, le symbolisme des costumes, les conceptions cosmologiques et mythiques ainsi que les différents aspects du chamanisme nord et sud-américain, océanien, asiatique, indo-européen, etc.

entrepris avec elle, il utilise la monture et les provisions de route placées dans la tombe du défunt. Il doit ensuite veiller à ce que le mort ne revienne pas tourmenter les vivants.

On retrouve l'idée, universellement attestée dans toutes les religions primitives et fréquente de nos jours dans les superstitions populaires, que les défunts récents ne se rendant pas compte de leur état, les vivants doivent parfois insister pour le leur faire comprendre. Ainsi certaines tribus sibériennes prennent-elles la précaution de ne pas revenir du cimetière par le même chemin qu'à l'aller (de même qu'en Inde les officiants balaient derrière eux pour effacer leurs traces afin d'empêcher le défunt de revenir à sa demeure).

En Égypte : un livre pour l'ultime voyage

Bien avant les pharaons, les peuples du Nil avaient l'obsession de l'au-delà. Toute leur vie sociale, religieuse, politique en était profondément marquée.

Pour eux la mort n'était pas une fin, mais un commencement, une étape de la transformation de l'individu pour qu'il puisse participer au mouvement perpétuel du cosmos.

La métaphysique égyptienne distinguait en l'homme six éléments : trois matériels (le corps physique, le nom et l'ombre) et trois spirituels : l'âme, *Ba*, l'esprit, *Akh*, et un principe mystérieux, le *Ka*, symbole de la part d'éternité reçue par l'homme dès avant sa conception, et garant de son immortalité.

Tout au long du voyage périlleux qui le conduit vers sa nouvelle vie, le *Ka* accompagne le défunt. Il va l'aider à échapper aux divinités cruelles armées de couteaux, à surmonter les épreuves qu'il devra affronter, à déjouer les ruses.

Il puise sa science dans un papyrus initiatique que les prêtres ont déposé près de la momie. Ce livre, connu sous l'appellation générale de *Livre des morts*, porte des titres variés : *Sortie vers la lumière du jour, Livre des portes, Livre de celui qui est dans la Douat, Livre de la demeure cachée...*, qui évoquent le parcours souterrain du voyageur.

Il contient les indications qui permettront au défunt de se diriger dans le pays des profondeurs, les douze régions de la Douat. Il indique les formules qui éveilleront la bienveillance des dieux et permettront d'échapper aux génies malfaisants. Sous la protection des mots magiques, le corps demeurera imputrescible, les portes s'ouvriront, l'esprit conservera toujours en mémoire le second nom du défunt, son nom d'éternité sans lequel il ne pourrait survivre dans l'autre monde, puisque aucun dieu ne le reconnaîtrait.

Il pourra, sans crainte, comparaître devant les dieux, devant Osiris, le grand juge, et devant les juges qui siègent derrière Osiris. Il saura présenter sa défense et particulièrement au moment décisif de la pesée de l'âme.

Car, avant d'être dirigé sur l'enfer ou le paradis, le cœur du défunt, c'est-à-dire sa conscience, est pesé dans la balance des dieux pour y être jugé. C'est la célèbre scène de la psychostasie peinte sur tous les papyrus funéraires. Devant Thot et Anubis, le mort doit prouver « ne pas avoir commis de péché contre les hommes, n'avoir jamais rien fait qui pût déplaire aux dieux, avoir respecté les hiérarchies, n'avoir point tué ni ordonné de tuer ni causé de souffrance à personne... ».

Et, battant sa coulpe, il déclare : « J'ai été le meilleur parmi les meilleurs. » C'est un artifice verbal, une sorte de magie des mots qui est censée tromper les dieux.

Après avoir écouté cette confession négative, Thot, scribe des dieux, et Anubis, protecteur des cimetières, interrogent la balance : à gauche, la conscience morale du mort ; à droite, la plume de Maât, la plume de la vérité. Thot, se tournant alors vers Osiris, déclare : « Il a été pesé dans la balance. Son cœur est juste car il n'est pas plus lourd que celui d'une plume. »

Le mort, pesé, justifié, peut entrer dans l'éternité, voyager à son aise dans les cieux, épouser n'importe quelle forme, contempler Râ dans son œuf cosmique, etc., et sa joie est sans réserve.

Le défunt libéré doit alors retrouver ses facultés vitales, indispensables pour vivre dans l'autre monde. Il se soumet aux rites d'ouverture de la bouche, du nez et des oreilles. Les trous de la tête et les orifices naturels du ventre sont ouverts par les instruments sacrés tandis que l'officiant pratique des attouchements rituels et des incantations magiques. Ces rites garantissent que le défunt ne verra pas ses os dispersés, comme Osiris, que son corps sera respecté dans son intégrité.

Le rite de l'ouverture de la bouche était le plus important du culte funéraire puisqu'il rendait au corps, momifié et emmailloté de bandelettes de lin blanc, l'usage de la langue, c'est-à-dire de la puissance créatrice[1]. Il avait pour but de permettre au défunt de retrouver son âme et l'usage de son corps qui était alors « de nouveau parcouru par un fluide de vie ».

Ainsi les Égyptiens avaient-ils établi la conception d'une justice posthume et celle d'une vie nouvelle, après la mort. Ils avaient inventé aussi un livre rassurant dont, faute de conviction, l'usage s'est perdu : le guide de l'ultime voyage.

En Mésopotamie : l'enfer sans retour

Au pays d'entre les deux fleuves, le Tigre et l'Euphrate, chez les Sumériens et les Akkadiens, le royaume de la Mort était un pays de ténèbres.

La survie n'était rien d'autre que l'enfer : un cercle cerné de sept murailles percées de sept portes. L'âme du mort devait, pour s'y rendre, traverser un fleuve sinistre et, en franchissant chacune des sept murailles, se dépouiller peu à peu de ses vêtements pour parvenir au cœur des enfers, monde sans lumière et sans espoir, l'Arallou.

L'Arallou est le lieu d'où nul ne revient, « la maison où l'on entre, sans espoir d'en sortir, par la route qui ne sert qu'à l'aller jamais au retour ». Ce qui caractérise la conception des idées mésopotamiennes de l'après-vie, c'est bien leur pessimisme.

---

1. On trouvera des détails sur ce rite dans : Albert Champtdor, *Le Livre des morts* (Albin Michel), qui offre une excellente explication de tous les symboles du rituel funéraire. Une explication plus « scientifique » est celle des commentaires d'Évelyne Rossiter, le *Livre des morts* (Seghers).

Le héros le plus célèbre de l'Assyrie, le roi d'Uruk, est Gilgamesh qui, à la suite de la fin tragique de son ami Enkidu, décide de vaincre la mort : « Je ne verrai pas la mort que je crains. »

Il sait qu'il existe un seul immortel au monde qui ait survécu au déluge, Utnapishtim. Celui-ci lui révèle que le sommeil est semblable à la mort et que s'il parvient à ne pas dormir six jours et sept nuits, il la vaincra. Comment interpréter symboliquement ce conseil ? Rester éveillé, c'est rester vigilant, conscient. Comme si seule la conscience donnait accès à l'état d'immortalité. Une idée vieille de deux mille six cents ans, qui rejoint les intuitions d'aujourd'hui.

Mais Gilgamesh s'endort ; la célèbre épopée nous fait alors comprendre qu'il n'y a rien à attendre des dieux – au mieux une longue vie sur cette terre (la vieillesse, accompagnée de la sagesse, était considérée comme le plus beau cadeau divin). Car l'immortalité n'appartient qu'aux dieux[1] et jamais les hommes – fussent-ils des héros – n'auront leur pouvoir :

« Quand les dieux créèrent l'humanité, ils lui donnèrent la mort. La vie, ils la retinrent dans leurs mains », dit *La Descente d'Ishtar*. Ce qu'il importe de retenir du mythe sumérien, c'est que le passage des êtres par le seuil de la mort constitue une sorte de plongée dans l'un des grands remous du courant de vie, selon un rythme régulier réglé par le retour cyclique des mondes. La pensée sumérienne adhère à l'Éternel Retour. C'est la même idée d'ailleurs que le Samsarâ hindou, ronde éternelle des mondes qui

---

1. Notons que l'éternité des dieux était conçue comme une immense durée et que les dieux eux-mêmes ne duraient pas éternellement. On retrouve cette idée dans le bouddhisme tibétain, par exemple.

naissent, meurent et renaissent. L'homme courbé sur lui-même tenant ses pieds en ses mains, formant ainsi un cercle, symbolisait ce cycle éternel (ce symbole deviendra chez les Grecs le serpent qui se mord la queue). Pour les Sumériens, la mort est « un seuil », ce qui implique le départ d'une nouvelle étape. Nul ne peut échapper à cette évolution personnelle analogue à l'évolution cosmique.

En Iran : le combat du Bien et du Mal

La doctrine présentée dans *l'Avesta* (VIIe siècle av. J.-C.), celle de la religion des Mèdes et des Perses (les Aryens) installés en Iran, offre, pour la première fois dans la pensée antique, les notions de salut, de récompense, de responsabilité, d'expiation. La morale joue un rôle dans le déroulement de la vie future. Dans la conception du mazdéisme (ou zoroastrisme), tout homme participe de son vivant au combat dualiste du Mal (Ahriman) et du Bien (Ormuzd). Après la mort, l'âme erre trois jours, hantée par le souvenir des bonnes et des mauvaises actions, puis se dirige vers un lieu où elle sera jugée d'après ses œuvres. Elle rencontre sa propre conscience sous les traits d'une jeune fille radieuse, si le défunt a pratiqué la piété et la vertu, ou sous les traits d'une sorcière, s'il a mené une vie corrompue.

L'âme est alors conduite au sommet du mont Elbourz où siège le tribunal de trois juges divins et où a lieu une « pesée » analogue à celle des Égyptiens. Après quoi, elle traverse le fameux pont Cinvat, étroit comme un cheveu : si elle tombe, c'est l'enfer,

l'enfer zoroastrien où règnent non pas le feu mais
le froid, l'obscurité et la puanteur. Les âmes s'y
tiennent serrées les unes contre les autres sans
se connaître, piquées, mordues, rongées par les
démons ; si l'âme du défunt passe, elle arrive à un
séjour céleste où le bonheur consiste à habiter près
de Dieu, dans l'allégresse et la lumière éternelle.

Entre le ciel et l'enfer, les zoroastriens admettaient
une zone neutre, « la maison des poids égaux », où les
âmes qui n'avaient ni beaucoup péché ni beaucoup
pratiqué la vertu attendaient la résurrection.

Celle-ci aura lieu quand le combat du Mal et du
Bien se terminera par la victoire du Bien. Car les
adeptes de Zoroastre croyaient en une résurrection
des corps : « Les morts se dresseront, la vie réintégrera leur corps. » Les bons se distingueront alors des
mauvais, qui seront finalement purifiés et se produira alors la Rénovation du Monde où tous boiront
le breuvage d'immortalité.

En Grèce : les fruits de l'immortalité

Les Grecs ont eu de l'au-delà une conception
qui s'est modifiée et complétée à travers les âges,
les croyances et les philosophies. Les fouilles de
Mycènes et de Cnossos ont révélé que, dès la période
égéenne ou créto-mycénienne – soit environ deux
mille ans avant la Grèce « classique » –, on croyait
déjà que l'âme survivait à la mort.

Dans l'*Iliade*, Achille voit apparaître durant la nuit
le fantôme de son ami Patrocle et il en conclut que la
vie continue sous une forme immatérielle.

Homère et Hésiode s'employèrent à imaginer un pays pour ces morts en survie. Ce fut le royaume d'Hadès et de son épouse Perséphone. Un lieu sinistre qui, selon Achille, « glace d'horreur les dieux eux-mêmes ». Les âmes y mènent une existence très diminuée sans espoir et sans joie, hantées par le souvenir de leur vie passée.

L'Hadès était entouré de quatre fleuves : le Styx, l'Achéron, le Cocyte et le Pyriphlégéthon. Le nocher Charon prenait les âmes dans sa barque pour leur faire traverser les fleuves [1]. Elles se trouvaient alors devant Cerbère, monstre tenant du chien et du serpent, chargé de surveiller l'entrée des Enfers non pour empêcher les âmes d'y entrer – cela va sans dire – mais pour leur interdire d'en sortir.

Héraclès (plus connu sous le nom d'Hercule) réussira cependant cette performance et parviendra même à arracher à ce triste lieu un autre héros : Thésée. Il est vrai que tous deux étaient entrés vivants dans le royaume des morts.

Cette victoire devient l'illustration d'une immortalité possible qu'Héraclès acheva de conquérir en cueillant les fruits de l'immortalité. Les dieux accordaient aux Grecs ce qu'ils avaient refusé à Gilgamesh.

Avant de descendre aux Enfers, Héraclès était allé à Éleusis pour s'initier aux mystères. Les mystères d'Éleusis étaient une initiation au monde de l'au-delà comparable à celle livrée par *Le Livre des morts* de l'ancienne Égypte.

---

1. La pièce d'argent que l'on dépose dans la bouche du mort sert à payer Charon pour passer le Styx. Il y avait dans la ville d'Hermione un raccourci pour se rendre aux enfers par un gouffre qui évitait la nécessité de faire le détour par le Styx. Aussi les « économes » habitants de cette ville ne déposaient-ils pas de pièce dans la bouche de leurs défunts... Comme quoi, même pour l'au-delà, il n'y a pas de petites économies !

L'Hymne à Déméter précise : « Heureux celui des hommes vivant sur la terre qui a vu ces mystères. Mais celui qui n'a pas été initié et celui qui n'aura pas pris part aux rites n'auront pas, après la mort, les bonnes choses de l'au-delà dans les sombres séjours. » Ainsi la participation aux mystères (ceux d'Éleusis, par exemple) garantissait-elle une vie posthume. L'homme initié dépassait sa condition humaine pour s'associer à la renaissance de la Nature et participer à l'union mystique avec la déesse, maîtresse de la Terre et donc de la renaissance et de la mort. Seul l'initié parviendrait chez Hadès tandis que le profane resterait plongé dans le « bourbier »[1].

Comme en Égypte, apparaissaient en Grèce une « géographie de l'au-delà » et l'idée d'un jugement. L'Hadès réservait aux âmes justes un séjour heureux, les champs Élysées, tandis que le Tartare était réservé aux impies.

Les défunts devaient connaître les formules magiques, les mots de passe permettant de parcourir sans danger les régions d'outre-tombe, notamment pour accéder à la fontaine de Mémoire. Cette consécration par la participation aux mystères répondait au désir d'une survie personnelle alors que la religion officielle ne présentait qu'une réponse floue et triste.

Avec Platon, émerge l'idée que l'âme est la prisonnière du corps et que, libérée de cette geôle, elle retourne aux sphères célestes. Si l'âme durant son séjour terrestre a été capable de détourner le corps des faux biens et des apparences sensibles, elle retournera à la mort dans le royaume des Idées souveraines. Si, en revanche, elle s'est laissé corrompre,

1. Platon *in Phédon.*

elle commencera une série de transmigrations qui pourra durer jusqu'à dix mille ans. Reste à savoir si l'âme peut atteindre ce royaume par l'effort personnel de l'individu ou simplement parce qu'elle est d'origine divine, une étincelle du feu divin... Cela est l'une des ambiguïtés du platonisme.

Platon s'appuie sur les idées pythagoriciennes concernant l'âme comme principe immortel d'origine astrale. Pour échapper aux cycles des renaissances, l'homme devait s'assujettir à des règles strictes et s'initier par la musique à l'harmonie du cosmos. Ainsi son âme pourrait-elle se dégager plus facilement de son attache charnelle et échapper aux cycles des renaissances. Les purifications, les ascèses devaient servir à l'âme pour regagner sa véritable patrie première, le cosmos.

Quant à Socrate, on le sait, il considérait sa mort avec la sérénité de celui qui sait qu'elle n'est que le passage de l'âme dans sa véritable patrie. « Mourir est un changement d'existence et, pour l'âme, une migration de ce monde vers un autre », disait-il.

Aristote concevait l'âme comme un principe vital, d'où on peut conclure que lorsque le corps a disparu, le principe vital a également cessé d'exister. C'est plutôt le Noûs, principe de la pensée, qui peut conférer à l'homme une « immortalité » ou, plus exactement, une participation au divin. Les stoïciens, comme Aristote, croyaient en une immortalité impersonnelle, non individuelle.

Les conceptions de Plutarque méritent une attention particulière car elles ont été reprises par de nombreux groupes (dont les théosophes) sous une forme ou sous une autre.

Pour le philosophe de Chéronée, l'homme n'est pas simplement composé d'un corps et d'une âme, mais il faut distinguer trois parties : le corps, l'âme et l'esprit.

La partie psychique, la psyché, est la somme de notre structure psychique ; la partie intellectuelle, le Noûs, le foyer de l'intelligence.

La psyché n'est pas l'âme, mais l'intermédiaire entre le corps et le Noûs, attachée à la personnalité du vivant et donc mortelle. La somme de notre psychisme (émotions, désirs, sentiments) disparaîtra avec le corps. Selon Plutarque, seul demeurera le Noûs, c'est-à-dire ce que l'on appellerait aujourd'hui le sentiment d'individualité, ce qui fait que chacun de nous se reconnaît comme un individu particulier.

Autant la séparation du corps et de la psyché se fait rapidement, autant celle de la psyché et du Noûs se fait lentement. Après la « première mort », la « seconde mort » se fait par degrés pour détacher le Soi (Noûs) de la partie psychique. Cette dernière partie est appelée par les théosophes la « coque astrale » (dont Plutarque dit qu'elle se dissout dans la lune, comme les corps se dissolvent dans la terre) ; privée de support matériel, elle ne tarde pas à se dissoudre. Ces coques astrales conservent les vestiges et les rêves de l'existence passée. Selon les adeptes de la théosophie et du spiritisme, c'est avec elles que les médiums peuvent entrer en communication. Quant au Soi, le Noûs, qui porte l'énergie vitale tirée du Soleil, partie de l'être réel, il évoluera de vie en vie (et donc se réincarnera) jusqu'à ce qu'il soit en union parfaite avec le divin.

Au Japon : le shintoïsme, la voie des Kamis

On a réuni sous le nom de *shinto*, la voie des Kamis, l'ensemble des croyances religieuses japonaises prébouddhiques. Les Kamis sont à la fois des dieux et les âmes des ancêtres, des mânes divinisés.

L'esprit du mort continue à habiter près des vivants et participe invisiblement à leur existence. C'est pourquoi chacun est obligé de se le concilier en l'honorant par des offrandes et par le respect de son souvenir. Tout être mortel accède à cette forme de survie sans aucun critère moral obligatoire.

Le shintoïsme admet que l'âme d'un mort reste à l'état de Kami pendant environ cent ans avant de se réincarner.

Les barques et les bateaux découverts dans les tombeaux et près des sanctuaires autorisent à penser que le shintoïste croyait que les âmes empruntaient des bateaux pour gagner l'autre monde, sans doute localisé au-delà des mers.

Les divinités venant de l'au-delà et visitant la terre étaient considérées, depuis des temps immémoriaux, comme portant bonheur. Tous les éléments de la nature et en particulier l'eau, les montagnes et les arbres pouvaient être déclarés Kamis. Des animaux considérés comme incarnant des divinités pouvaient être vénérés comme telles.

Dans un monde aussi ouvert au surnaturel, les cérémonies chamaniques pratiquées par des femmes, les mikos, et les pratiques magiques étaient courantes.

Selon la tradition, l'âme quittait le corps en se transformant en oiseau. Le monde de l'au-delà, les Japonais anciens l'appelaient le Tokoyo – « Pays du non-changement », impliquant ainsi l'idée de non-vieillesse, de non-mort et d'immortalité. Situé au-dessous de la terre, il en était séparé par une pierre énorme.

On trouve aussi, dans certains récits mythiques, la notion d'un enfer (Yomo) où les morts vivent une vie semblable à la vie terrestre, mais moins heureuse.

En Chine : le taoïsme, les recettes de l'immortalité

D'abord système philosophique élaboré dans plusieurs livres dont le *Tao-tö King*, attribué à Lao-tseu, le taoïsme devint la religion la plus importante de Chine (v^e au IIIe siècle av. J.-C).

Le mot *Tao* signifie la Voie. C'est une recherche de la longue vie sinon de l'immortalité par la contemplation, la méditation profonde, le détachement de tout, y compris de soi-même.

En développant la concentration et l'état de vacuité, l'adepte atteint, hors de l'espace et du temps, une illumination qui lui donne le sentiment que son corps s'est dissous, n'est plus soumis à la pesanteur et peut cohabiter avec les oiseaux et les dragons. En l'adepte illuminé, il n'y a plus de place pour la mort. Il atteint « l'état où il n'y a plus ni présent ni passé, celui où on n'est ni mort ni vivant », dit Tchouang Tseu.

Les sectes taoïstes étaient traditionnellement considérées comme détentrices des secrets de l'immortalité.

La secte du Mao, par exemple, utilisait des médiums pour entrer en contact (notamment par l'écriture automatique) avec les immortels. Car les immortels, en Chine, existaient, nul n'en doutait. Mais il était rare et difficile de les rencontrer. Ils habitaient des montagnes ou des îles ainsi qu'il était dit dans les chroniques des auteurs anciens (diverses expéditions maritimes furent d'ailleurs envoyées sous la dynastie Tsinn pour trouver ces îles mais sans succès...). Mais il était possible de les rencontrer n'importe où puisqu'ils pouvaient revêtir l'apparence d'individus ordinaires.

Le *Tao Tö King* aborde l'art de ne point mourir. C'est simple (à comprendre, mais moins simple à vivre !) : si l'on parvient à identifier totalement son propre principe vital au Tao, c'est-à-dire au principe vital qui régit l'univers, on ne mourra pas puisque ce dernier circule sans cesse renouvelé dans l'univers. Cette idée est fondée sur la parfaite correspondance entre le microcosme (l'homme) et le macrocosme (le cosmos).

Tous les exercices taoïstes (alimentaires, respiratoires, sexuels) ont donc pour but de « nourrir le principe vital » de l'être afin de l'aider à retrouver son état de pureté originel. Celui qui réussit la transmutation des éléments périssables de son corps en éléments impérissables devient immortel. C'est une véritable technique d'alchimie intérieure.

On distinguait plusieurs sortes d'immortels : ceux qui s'envolaient vers le ciel, ceux qui continuaient à vivre retirés dans les montagnes, riches de secrets magiques pour ne pas vieillir, et ceux qui mouraient apparemment, car en réalité ce n'était pas le corps qu'on avait enterré mais un bâton. Le vrai corps était allé rejoindre les immortels.

Le fameux « cinabre » d'immortalité était fabriqué par des alchimistes et n'était autre que du sulfure de mercure, véritable élixir d'immortalité (union qui est imagée par le mariage du dragon, le plomb, et du tigre, le mercure). Ko Hong disait : « Le cinabre est une substance qui présente des métamorphoses d'autant plus admirables qu'on la chauffe plus longtemps. » Le cinabre pouvait donc subir jusqu'à douze traitements thermiques différents car, plus il était traité, plus l'immortalité était vite acquise. La fabrication de l'élixir d'immortalité devait se faire dans un endroit retiré, sur une montagne sacrée. Comme toute pratique alchimique, il était aussi exigé une transformation intérieure et spirituelle de l'adepte (jeûne, purifications, prières, etc.).

Dans l'Antiquité chinoise, le cinabre était utilisé pour préserver le corps de la putréfaction.

Selon la tradition, Wei Po Yang avait réussi à fabriquer des pilules d'immortalité. Les ayant avalées, lui et son chien quittèrent la terre et rejoignirent les immortels sur des îles paradisiaques. Pratiques dangereuses : des empereurs en quête d'immortalité absorbèrent de trop fortes doses de mercure et ne purent échapper à la mort... Il semble d'ailleurs que les processus décrits par Wei Po Yang soient plus intérieurs que chimiques. Selon la conception taoïste, le corps comportait trois territoires appelés « champs de cinabre » : le champ de cinabre supérieur situé dans la tête, le moyen dans la poitrine, près du cœur, et l'inférieur dans le bas-ventre, près du nombril. Ces champs de cinabre étaient gardés par des esprits, des génies qui portaient des noms de divinités. Là habitaient aussi des êtres maléfiques, les Trois Vers, qui tentaient de faire mourir l'être en dévorant sa vitalité. Des exercices et des plantes médicinales choisies pouvaient tuer ces vers. L'art de la longue vie passait donc par une discipline et une hygiène alimentaires. Mais elle ne pouvait être atteinte sans la pratique de techniques diverses concernant aussi bien la rétention du souffle que la sexualité. Les énergies sexuelles, *yin* et *yang* (masculine et féminine), devaient être contrôlées car toute énergie perdue était source de mort. Il s'agissait de « faire revenir l'essence (séminale) pour réparer le cerveau » et donc d'éviter toute déperdition de semence. Celle-ci devait circuler du champ de cinabre inférieur au champ de cinabre supérieur. Ainsi se formait dans l'intérieur du corps un nouveau corps qui serait indestructible.

Les adeptes taoïstes développaient en eux un embryon mystérieux, germe de leur corps immortel, qui, à la mort apparente, se détachait du cadavre. Ce « fœtus taoïste », nourri d'énergies cosmiques subtiles, était seul capable de respirer l'air de l'au-delà.

L'immortalité était aussi en relation avec le nombre de bonnes actions, d'actes de vertu ou de moralité accomplis durant la vie. Certaines divinités en tenaient les comptes sur un registre et les Trois Vers allaient régulièrement dénoncer au Ciel les péchés de leur hôte... Si l'on n'avait pas accumulé les bonnes actions, il était inutile de boire l'élixir de l'immortalité.

Cependant, et malgré les apparences, ce n'était pas la quête de la survie personnelle qui intéressait les grands maîtres taoïstes. Ils admettaient que les atomes de leurs corps retournaient au cosmos. Mais, en s'identifiant au principe vital du cosmos, ils s'employaient à atteindre de leur vivant un état au-delà du temps et donc au-delà de la mort.

En Afrique : l'ancêtre et le vivant

La tendance la plus évidente des religions africaines noires est de garder un contact étroit avec la nature. Le « temple » sera toujours un élément naturel. Par exemple, si une tribu honore une source comme symbole de la renaissance et de la résurrection, celle-ci accueillera aussi bien les rites pour obtenir la pluie que l'âme des morts dont le retour sera figuré par l'eau jaillissant de la terre. Mais les lieux sacrés seront aussi bien des pierres, des montagnes, des arbres, des carrefours... Et de même que dans la nature tout se renouvelle par cycles, de même la mort est perçue par l'Africain comme une étape du renouvellement de l'homme. L'existence humaine, liée à la nature en une profonde symbiose, n'a pas de fin. Elle est seulement marquée par différentes étapes qui la jalonnent.

Ainsi, la mort physique n'est pas considérée comme une vraie mort tant que les vivants – ceux du clan et ceux de la famille – se souviennent du mort et peuvent rappeler son *nom*. L'existence est liée au nom. S'il n'y a plus personne pour dire le nom d'un défunt, alors, effectivement, celui-ci est bien mort. La mort, c'est l'anonymat.

Les ancêtres lointains dont plus personne ne sait le nom sont considérés comme morts, tandis que les ancêtres récents, évoqués par leur nom et honorés par les vivants, sont encore maintenus, d'une certaine façon, en vie. La tradition est donc le moyen de communiquer aux morts une forme d'existence. Agir en conformité avec la tradition, c'est agir comme l'ont fait les pères et les ancêtres qui donnent aux vivants la sagesse et le savoir. Qui oserait alors affirmer qu'ils sont morts?

L'au-delà africain n'est qu'un lieu de transit, il ne retient pas l'être défunt mais il l'autorise à revenir sur terre et à repartir pour un nouveau cycle de vie. La majorité des tribus africaines reconnaît la doctrine de la transmigration sous une forme ou sous une autre. L'Africain, quand il croit en son créateur, entretient avec lui, en une union mystique avec l'invisible, des liens de familiarité, de confiance et d'abandon qui dédramatisent la mort.

Mais tous les défunts ne deviennent pas ancêtres. Pour devenir ancêtre, il faut répondre à certains critères, notamment celui de l'intégrité physique et psychique. Biologiquement, rapporte Louis-Vincent Thomas, le grand spécialiste de l'étude de la mort en Afrique, le défunt doit passer du désordre de la pourriture, brune et molle, à l'ordre du squelette, blanc et dur. Et ce n'est que lorsque la période du deuil est terminée que l'âme cesse ses pérégrinations et s'intègre à la collectivité des âmes ancestrales.

Ce passage à l'ancestralité est aussi dû au strict respect des rites *post mortem*. Il faut « bien mourir », c'est-à-dire mourir parmi les siens, et en harmonie avec les ancêtres.

En Amérique du Sud : la peur des esprits

Chez les Incas du Pérou, un dicton disait : « On sème des morts, on récolte des vivants. » C'est dans la mesure où l'individu avait de son vivant été utile à la société et à l'Empire inca que son sort après la mort pouvait être heureux. Si un individu avait vécu selon les règles et confessé ses manques aux normes sociales et aux tabous rituels, il parvenait à rejoindre le dieu Soleil et à mener une vie *post mortem* agréable. En revanche, les moins vertueux rejoignaient un enfer souterrain où ils souffraient de la faim et du froid.

Les prêtres, l'empereur et sa famille gagnaient directement le paradis du dieu Soleil parce que leur conduite ne pouvait être soupçonnée. Descendants du Soleil, ils étaient d'origine sacrée. Les Incas concevaient que le passage par le « chaos » du monde souterrain d'Ucuc Pacha permettait la régénération du mort qui retournait par la suite dans l'Hurin Pacha poursuivre son cycle d'existences[1].

Certains Incas, surtout ceux de la civilisation Paracas (700-300 av. J.-C.), momifiaient leurs défunts prêtres-rois, le corps replié dans la position fœtale ou « en pelote » (presque assis). La tête était séparée du corps et remplacée par un masque pour signifier que le mort se présentait dans l'au-delà avec son vrai visage. Les yeux étaient grands ouverts pour signifier que le mort était conscient de sa renaissance.

1. *Les Traditions de l'Amérique ancienne*, de Fernand Schwarz (Dangles, 1982).

Au Yucatan, le panthéon maya était riche et diversifié. Parmi les dieux, Ahan gouvernait le ciel et la terre, et Ah Puch, le dieu terrifiant de la mort, régnait dans les profondeurs. Il était représenté dans les codex par un cadavre en décomposition, au crâne sans chair et au squelette apparent et réclamait des sacrifices humains.

Dans les classes paysannes, les morts étaient déposés à même la terre pour la fertiliser. Peut-être est-ce pour cette même raison qu'on déposait les morts « éminents » en dessous ou à l'intérieur des pyramides. Le destin des morts différait selon leur rang dans la société et selon les circonstances de leur mort. Les guerriers, tombés à la guerre ou sacrifiés, les femmes mortes en couches et les suicidés accédaient au paradis où le bonheur consistait à être comblé de nourriture, de boisson et de l'ombre rafraîchissante dispensée par l'arbre sacré. Les autres descendaient dans le royaume du dieu de la mort, enfer où régnaient la faim, le froid et la souffrance. Dans la pyramide de Palenque, un long tuyau d'argile en forme de serpent parcourait le corridor voûté jusqu'à la dalle extérieure : l'âme pouvait ainsi regagner le haut. Il témoigne de la croyance de l'immortalité de l'âme chez les Mayas [1].

Ce que l'on sait généralement moins, c'est qu'il existe un *Livre des morts maya* comme il en existe un tibétain et un égyptien. C'est à l'érudit Paul

---

1. Lire au sujet des découvertes archéologiques des Olmèques, Toltèques, Mayas, Incas, etc., et de leurs mythologies respectives, la remarquable étude de Fernand Schwarz *Les Traditions de l'Amérique ancienne, op. cit.*

Arnold qu'on en doit la traduction[1]. On y découvre que les Mayas croyaient non seulement à la réincarnation, mais qu'ils avaient une nette conscience des différents plans d'existence. Le psychisme du mort devait être guidé dans son « voyage » par un prêtre-mage, le Chilan ou Chilam-Balam, qui, en transe, parvenait à le suivre, à l'influencer, à le conduire sur le bon chemin.

Aujourd'hui encore, les habitants du Yucatan croient que le défunt n'a conscience de son état immatériel que le troisième jour et à condition que les prières des siens l'y aident.

C'est ainsi que les sacrifices d'animaux ou d'humains servaient à essayer de ramener le défunt à un mode d'existence charnel, c'est-à-dire un monde de sang.

Les sources d'information sur la religion des Aztèques datent de l'époque espagnole et laissent donc beaucoup de zones d'ombre.

Les idées des Aztèques sur l'au-delà coïncidaient en grande partie avec celles des Mayas. Le rang social et les circonstances de la mort déterminaient l'après-vie.

Au royaume des morts, le Mictlan, régnait un dieu terrifiant, le Mictlantecuhtli (père du fameux Quetzalcoatl) représenté par un squelette et des ossements. Les morts devaient entreprendre un voyage de quatre ans à travers des obstacles innombrables (rivières torrentielles, monstres cannibales,

1. C'est en étudiant l'écriture chinoise que Paul Arnold est parvenu à déchiffrer les hiéroglyphes mayas qui sont des idéogrammes. Il a décrypté ainsi le codex de la B.N. de Paris qui donne accès à la religion et à la pensée des anciens Mayas fondées sur la croyance en l'incessante renaissance des morts. On y lit avec intérêt des parallèles surprenants avec la cosmologie chinoise et avec les rites du *Livre des morts tibétain*. Paul Arnold : *Le Livre des morts maya* (Robert Laffont, 1978).

etc.) pour atteindre son royaume. Les morts noyés, foudroyés ou lépreux atteignaient directement le paradis, Tlalocan, régi par le dieu de la Pluie, Tlaloc. Là allaient les âmes de ceux qui étaient destinés à revenir à la terre physique. Les guerriers et les sacrifiés étaient recueillis à la « Maison du Soleil » où ils se livraient à des joutes amicales. Ce séjour heureux, situé à l'est, durait quatre ans avant qu'ils ne reviennent sur terre et renaissent sous la forme d'un colibri, oiseau symbolisant le dieu du soleil. Les femmes mortes en couches trouvaient au paradis, situé à l'ouest, un bonheur éternel... Les âmes de ceux qui avaient réalisé leur transmutation interne devenaient des colibris, vivant éternellement autour du soleil.

Dans leur ensemble, toutes les religions indigènes de l'Amérique du Sud accordaient une place prépondérante aux esprits. L'animisme était de loin la « religion » la plus importante, ce qui impliquait des rites magiques fréquents et nombreux.

Les objets, les animaux, les plantes, les hommes étaient porteurs de forces impersonnelles dues à des substances mystérieuses provoquant le Bien ou le Mal. De nombreuses tribus croyaient que l'homme et l'animal avaient une structure intérieure identique et que seule différait l'enveloppe physique. Ainsi l'homme pouvait-il aussi transférer son âme dans le corps de ces bêtes ou être possédé.

En Guyane, chez les Taulipang, chaque homme possédait cinq âmes, de la plus ténébreuse à la plus claire. La cinquième était celle qui parlait. C'est elle qui s'échappait du corps pendant le sommeil et vivait pendant le rêve. Puisqu'elle était la plus élevée des cinq, c'est elle qui allait au ciel, après la mort, cheminant au travers de la Voie lactée.

Toutes les tribus présentaient des croyances similaires où l'âme n'était pas un principe spirituel distinct du corps mais faisait partie du corps en tant qu'animatrice de ses fonctions vitales.

Chez les Indiens Guarani, en revanche, on croyait à une âme d'origine divine et donc éternelle, qui préexistait et s'incarnait chez l'enfant. En quittant le corps, elle repartait vers le royaume des cieux en attendant de s'incarner en un autre enfant. Mais les Guarani admettaient aussi l'existence d'une âme animale qui se développait au cours de la vie de l'individu et était responsable de sa personnalité. Une espèce animale était donc associée à chaque être humain. Lorsqu'il mourait l'âme se réincarnait dans l'animal.

Les âmes de l'autre monde pouvaient devenir une menace pour les vivants. Elles tournaient autour du cadavre en décomposition, se manifestaient sous forme de fantômes et venaient tourmenter les vivants. D'où l'importance du culte des morts. Il existait des rites destinés à provoquer le départ des âmes errantes vers l'au-delà, pour empêcher que les morts ne viennent troubler les vivants (par exemple, brûler la maison et les objets du défunt).

Les hommes de la préhistoire croyaient déjà, nous l'avons vu, à l'existence d'un autre monde après la mort.

Ce monde, les religions se sont employées à le définir, jamais à le nier. Et il est frappant de constater qu'aussi bien dans les religions primitives que dans les religions très élaborées, comme celles de l'ancienne Égypte, une croyance essentielle est commune : de la vie terrestre à l'autre vie, il y a une continuité de l'être humain et la mort n'est qu'un changement d'état.

La réincarnation

La plupart des doctrines ésotériques professent, sous des formes variées, la réincarnation. L'état humain n'étant qu'une des formes provisoires et multiples de l'existence, l'être, après chaque mort, reprendrait un nouveau corps, humain ou animal. Ou bien, selon une conception venue de l'Orient, la transmigration ne concernerait pas l'être réel et complet mais s'effectuerait à partir d'agrégats psychiques, de principes vitaux qui s'élaboreraient suivant une structure nouvelle, conditionnée par la vie précédente.

L'origine de ces idées, qui se sont répandues dans le grand public d'une manière souvent très vague, est, bien évidemment, à rechercher dans les religions orientales et principalement dans celles qui rassemblent actuellement des millions de croyants : l'hindouisme et le bouddhisme.

La réincarnation selon l'hindouisme

C'est l'idée que se fait un hindouiste de la nature du moi qui éclaire sa conception d'une existence future. Dans l'hindouisme, le Brahman, l'Absolu, le Principe créateur de toutes choses, l'Essence, transcende toutes les formes d'existence et, lorsqu'il réside dans un individu, prend le nom d'Atman. Cette conception diffère de celle du christianisme, pour lequel l'âme a été créée par Dieu pour chaque individu.

L'Atman hindou n'est autre que Dieu lui-même, l'Absolu. Ce qui lui confère son caractère éternel. Quand l'Atman est engagé dans le cours d'une existence humaine, il devient Jîva (vivant), une âme individuelle[1]. Toutes les âmes procèdent de l'Atman, âme universelle, et sont aussi nombreuses et diverses que le sont les corps dans lesquels elles s'incarnent.

Si l'Atman est éternel, indestructible, où est-il avant la naissance de l'individu ? Où va-t-il après sa mort ?

Dans la Bhagavad-Gîta, Krishna propose cette réponse :

> Tout comme l'on jette les vêtements usagés
> Pour en revêtir de neufs,
> Ainsi l'âme incarnée jette-t-elle les corps usés
> Pour en revêtir de nouveaux.

C'est la doctrine de la transmigration, *samsâra* (« cours commun » littéralement en sanscrit).

L'Atman a pu être comparé au fil d'un collier dont les perles seraient les réincarnations successives. La mort, dans un tel contexte, n'est qu'un épisode au même titre que la naissance.

---

1. Alexandre David-Néel écrit à ce sujet : « Le Jîva, principe vital survivant au corps tel que l'entendent les hindous, diffère passablement de l'âme et joue un rôle différent. Tandis que l'âme, d'après la croyance occidentale, est créée de toutes pièces lors de la naissance de l'individu, le Jîva est de beaucoup l'aîné du corps de l'homme, l'aîné de la forme physique que la naissance introduit dans notre monde. En fait, il existe depuis une période de temps inconcevable et a cheminé de réincarnation en réincarnation jusqu'au moment où il apparaît sur la terre revêtu d'une forme humaine » (*Immortalité et Réincarnation*, éd. du Rocher).

Cette transmigration, *samsâra*, est symbolisée par la roue à eau, chaque aube étant une forme d'existence, ou par la roue cosmique, le Brahman étant l'essieu, l'axe du monde, et la circonférence étant formée par la chaîne ininterrompue des morts et des renaissances.

Le *samsâra* est lié au principe fondamental de l'impermanence. Rien dans le monde n'est fixe, immuable ; au contraire, tout change continuellement. Nous constatons que nous sommes impermanents puisque nous sommes sujets à la mort ; que les animaux font sur terre un bref passage ; que les plantes, les minéraux eux-mêmes ont une fin. Nous savons que notre terre, quand notre soleil s'éteindra, disparaîtra elle aussi. À l'intérieur de nous-mêmes, biologiquement et psychologiquement, il y a un changement incessant à chaque minute de notre vie. Dans ces conditions, pourquoi existerait-il une âme individuelle qui serait éternelle ? Ce serait contraire à la vie et à son évolution[1].

Seul l'Absolu est immuable mais les êtres vivants circulent sans cesse, passent, permutent,

---

1. Alain Daniélou précise que la théorie de la réincarnation n'apparaît que dans l'hindouisme tardif car elle n'appartient pas au shivaïsme, qui est la religion primitive de l'Inde, ni au védisme. « Elle provient du jaïnisme qui l'a transmise au bouddhisme, puis à l'hindouisme moderne », écrit-il en apportant à cette affirmation d'autres précisions intéressantes : la croyance dans la survie de l'individualité humaine ainsi que la théorie de la réincarnation sont liées à la doctrine du karma, qui suppose la permanence d'un « moi » que le shivaïsme considère comme éphémère. Le destin des êtres vivants, selon le shivaïsme, dépend essentiellement de la fantaisie du Créateur et non pas de leur karma. « Le shivaïsme n'accepte pas la théorie du karma car elle limite l'omnipotence de l'être divin, son droit à l'injustice. Tout dans l'univers dépend de la fantaisie, de la grâce de Shiva. » L'immortalité n'existe pas, tout ce qui a commencé aura un jour une fin.

On voit donc que, lorsque nous parlons ici de l'« hindouisme » en terme général, il convient d'apporter des nuances rigoureuses dans lesquelles nous n'entrerons cependant pas, faute de place.

disparaissent... Les rôles, les places de chacun sont déterminés par ses mérites. Il n'y a pas de hasard. Chaque être est responsable de son destin et ses actes déterminent la qualité de la renaissance qui va suivre. Le *Mânava Dharma Shâstra* est le texte hindou essentiel qui élabore la théorie des lois de la transmigration [1]. Cette renaissance n'exclut pas d'ailleurs que l'individu et son âme puissent, avant de renaître, passer quelque temps en enfer ou au paradis.

Le *samsâra* ne délivrant pas de la souffrance terrestre, le but de la vie spirituelle hindoue est de proposer une voie pour être délivré de cette chaîne infernale des réincarnations successives et d'éviter définitivement la possibilité de renaître.

La réincarnation, dans la pensée hindoue, n'est pas un dogme ni un article de foi. C'est une théorie utile pour que chacun, comprenant que ses actes le suivent, entame un processus d'évolution et de purification de sa vie actuelle. Une seule existence terrestre ne suffisant pas à s'identifier au divin, d'autres existences permettront d'avancer vers la délivrance *(moksha)*.

Cette délivrance commence par la connaissance de la condition captive de l'Atman, puis par la pratique des voies qui vont délivrer cette âme prisonnière : « Le but de toutes les questions concernant ce qui arrive après la mort est de nous encourager à chercher la connaissance spirituelle plutôt que de nous dévoiler vraiment où nous pouvons aller après la mort », précise Swami Ritajânanda, qui dirige en France le centre Râmakrishna. Le yoga est, bien entendu, la voie privilégiée, quelle que soit la forme de yoga pratiquée, pour atteindre cette délivrance.

---

1. Pour plus de détails sur ce texte et cette conception de la transmigration, lire *Le Yoga*, de Jean Varenne (éd. Retz).

Mais qui est responsable de la captivité de l'âme ?

C'est l'acte, le karman : « Que l'on agisse en pensée, en paroles ou par des gestes, l'acte que l'on aura accompli portera fruit, bon ou mauvais, et déterminera la vie future, meilleure, égale ou inférieure » *(Mânava Dharma Shâstra).*

Or l'acte, ce n'est pas seulement le fait d'agir mais le simple fait d'exister, puisque la vie est acte. Et puisqu'il n'est pas possible de vivre sans désirer, c'est le désir qu'il faut supprimer, c'est le désir qui est la source de tout acte et donc de toute souffrance. Le « délivré-vivant » est celui qui a supprimé tout désir.

Seul celui qui a atteint cette délivrance du désir parviendra à faire cesser la chaîne des réincarnations. Un but plus qu'une réalité. Car ceux qui peuvent parvenir à cet état sont si peu nombreux que la réincarnation et ses souffrances restent le lot du plus grand nombre.

D'après la croyance populaire générale, la réincarnation a lieu peu de temps après le décès. On peut aussi renaître dans le monde des dieux – puisqu'ils sont mortels bien que d'une durée infiniment plus longue que celle des humains – ou chez les animaux ainsi que l'expliquent les Lois de Manu.

Mais les désincarnés peuvent séjourner un certain temps au royaume des morts (où règne Yama, le dieu des morts). Comme rien n'est éternel, l'enfer lui-même n'est qu'un mauvais moment à passer...

Selon cette loi du karma, tous les actes qui renforcent l'« ego » (l'égoïsme, la passion, la violence...) augmentent le karma de l'être et le destinent après sa mort à une existence plus basse et donc plus douloureuse. Tous les actes qui allègent les tendances personnelles (générosité, fidélité...) permettent au contraire une réincarnation plus élevée ; de vie en vie, de progrès en progrès, un sage parviendra un jour à échapper au cycle des renaissances et à s'unir définitivement au Brahman, à l'Un, à l'Unique. On comprend alors le sens, l'utilité, la nécessité de la renaissance : s'il y a une évolution de conscience dans un corps, la renaissance est un mécanisme nécessaire à l'évolution.

« La raison de notre présence ici, dit Aurobindo, est que nous sommes l'instrument de l'Esprit pour son déploiement vers le haut. » « L'âme naît pour avoir des expériences, pour croître, pour évoluer jusqu'à ce qu'elle puisse amener le Divin dans la Matière. C'est l'*être central* qui s'incarne, non la personnalité extérieure, qui est seulement un moule. » Les progrès accomplis en plusieurs vies successives justifient à eux seuls la croyance en la réincarnation.

Une ville pour mourir : Bénarès

Bénarès, sur les bords du Gange, est la ville sainte des hindous d'où furent chassés tous les croyants d'autres religions, les bouddhistes et les musulmans.

D'après les croyances populaires, mourir à Bénarès donne la certitude apaisante de ne plus avoir à renaître, car l'eau du fleuve, « aussi pure que Brahman », a le pouvoir de libérer. Le fleuve est vénéré comme une déesse. On y descend par des ghâts, des escaliers, vers les lieux réservés aux crémations. Le corps du défunt, revêtu d'un linceul, est déposé sur un bûcher de bois de santal ou sur des galettes de bouse de vache. On chante des mantras avant de mettre le feu.

Le Gange charrie sans interruption ces résidus de la mort, ces cendres légères qui semblent affirmer que l'Atman a rejoint sa vraie patrie. L'incinération, à laquelle s'opposent des religions comme le judaïsme, le christianisme ou l'islam, est conforme à la pensée hindouiste dont le désir suprême est de s'unir à l'Absolu. Le corps n'a pas d'importance, on peut même s'en débarrasser au plus tôt *.

Dans les pays chrétiens, les protestants ont mieux accepté l'incinération que les catholiques ou les orthodoxes, sans doute parce qu'ils ont plus facilement admis que le corps n'avait pas besoin d'être conservé pour la résurrection. Le corps glorieux, qui est promis à la résurrection de la chair, n'a rien à voir avec le corps terrestre.

Ce lieu de crémation est considéré comme un lieu magique et sacré, comme un lieu de passage entre deux mondes. Le yogi revêt son corps de la cendre d'un mort, devenant ainsi son fantôme vivant, un lien entre le monde matériel et le monde subtil. Il acquiert ainsi de mystérieux pouvoirs en s'appropriant l'énergie psychique du mort. Les fameux Kâpâlikä, porteurs de crânes, disent qu'en errant près des bûchers funèbres, ils touchent l'au-delà du monde des apparences. Les Kâpâlikä ne pratiquent pas directement la crémation, ils sont parfois immergés dans le fleuve, en posture de yoga ou bien, sans les toucher, on construit autour d'eux un tumulus de pierres.

**Tous les hindouistes ne brûlent pas leurs morts. Des formes diverses de rites funéraires sont pratiquées. Le cadavre peut aussi* *être enterré au cimetière, déposé par terre, sans sépulture, laissé aux vautours ou encore recouvert par des pots de terre cuite.*

La réincarnation selon le bouddhisme

En ce qui concerne le problème précis de la vie après la mort, le bouddhisme ne présente pas de différences très marquées avec l'hindouisme, bien que ces religions soient totalement différentes en bien d'autres points.

Le bouddhiste ne croit pas à l'existence d'une âme individuelle et éternelle. L'être humain n'est que le transmetteur d'un flux incessant, d'une énergie ininterrompue, d'un courant, sans cesse changeant, de « forces » accumulées au cours d'existences antérieures. La souffrance résulte de ce désir absurde de vouloir être « moi » au sein d'un monde où tout est illusion *(maya)*. Ce désir de permanence, de stabilité, d'individualité est la cause des renaissances dans le monde de la douleur.

Il existe un moyen de délivrance, celui que le Bouddha a lui-même trouvé (Bouddha signifie l'éveillé), et chacun sans distinction de rang social ni de caste – contrairement à l'hindouisme – peut atteindre à la délivrance[1].

1. Cette notion permet de souligner qu'au départ le bouddhisme n'était pas une religion avec ses temples, ses prêtres, ses rites, mais une école de discipline personnelle. On lira à ce sujet l'excellente présentation du bouddhisme recourant aux textes originaux et montrant les principales étapes de la vie du Bouddha dans *En suivant Bouddha*, d'André Bareau (Philippe Lebaud, 1985).

Il faut d'abord connaître la vraie nature du monde, savoir que tout y est illusion et supprimer tout désir pour atteindre à la délivrance et se fondre dans l'Absolu : le Nirvâna. Être affranchi des passions, des désirs, de l'individualité, des illusions du monde, voilà l'état de bienheureux (bodhisattva) qui peut être atteint en ce monde et de son vivant, sans faire intervenir des notions de paradis ni d'enfer. Cependant, cette ascèse physique et intellectuelle ne suffit pas à la délivrance. Il faut aussi pratiquer un ensemble d'obligations rituelles.

La loi du karma est, là encore, fondamentale. C'est le facteur déterminant de l'existence d'un individu. L'homme qui meurt renaîtra dans un état agréable ou désagréable selon les actions qu'il a déjà commises dans sa vie ici-bas. Mais – et il essentiel de bien le comprendre – celui qui renaît n'a rien à voir avec celui qui est mort, puisqu'il n'y a aucune préservation de l'individualité.

Précisons qu'il y a, comme on le sait, plusieurs écoles de bouddhisme : l'école du sud, du Petit Véhicule Hinayana ou Théravada (à Ceylan), pour laquelle l'âme est composée de cinq agrégats, qui se dispersent et vont former d'autres âmes après la mort ; l'école du Grand Véhicule Mahayana (en Chine, en Inde, au Japon, principalement) pour laquelle « l'âme », si on peut employer ce mot inapproprié, est un tout provisoire qui se transforme après la mort. En vérité, pour le bouddhiste, il n'y a pas d'âme immortelle réelle qui prenne naissance et passe par la mort d'un corps pour renaître dans un autre.

Sous cette forme particulière, les bouddhistes croient en la réincarnation, bien que cette doctrine, qui existait en Inde bien avant la naissance de

Bouddha, ne figure pas expressément dans l'enseignement primitif du Bouddha, qui est resté assez
silencieux sur la question de l'âme et de sa survie.

Au Tibet : le livre de la libération

Le Tibet mérite une attention particulière car la
forme de bouddhisme qui y est pratiquée est différente de celles du Japon, de la Chine ou de Ceylan.
C'est d'ailleurs pour cela qu'on emploie parfois le
mot lamaïsme pour désigner la religion tibétaine[1].
Les Tibétains insistent sur l'instant de la mort.
C'est la dernière chance offerte à l'individu pour
réaliser sa vraie nature et pour « s'éveiller ». Un
passage et un instant incomparables que toute la
vie consiste à préparer. Réussir sa mort est donc
pour le Tibétain le vrai but de la vie. Un livre existe
pour l'aider : *Le Livre des morts tibétain*, le *Bardo
Thôdol*[2].
Les mots *Bardo Thôdol*, ainsi que le précise
Alexandra David-Néel, signifient « texte dont l'audition délivre du Bardo ». Le *Bardo* est l'état intermédiaire dans lequel demeure l'entité désincarnée
depuis le moment de la mort jusqu'à la réincarnation. Le *Bardo*, c'est l'« entre-deux », entre la mort et
la renaissance. Notons au passage que le mot
« mort » ne figure pas dans *Bardo Thôdol*. La traduction « livre des morts » est donc générique, approxi-

1. Nous n'aborderons ici la religion des Tibétains que sous l'angle
bouddhiste, bien qu'il existe une religion primitive, antérieure à
l'introduction du bouddhisme au Tibet, au VIIe siècle, la religion Bon,
qui enseignait l'immortalité individuelle et la croyance en une vie
heureuse après la mort, enseignement difficilement compatible avec
le bouddhisme.
2. La première traduction en Occident du *Bardo Thôdol* fut
anglaise, éditée par W.-Y. Evans-Wentz en 1927.

mative. Ce serait plutôt le livre de la libération ou le livre de la grande libération par l'écoute.

Le *Bardo Thôdol* n'est pas seulement un recueil d'instructions et encore moins le rituel d'une sorte de messe des morts.

« Plus qu'un guide des morts, c'est un guide pour tous ceux qui veulent dépasser la mort en métamorphosant son processus en un acte de libération », explique Lama Anagarika Govinda dans la présentation du *Bardo Thôdol*[1].

Seuls les Occidentaux ont pris l'habitude de considérer le *Bardo Thôdol* comme une sorte de « guide du voyageur de l'au-delà ».

Une fois mort, on passe dans un état intermédiaire qui dure au maximum quarante-neuf jours (7 fois 7, nombre sacré).

Le *Bardo Thôdol* est psalmodié par les lamas officiant au chevet du mourant ou du défunt qui est censé entendre encore. La bouche tout près de l'oreille au moment où cesse la respiration extérieure mais où le souffle intérieur de vie n'a pas encore disparu.

Pendant la lecture du *Bardo Thôdol*, il est interdit aux parents et aux amis de pleurer car ce serait une source de distraction mauvaise pour le mort qui doit concentrer son attention sur l'état intermédiaire où il entre et non sur ce qui est déjà pour lui le passé.

La lecture de ce texte a pour but de l'éclairer sur ce qui l'attend. C'est un voyage « mental » lucide qu'il doit accomplir afin de se libérer de la chaîne des réincarnations ou, faute de mieux, de se procurer une agréable renaissance.

Avant que la respiration ne cesse, on répète au mourant : « Voici pour toi le moment de chercher

---

1. Collection « Spiritualités vivantes » chez Albin Michel, 1981.

une voie car la lumière fondamentale va t'apparaître, voici le moment de la reconnaître... » Et
lorsque la respiration est sur le point de s'arrêter, on
tourne le défunt sur le côté droit dans la position du
lion couché, c'est-à-dire le bras replié sous la joue,
jambes tendues, éventuellement légèrement repliées
(position dans laquelle dorment les moines bouddhistes, reprenant celle du Bouddha quittant la terre
pour passer dans le Nirvâna). Cette position a une
utilité : elle oblige la circulation du souffle à passer
dans le canal subtil central en bloquant les canaux
latéraux. Le canal subtil, où passe l'énergie vitale,
n'est évidemment pas décelable par le bistouri mais
seulement expérimenté par la pratique du yoga. Le
corps est traversé par trois canaux subtils, un central et deux latéraux ; c'est en eux que coule la force
de vie, très liée au souffle vital et donc à la respiration. Le souffle de vie (*prana* en sanskrit) peut alors
s'échapper par le sommet du crâne considéré
comme la porte d'accès à la délivrance du cycle
des renaissances (à rapprocher des traditions occi-
dentales qui ont considéré que l'âme, à la mort,
s'échappait par le sommet de la tête). Alexandra
David-Néel rapporte que « l'éjaculation de la syllabe
hick, sur un ton particulier, provoque le jaillisse-
ment du *namshé* (la conscience) hors du sommet du
crâne du mourant et la projection soudaine de ce
namshé dans le paradis de la grande béatitude ».
   Le maître habilité à scander ce *hick* doit être un
grand initié. Cette syllabe au son perçant est suivie
d'un *péth* au son grave qu'on doit prononcer quand
on est sûr de la mort, car la succession de ces deux
syllabes provoque la mort à coup sûr (c'est même
une technique de suicide, précise Alexandra David-
Néel). Si le souffle vital sort par d'autres orifices

que le sommet du crâne (anus ou bouche), la réincarnation sera mauvaise.

Commencent alors les conseils de vigilance qu'on adresse au mourant. Il convient d'entrer dans l'au-delà conscient et en état d'éveil spirituel :

> Conserve fermement ton esprit lucide,
> Si tu souffres, ne t'absorbe pas dans la sensation de ta souffrance...,
> Demeure alerte...,
> Tes consciences[1], se séparant de ton corps, vont entrer dans le « Bardo ». Fais appel à ton énergie pour les voir en franchir le seuil en pleine connaissance.
> Rejetant toute croyance en un « ego », tout attachement à ton illusoire personnalité, dissous ton non-être dans l'Être et sois libéré.

Suivent maints conseils où reviennent comme un leitmotiv « Détache-toi », « N'aie pas peur », « Ne sois pas distrait ».

Le mort va franchir alors les trois états intermédiaires[2].

Le premier état du *Bardo* dure trois jours et demi. Le mourant est entouré d'une vive lumière, il ne sait ni où il est ni où il va. Il doit, pour être libéré du cycle des renaissances, reconnaître cette lumière.

S'il a pratiqué durant sa vie des exercices spirituels, sous la conduite d'un maître lama, qui lui a déjà appris à reconnaître cette lumière, il sera tout de suite libéré.

---

1. Il y en a cinq, attachées aux cinq sens, plus la conscience du mental, sixième sens.
2. Dans *Psychologie et orientalisme*, C.-G. Jung s'est livré à un commentaire approfondi des différentes étapes du *Bardo Thôdol* : « Ce livre décrit un chemin initiatique inversé qui prépare la descente vers le devenir psychologique » (Albin Michel, 1985).

Mais s'il n'a jamais pratiqué d'exercices spirituels, il ne saura pas la reconnaître. Il passera dans le deuxième état intermédiaire du *Bardo*.

Cette lumière, vive, sans couleur, éblouissante, est la structure même de l'être. Les Tibétains l'appellent la « luminosité de la vérité en soi » ou « la connaissance du corps de vacuité ». Le mort, qui a pratiqué pendant sa vie des méditations sur la lumière, sait que l'essence intime incréée de l'esprit est lumière (c'est ce qu'on appelle la vacuité).

Le premier état du *Bardo* dépend donc du degré de spiritualité atteint par le défunt avant sa mort, de son expérience et de son entraînement et s'adresse à ceux qui, de leur vivant, ont pratiqué des exercices spirituels de haut niveau [1].

Les autres vont devoir continuer à errer. Mais une deuxième chance de reconnaître la lumière leur est offerte.

Le deuxième état du *Bardo* survient dans le cas où, la première luminosité n'ayant pas été perçue, une deuxième doit apparaître. Comme dit le texte, « il faut un peu plus que le temps de la consommation d'un repas ».

La qualité du karma détermine la durée de ce deuxième état. Si les canaux subtils sont « encrassés », la lumière est plus longue à être perçue. À ce moment-là, le mort perçoit les sons, la lumière et les rayonnements, voit ses parents pleurer et entend leurs lamentations.

Dans ce *Chonyid Bardo*, deuxième état intermédiaire appelé « pur corps illusoire », le mort reçoit de violentes apparitions dues à son karma. La

---

1. Notons que cette libération « rapide », immédiate, est très particulière au bouddhisme tantrique tibétain, les deux autres véhicules du bouddhisme proposant une libération plus lente, nécessitant obligatoirement plusieurs vies successives.

crainte, l'épouvante le paralysent On dit au mort :
« Jusqu'à hier tu étais dans la luminosité de la vérité
en soi mais tu ne l'as pas reconnue. À présent, tu
vas expérimenter l'état intermédiaire du devenir. »
On ajoute aussi que le mort ne doit pas s'accrocher
à la vie, qu'il doit consentir à partir au-delà de ce
monde. Après tout, « il n'y a pas qu'à toi que cela
arrive : c'est le sort de tous ».

Ces apparitions terrifiantes, le mort doit savoir
qu'elles ne sont que manifestations de ses pensées,
qu'elles n'ont pas d'existence matérielle. Ce ne sont
que des projections de l'esprit et il doit les tenir
pour telles.

Si le mort ne s'effraie pas de ces apparitions car il
a appris à les tenir pour des projections mentales et
se remémore les enseignements qu'il a reçus à ce
sujet, il peut alors être délivré.

En revanche, si les visions le terrifient à tel point
qu'il s'accroche à elles, incapable d'en reconnaître
la vraie nature, il descend alors dans un tourbillon
qui le mènera inévitablement à la réincarnation. Il
aura deux sortes de visions à ce moment-là : celles
des divinités paisibles et celles des divinités
courroucées.

Le huitième jour, par exemple, et pendant plusieurs jours, apparaissent les légions divines des
« buveurs de sang ». Si le mort reconnaît que ces
visions sortent du centre de son propre cerveau, il
n'a aucune raison d'avoir peur et, dans ce cas, peut
être libéré immédiatement : « Tu seras Bouddha »,
dit le texte. « Noble fils, ne crains rien lorsque cela
t'apparaît. Puisque tu es un " corps mental " produit
par tes tendances inconscientes, tu ne peux mourir
en réalité, même si on te tue ou te hache en morceaux. Et puisque les émissaires de la mort sont

également tes propres projections, il n'existe en elles aucune réalité matérielle. » Toutes ces visions ne sont, pour le Tibétain, que jeu de l'esprit. (On comparera avec les travaux effectués par le Dr Karlis Osis sur les visions à l'approche de la mort, qui conclut à l'opposé que les apparitions aux mourants ont bel et bien une certaine réalité.)

Tout cela est expliqué au mort sept fois. Et si vraiment son aveuglement, dû à un lourd karma, est tel qu'il ne peut obtenir « la vue pénétrante » (c'est-à-dire la compréhension intuitive de ce qui lui arrive), il passera alors dans un troisième état intermédiaire.

Les deux précédents états (environ vingt-quatre jours et demi) n'ayant pas encore permis la libération du défunt, le troisième état, le *Sridpa Bardo*, va lui offrir une ultime possibilité. La vitalité du mort est encore si forte qu'elle aspire à s'incarner de nouveau. Le « corps mental », celui qui est déjà dans l'autre monde, croit qu'il a besoin de nouveau d'un corps physique et commence même à se le représenter : « Tu as l'impression d'avoir le corps dont tu disposais précédemment. »

Le mort, bien sûr, ne doit pas se laisser influencer par cette illusion. Son corps mental est immatériel, il peut traverser les maisons, la terre, les rochers, les collines, sans être arrêté. Il peut se transporter instantanément à l'endroit désiré. Il suffit d'y penser pour y être. Avec ce corps, il peut rencontrer ses parents et amis comme dans un rêve.

Le mort souffre : il réalise qu'il est mort, sans communication possible avec les vivants. Une terrible obscurité l'envahit. Des cris le poursuivent, des hurlements. Il a froid. Il a peur. Et c'est à ce moment qu'il regrette de ne plus avoir de corps physique ! « Oh ! que ne donnerais-je pas pour avoir n'importe quel corps ! »

C'est une souffrance intolérable qui peut durer jusqu'à vingt et un jours. Il doit reconnaître que cette souffrance est due au fruit de ses actes, karma. Lui apparaîtront alors un bon génie, qui comptabilisera ses bonnes actions avec des cailloux blancs, et un mauvais génie, qui fera de même avec ses mauvaises actions et des cailloux noirs. Dans un miroir, le mort verra clairement le Bien et le Mal. Yama, le dieu de la mort, lui tranchera la gorge. Terrible épreuve ! Mais tout cela n'est qu'illusion puisque tout est vacuité, projections de l'esprit.

Le corps mental ne peut être détruit. Il n'y a ni bon ni mauvais génie, rien que des illusions à reconnaître.

La lucidité est donc, pour les Tibétains, le gage de la libération. Savoir que tout est vacuité, l'expérimenter de son vivant ou, à défaut, à l'ultime occasion de connaissance qu'est la mort, permet d'échapper aux renaissances pour s'unir au divin en une félicité éternelle.

Malgré la loi du karma, le mort garde un pouvoir de décision sur sa future destinée car tout dépend de son état d'esprit au moment de la mort.

Quant aux exercices spirituels (méditations, yoga, initiations) pratiqués du vivant de l'être, ils donneront à celui-ci au moment d'accéder à la vie future la potentialité de la délivrance ou d'une réincarnation réussie.

Avant d'aborder l'examen des cas de réincarnation ou considérés comme tels, il importe de savoir ce que peut signifier ce mot, quel en est le contenu.

Autrement dit : qu'est-ce qui se réincarne ?
Qu'est-ce qui « quitte » ce corps et « entre » dans un
autre ? Est-ce la totalité de la personnalité ? Est-ce
une forme psychique subtile qui revêt une enveloppe de chair ? Est-ce quelque chose d'impalpable
qui prend forme en chair et en os ?

Avant toute discussion sur la réalité de la réincarnation, il paraît indispensable de connaître, au
moins dans les grandes lignes, la réponse des
croyants hindouistes et bouddhistes.

En aucun cas, on ne peut dire : Pierre Durand,
mort, est maintenant réincarné. La personnalité de
Pierre Durand, son identité, son « je », ne sera
jamais réincarnée de manière identique.

L'hindouisme comme le bouddhisme sont formels
sur ce point. Les hindouistes ne sont pas attachés à
la survie de la personnalité dans la mesure où
celle-ci est un composé d'agrégats en perpétuel
changement.

Impermanence et survie sont contradictoires. Les
bouddhistes nient toute identité réelle, il n'y a pas
de moi, pas de personne, rien qu'un flot d'énergie
continu. C'est la continuité qui donne l'impression
erronée d'une identité. Mais elle est illusion. Dans
cette optique, il ne peut y avoir survie d'une identité
puisqu'elle n'existe pas.

Ce n'est pas une âme pure, immortelle et non per-
fectible qui passe d'une existence à l'autre à chaque
nouvelle mort. Les bouddhistes ne souscrivent pas à
l'immortalité de l'âme pas plus qu'ils ne croient en
un dieu créateur.

« Dans notre monde, écrit Dagpo Rimpoché dans
Le Dalaï-Lama [1], on trouve l'agrégat de la forme, de
la sensation, de la perception, de la volition, de

_____
1. Éd. Olivier Orban, 1985.

la conscience, ou, pour simplifier, le corps et l'esprit. À la mort, le corps – l'agrégat de la forme – est abandonné mais les quatre agrégats mentaux, plus subtils, perdurent. Leur continuum, l'être lui-même, se réincarne et se manifeste dans la vie suivante, soit dans ce monde, soit éventuellement dans un autre des six domaines, puisqu'il y a plusieurs mondes. »

L'être est un composé très complexe mais derrière tous ses composants, il y a « le Maître qui manipule ce matériau complexe, l'Artisan de cette miraculeuse œuvre d'art », comme dit Aurobindo [1]. Pour préciser sa pensée, il ajoute : « Ce qui était l'élément divin dans la magnanimité du guerrier, ce qui s'exprimait dans sa loyauté, sa noblesse, son courage élevé... demeure et, dans une nouvelle harmonie du caractère, peut trouver une nouvelle expression pour former des pouvoirs utiles à la réalisation ou à l'œuvre qui doit être accomplie pour le Divin. »

Le problème de la réincarnation n'est donc pas de considérer que telle personnalité a repris forme dans une nouvelle boîte de chair (il est vrai qu'on ne voit guère l'utilité de « prendre les mêmes » pour recommencer...).

Les Tulkous

Dans certains cas la réincarnation s'accompagne de l'incarnation d'un élément divin. Il ne s'agit plus seulement de la renaissance d'un être, d'une

---

1. Aurobindo : *Renaissance et Karma* (éd. du Rocher).

personnalité, mais plutôt de la perpétuation d'une sainteté [1].

L'esprit d'un éminent personnage, ses qualités spirituelles et intellectuelles, une émanation de sa pensée, de ses vertus, de ses œuvres, se perpétuent en réapparaissant dans le monde après sa mort, dans la forme physique d'un enfant.

L'exemple le plus célèbre est celui du dalaï-lama qui manifeste la présence terrestre de Chenrézi, le bodhisattva de Compassion, protecteur du Tibet. Pour un Tibétain, un lama pleinement réalisé est capable de choisir les circonstances de sa future incarnation et prédire avec exactitude le lieu où elle se produira. Celui-ci peut diviser sa renaissance en deux ou trois corps. En effet, il peut apparaître dans le corps d'un enfant, dans la parole d'un autre et dans l'esprit d'un troisième [2]. Le corps, la parole et l'esprit constituent trois entités séparées qui, réunies, forment la personne complète. On choisit sans hésitation le garçon qui manifeste l'esprit, car c'est l'esprit qui régit la parole et le corps et il sera en mesure d'amener sa propre parole et son propre corps à la conformité exigée.

---

1. Pour être précis, on peut savoir que le mot *yangsi* signifie « né de nouveau » donc réincarné ; tandis que le mot *tulkou* signifie « émanation » ou « corps de manifestation ». Le *tulkou* est donc la manifestation dans un corps de qualités spirituelles. Un exemple peut aider à comprendre : « C'est comme si on reconnaissait l'incarnation d'une pure et identique Charité à travers un saint Martin de Tours, saint François d'Assise, saint Vincent de Paul, mère Teresa et quelques autres, habités par cette même inspiration » (Patrick Ravignant : *La Réincarnation*, M.A. Éditions, collection Orient secret). J'apprends que le dalaï-lama vient de reconnaître chez un enfant de deux ans et demi la réincarnation de l'un de ses tuteurs. Le Dr Bastiani, qui a examiné l'enfant, a été frappé par son intelligence précoce.

2. L'excellent ouvrage d'Yvonne Caroutch, *Renaissance tibétaine* (Friant, 1982), donne au sujet des Tulkous recherchés par les Karmapas les meilleures explications.

Les Tulkous sont toujours des bodhisattvas, des êtres éveillés, libérés, qui se sont consacrés par vœu à la libération des autres créatures et c'est donc par bienveillance et par compassion qu'ils se réincarnent.

Ces réincarnations se font dans la même mission monastique, c'est-à-dire dans la même lignée spirituelle doctrinale.

Une des fonctions essentielles des Karmapas est de découvrir les Tulkous. Ces enfants prédestinés se révèlent d'une intelligence précoce et ayant de grandes dispositions spirituelles. Leur naissance coïncide souvent avec des prodiges, pluies d'oiseaux, arcs-en-ciel, etc. Mais l'enfant est « reconnu », après de nombreux tests, par les sages qui sont à sa recherche. Le dalaï-lama actuel, le quatorzième, raconte comment, à l'âge de deux ans, il fut reconnu par le chef des lamas entré anonymement dans une maison au toit turquoise. Il portait à son cou un chapelet que l'enfant demanda à voir. Le chef promit de le lui donner si l'enfant devinait à qui il avait affaire. L'enfant répondit « Séraaga », c'est-à-dire lama du monastère de Sera à Lhassa. C'était juste et l'enfant désigna aussi chacun des compagnons du lama par son nom.

Phendé Rimpoché, grand lama, chef de l'école de Ngor (aujourd'hui réfugié à Évreux en Normandie), m'a fait parvenir la photo de sa réincarnation. Très tôt, sa naissance avait été prédite par un grand lama comme émanation volontaire d'une sainte lignée. C'est à l'âge de trois ans qu'il fut reconnu officiellement comme la sixième réincarnation de Palden Tcheutchong, lui-même réincarnation de Birwapa, un grand mahasiddha de l'Inde.

Le chef de la lignée des Kagyupa, Sa Sainteté Gyalwang Karmapa (mort en 1981), était un Tulkou

qui fut découvert grâce à une lettre laissée par son
prédécesseur révélant le moment et le lieu de sa
future incarnation. Il indiquait avec précision la
famille, le jour et les descriptions des lieux. L'examen du thème astrologique joue également un rôle
déterminant.

Dans *Le Livre tibétain de la vie et de la mort*,
Sogyal Rinpoché[1] raconte comment son maître,
Jamyang Khyentsé, apprit un texte extrêmement
ardu d'une cinquantaine de pages en le lisant d'une
seule traite, une seule fois. Il avait dans sa jeunesse
un précepteur très exigeant et vivait avec lui dans
un ermitage de montagne. Un matin, devant se
rendre dans le village voisin, le précepteur donna
au jeune Khyentsé un livre intitulé *Le Choral des
noms de Manjushri*, texte qui, de toute évidence, ne
pouvait être mémorisé qu'après plusieurs mois de
travail. En partant, le précepteur demanda à son
élève de l'apprendre par cœur pour le soir. L'enfant
passa sa journée à jouer et n'entreprit de lire le
texte qu'au coucher du soleil. Quand le précepteur
revint et l'interrogea, Khyentsé fut capable de réciter le texte sans une seule faute. « Normalement,
commente Sogyal Rinpoché, aucun précepteur sensé
n'aurait imposé une telle tâche à un enfant mais, au
fond de lui, celui-ci savait que Jamyang Khyentsé
était l'incarnation de Manjushri, le Bouddha de la
Sagesse. On aurait presque dit qu'il le mettait au défi
de " prouver " qui il était véritablement. Et l'enfant,
en acceptant sans protester une tâche aussi ardue,
le reconnaissait tacitement. » Jamyang Khyentsé
écrivit plus tard dans son autobiographie que son

---

1. *Le Livre tibétain de la vie et de la mort* (éd. de La Table Ronde
1993).

précepteur, sans cependant l'admettre, avait été très impressionné.

Qu'est-ce qui se perpétue chez un Tulkou ? Est-il identique à celui dont il est l'incarnation ? Sa motivation d'aider les autres, son dévouement se retrouvent toujours aussi forts, cependant il n'est pas vraiment la même entité. Ce qui se perpétue de vie en vie est le principe que les chrétiens appellent la « Grâce ». L'incarnation s'effectue en tenant compte de l'époque à laquelle elle a lieu, afin de pouvoir apporter l'aide la plus appropriée aux êtres auxquels elle est destinée.

Sogyal Rinpoché est convaincu que ce processus d'incarnation n'est pas limité au Tibet mais qu'il se produit dans tous les pays et à toutes les époques. Il considère comme Tulkous toutes les grandes figures douées de génie artistique, de force spirituelle et de vision altruiste, tous ceux qui ont aidé l'humanité à évoluer, à progresser. Il cite, entre autres, Gandhi, Einstein, Abraham Lincoln, Shakespeare, saint François d'Assise, mère Teresa. Il affirme que lorsque les Tibétains entendent parler de tels personnages, ils déclarent immédiatement que ce sont des bodhisattvas.

Ce fut Jamyang Khientsé qui reconnut en son élève Sogyal Rinpoché l'incarnation de Tertön Sogyal, un mystique célèbre qui fut l'un de ses propres maîtres spirituels et l'un de ceux du treizième dalaï-lama.

Le *Bardo Thôdol* indique que le trépassé est un être libéré s'il a su reconnaître la Lumière fondamentale et s'unir à elle. À l'instant précis où la force psychique s'échappe par le sommet de la tête, le Principe conscient choisit son futur réceptacle. C'est ce qui se passerait pour les Tulkous et qui permettrait de comprendre cette réincarnation qui continue d'être aussi mystérieuse que la vie elle-même.

La réincarnation en islam

L'islam ne croit pas en la réincarnation et enseigne que les âmes vivent une seule vie sur terre avant de rejoindre le Royaume des cieux pour l'éternité. Cependant, les soufis, musulmans ascètes et mystiques imprégnés de la doctrine néoplatonicienne, enseignent la réincarnation. Pour eux, l'âme passe de corps en corps jusqu'à ce qu'elle atteigne une certaine forme de perfection, puis elle rejoint le monde de la réalité éternelle.

Les soufis de Syrie ou du Liban, plus connus sous le nom de Druzes, sont convaincus de la réalité de la réincarnation. Leur croyance puise aux sources aussi bien de l'islam que du judaïsme et du christianisme. Les Druzes pensent que l'individu est composé de trois éléments : l'âme, l'esprit et le corps – celui-ci étant, de loin, le moins important. Après la mort, l'âme transmigre, chaque personnalité nouvelle étant indépendante de la précédente.

La réincarnation dans l'Église chrétienne

Dans l'Église chrétienne des premiers siècles, on croyait à la réincarnation et cette croyance n'a jamais été officiellement condamnée[1].

La croyance en des vies successives était connue dans tout le monde antique, enseignée par les pythagoriciens, les esséniens, les platoniciens, etc. Origène (185-254) enseignait la préexistence des esprits et leur réincarnation et admettait la doctrine de l'apocatastase, c'est-à-dire la possibilité pour les pécheurs de se convertir et de se purifier après leur mort, ce qui oblige à croire que l'état *post mortem* est modifiable. Mais Origène, on le sait, ne vit pas ses thèses admises par l'Église officielle, qui les condamna en 399, puis une fois encore en 553. Le concile de Constantinople condamna les thèses d'Origène mais sans que le mot réincarnation fût formulé de manière explicite. La condamnation de la doctrine des « vies successives » n'est qu'implicite. Cela tendrait à prouver que cette croyance était fort populaire et répandue. Perpétuation sans aucun doute des croyances ambiantes et issues du platonisme qui eurent cours pendant les premiers siècles de l'Église.

L'historien Flavius Josèphe (37-100) mentionne les courants réincarnationnistes chez les juifs de son époque.

---

1. Les éléments détaillés de l'histoire de la condamnation des idées des vies successives et de la préexistence des esprits m'ont été fournis par le Dr Raphaël Sanzio Bastiani, ancien ambassadeur de la république de Saint-Marin à l'Unesco.

De nos jours, la théorie de la réincarnation séduirait, semble-t-il, plus de 25 % des chrétiens. Maria Pia Stanley[1] a passé en revue tout ce qui plaide en faveur de la réincarnation dans les textes religieux chrétiens. Pour elle, qui ne cache pas son attirance pour cette croyance, l'être humain est, avant tout, le produit de ses vies passées, et c'est en fonction de cet antécédent qu'il est attiré vers telle hérédité ainsi que vers tel environnement familial et social.

Maria Pia Stanley souhaite qu'un esprit d'ouverture puisse un jour s'installer entre les théologiens et les fidèles qui refusent les dénégations systématiques. Elle constate que les croyants résignés qui se réfugient derrière « les desseins impénétrables de Dieu » se raréfient, et elle conseille à l'Église, pour passer le cap du troisième millénaire, de « débarrasser l'anthropologie religieuse de ses rouilles séculaires pour lui rallier les cerveaux modernes, soucieux de cohérence et de ratifications expérimentales ». Elle pense que la connaissance des vies successives changera le regard que nous portons sur notre destin. « Dès aujourd'hui, la réincarnation ne peut plus être tenue à distance par la simple négation ou par l'argumentation dogmatique, car elle entre dans un domaine où les indices recueillis en sa faveur lui offrent une assise factuelle. Mais, justement, parce qu'elle s'évade de la pure subjectivité des opinions et des croyances, ne va-t-elle pas, au début, gêner tout le monde, l'agnostique comme le croyant et l'homme d'Église ? »

Fervente réincarnationniste, elle découvre des allusions à la réincarnation et à l'idée de karma,

1. Dans *Christianisme et réincarnation, vers la réconciliation* (L'Or du temps, 1989).

dans plusieurs versets du Nouveau Testament.
« Ce que l'homme a semé, il le moissonnera »
(Galates, VI,7), « Leurs actes les suivent » (Apoca-
lypse, XIV,13), « A moins de naître à nouveau, nul
ne peut voir le Royaume de Dieu » (Évangile de
Jean, III, 1-10). Chaque verset pouvant cautionner
cette théorie est relevé avec soin dans le livre de
M. P. Stanley.

Un groupe de catholiques lyonnais s'est penché
sur le thème de la réincarnation et a publié le bilan
de ses travaux sous le pseudonyme de Pascal Thomas[1]. Pascal par allusion à Pâques, fête de la résurrection du Christ, et Thomas, pour évoquer le nom
de l'apôtre, célèbre pour son incrédulité. Ce groupe
reçoit de nombreuses personnes, croyantes ou non,
qui éprouvent le besoin de partager leurs interrogations. Il ne s'est donc pas contenté de réfléchir à
la réincarnation à partir de lectures ou de débats
intellectuels.

Ce groupe s'interroge : réincarnation et résurrection sont-elles des conceptions inconciliables ou
ont-elles des points communs ?

Il constate tout d'abord, et chacun est à même de
le vérifier, que l'idée de réincarnation progresse en
Occident, tant dans les milieux attirés par le Nouvel
Âge (New Age) que chez les chrétiens eux-mêmes.
En Europe, cette croyance qui était reléguée dans
un contexte ésotérique a désormais une ampleur,
même si l'on est en droit de penser que la majorité

---

1. *Renaissance, Réincarnation et Résurrection*, par Pascal Thomas,
éd. Droguet et Ardant, coll. « Repères dans un nouvel Âge ». Si l'on
ne devait lire qu'un seul livre pour comprendre ce que recouvrent
exactement les deux croyances et les questions qu'elles posent, on
pourrait choisir celui-ci sans crainte d'être « endoctriné ». Il témoigne
en effet, tout en étant exigeant intellectuellement, d'un esprit de tolé-
rance et d'ouverture rare et appréciable.

des réincarnationnistes occidentaux ne savent pas toujours exactement ce qu'elle implique.

Croire ou ne pas croire en la réincarnation ou la résurrection ? Certains diront : « À quoi bon en discuter ? C'est affaire de croyance personnelle. » Nombreux sont ceux qui sont déçus par les débats, les tables rondes, les confrontations publiques trop souvent stériles. Peut-être le problème est-il mal posé ? L'un des animateurs du groupe Pascal Thomas semble de cet avis : « La réflexion sur la réincarnation ne se réduit pas en effet à un débat entre réincarnationnistes, chrétiens ou non-chrétiens, ce n'est pas une explication en champ clos entre " ceux qui y croient " et " ceux qui n'y croient pas ". Il est urgent d'élargir l'horizon. Et impossible de limiter la réflexion à une simple confrontation entre les deux croyances. »

Quiconque se sent impliqué dans la recherche spirituelle de son époque, cette fin de siècle en Occident, peut, avec profit, se mettre à l'écoute de l'autre, et confronter des conceptions différentes. Mais cela n'est possible que si chacun commence par approfondir son propre champ de réflexion. Or, réfléchir, c'est souvent se poser des questions... C'est pourquoi l'ouvrage du groupe Pascal Thomas offre deux chapitres, respectivement intitulés : « Questions à la réincarnation » et « Questions à la résurrection ».

En voici quelques-unes : Quelle est l'espérance promise par la réincarnation ? Quelle est le place laissée à la liberté de l'homme dans l'optique du karma ? Si l'on passe de corps en corps, n'a-t-on pas une conception de corps provisoire, secondaire ? Si un principe vital se conserve, de quelle nature est-il ? Est-ce l'identité qui est conservée alors que l'être est non permanent? La conception des Orientaux n'est pas identique à celle des Occidentaux. Y aurait-il deux versions d'une même croyance? Autorise-t-elle une place pour Dieu? etc.

Du côté des tenants de la résurrection, les questions sont nombreuses : d'abord, est-ce que tous les chrétiens croient à la résurrection et se la représentent-ils tous de la même façon? Le fait de la résurrection est-il cohérent, vérifié, admissible historiquement? Qu'est-il arrivé réellement à Jésus, le Christ? En quoi cela est-il une annonce pour la résurrection de chacun d'entre nous? Quand aura-t-elle lieu? Tout de suite après la mort? À la fin des temps?

Les réponses sont, dans ce livre, au moins brièvement regroupées dans deux chapitres respectivement intitulés « Ce qu'annonce la Réincarnation » et « Ce qu'annonce la Résurrection ».

On le voit, si chacun des croyants en l'une ou en l'autre de ces conceptions était capable d'étudier ces interrogations, en son âme et conscience, sans se contenter de réponses toutes faites, le débat ne se poserait plus en termes de confrontation mais en termes d'enrichissement réciproque. « Il est certain, remarque un autre membre du groupe, que la tendance actuelle de beaucoup de gens se porte plutôt vers ce qui rassemble que vers ce qui divise, vers la conciliation plutôt que vers le différend. Néanmoins, cela ne nous semble pas une raison suffisante pour confondre réincarnation et résurrection et pour éviter de reconnaître qu'il y a des points communs mais peut-être aussi des incompatibilités. » Même si le mot est dur, il ne faudra pas hésiter à l'employer s'il se révèle juste et fondé. De nombreux chrétiens ressentent aujourd'hui le besoin

d'approfondir leur idée de l'au-delà. Leurs connaissances, restées au niveau d'un catéchisme un peu
oublié, leur paraissent insuffisantes. En ce sens,
l'apparition d'une « nouvelle croyance » – si l'on
peut qualifier ainsi la réincarnation qui est en Asie
plus que millénaire – est une chance à saisir pour
le christianisme actuel. Plus exigeante sera la
réflexion sur la résurrection pour les chrétiens, plus
riche sera l'expérience spirituelle de renaissance à
laquelle ils sont appelés. Le xixe siècle avait eu au
moins le mérite d'ébaucher une métaphysique
occidentale de la réincarnation : Allan Kardec, le
fondateur du spiritisme, avait établi une théorie
réincarnationniste solide, s'il faut en juger par les
milliers d'adeptes qu'elle séduit encore, notamment
au Brésil[1].

Quant à Mme Blavatsky, qui publia *La Voix du
silence*, on est obligé de reconnaître qu'elle connaissait solidement les enseignements du bouddhisme
Mahayana et que ses théories sur la réincarnation
sont appuyées sur de sérieuses connaissances des
croyances tibétaines.

Remarquons, pour terminer, que les mères qui
ont eu l'immense douleur de perdre leur enfant,
telle Marcelle de Jouvenel, envisagent avec effroi
que celui-ci puisse se réincarner. Il est vrai que
l'amour proclame la valeur unique d'un être et que
penser qu'il puisse devenir autre est intolérable à la
tendresse... Quant aux défunts eux-mêmes, quand
ils se manifestent (lire les ouvrages de Prieur et de
Mizraki), ils répugnent à parler de la réincarnation,
comme si ce mot était mal compris ou interdit...

---

1. Cependant, il y a des divergences au sein des spirites entre réincarnationnistes et non-réincarnationnistes.

Des preuves pour la réincarnation

La réincarnation est une théorie séduisante. Pour beaucoup la pensée d'avoir vécu un autre destin, à une autre époque, apparaît passionnante. Mais existe-t-il des preuves de la réincarnation ? Le mot preuve est, d'abord, tout à fait inapproprié car la certitude des grands sages, leurs constatations ne sauraient être des preuves au sens scientifique du terme. Ces preuves scientifiques peuvent-elles être établies ? C'est le sens des recherches du Dr Stevenson qui, remarquons-le, n'intitule pas son ouvrage le plus célèbre : « Vingt preuves de réincarnation », mais : « Vingt cas *suggérant* la réincarnation ». L'esprit scientifique commence par poser le problème comme une hypothèse.

Dans la préface de cet ouvrage, il écrit : « Je maintiens mon point de vue et je répète que je considère ces cas comme suggérant la réincarnation, rien de plus. Tous présentent des points faibles de même que leurs comptes rendus. Qu'ils soient vus séparément ou dans leur ensemble, aucun d'eux ne met en évidence un semblant de preuve de réincarnation. Ma seule conclusion, et de loin la plus importante, c'est la nécessité d'approfondir l'étude de cas analogues [1]. »

Le docteur Stevenson, on le voit, est d'une prudence tout à fait scientifique alors que beaucoup

---

1. Ian Stevenson : *Vingt cas suggérant la réincarnation* (éd. Sand, 1985) et *Les enfants qui se souviennent de leurs vies antérieures* (éd. Sand, 1995). On lira aussi avec profit l'ouvrage de Joanne Esner, *Réincarnation et renaissance intérieure* (éd. Jacques Grancher, 1995) qui développe d'autres cas de réincarnation, certains étudiés par Stevenson, d'autres inédits.

d'autres n'ont pas cette rigueur et formulent des conclusions hâtives où la disposition à croire au merveilleux joue un rôle majeur.

On constate souvent avec surprise que les adeptes de la réincarnation en Occident ne la considèrent pas comme une « punition », ni une souffrance comme les bouddhistes et les hindouistes. Au contraire, ils y voient comme une preuve que leur identité personnelle, leur « moi » a suffisamment d'importance pour qu'on lui accorde la possibilité de renaître. Idée qui est précisément l'inverse de ce qu'enseignent les grandes religions réincarnationnistes pour lesquelles la réincarnation est un pis-aller, l'idéal étant l'union au divin, la libération et donc la suppression des renaissances.

Les Occidentaux qui, aujourd'hui, parce que c'est la mode, se préoccupent de savoir s'ils ont eu une vie antérieure oublient qu'il n'y aurait pas là motif à en tirer une quelconque fierté. Bien au contraire...

Les travaux du Dr Stevenson

Le Dr Stevenson, professeur de psychiatrie et de neurologie à la faculté de médecine de l'université de Virginie (États-Unis), a établi la solidité de ses travaux sur des cas particulièrement évocateurs de la réincarnation. L'analyse des témoignages qu'il a recueillis est d'une très grande minutie. Tous les détails y ont de l'importance.

Sur six cents cas, la moitié proviennent du Sud-Est asiatique (Inde, Ceylan, Thaïlande, Birmanie), d'autres du Moyen-Orient (Turquie, Syrie, Liban), d'autres enfin de l'Europe et du Brésil. Très peu des États-Unis, sauf l'Alaska.

La plupart des témoignages sont spontanés et proviennent souvent d'enfants. Les renseignements exacts sur la vie antérieure sont évidemment très difficiles à vérifier d'autant plus que les interprètes ne sont pas à l'abri de fautes de traduction, que les témoins peuvent avoir une mémoire imprécise, que les familles ne donnent pas toujours toutes les précisions souhaitées... Bref, les difficultés rencontrées dans l'étude de la réincarnation sont réelles et nombreuses, mais pas suffisantes pour décourager un vrai chercheur comme le Dr Stevenson.

Dans les cas étudiés, les sujets n'ont été soumis à aucune hypnose ni à l'une des méthodes de régression que nous étudierons plus loin.

Sept éléments peuvent être retenus comme éventuels critères de preuves :
— désir de retrouver l'ancienne famille,
— affirmations répétées d'une autre identité,
— habitudes, comportements, réactions similaires à celles du défunt,
— malformations congénitales ou marques de naissance,
— talents, aptitudes insolites, connaissances particulières,
— connaissances historiques, érudition,
— reconnaissance de lieux ou de gens.

Désir de retrouver l'ancienne famille

Récit :
Le petit Eduardo, quatre ans, vit à La Havane et parle à ses parents d'une autre maison et d'autres parents qu'il aurait eus dans une vie antérieure. Son père précédent s'appelait Pedro Seco et sa mère, qui avait, disait-il, le teint clair et les cheveux noirs,

Amparo. Il se souvenait du numéro de la rue où la maison était située (69, rue Campanario), que son petit frère s'appelait Juan et sa petite sœur Mercédès. La dernière fois qu'il sortit de cette maison, le 28 février 1903, sa mère s'était mise à crier. Il avait à cette époque treize ans et ne s'appelait pas Eduardo comme aujourd'hui mais Pancho. Il laissait toujours sa bicyclette dans la pièce du bas, il faisait ses courses à la pharmacie américaine parce qu'elle était moins chère qu'ailleurs. Les parents étaient certains que ni leur fils ni eux ne connaissaient cette maison. Ils voulurent le vérifier et se rendirent à l'adresse précisée. Arrivé dans la rue, le garçon reconnut tout de suite la maison, mais non les propriétaires. Des recherches prouvèrent que la maison n'appartenait plus à Pedro Seco mais que, peu après février 1903, elle était en effet devenue la propriété d'un Antonio Seco dont l'épouse s'appelait Amparo et les enfants Juan, Mercédès et Pancho. Le petit Pancho était mort en février 1903. La pharmacie évoquée était à l'angle de la rue.

Commentaire :

Ce cas a été un des tout premiers étudiés par le Dr Stevenson (qui n'en parle pas dans *Vingt cas* mais dans un autre essai : *Éléments de preuves de la survivance tirés de souvenirs attribués à des existences antérieures*).

Sur huit déclarations faites par l'enfant, sept se sont révélées exactes, seul le prénom du père était erroné.

Nombreuses sont les histoires où les enfants affirment avoir eu d'autres parents. Parfois, si la réincarnation n'a pas attendu trop de temps, il est facile d'en avoir la preuve, simplement en entrant en contact avec la famille en question. Les exemples de ce genre de relations entre familles par un enfant réincarné sont nombreux dans les pays asiatiques.

L'enfant éprouve parfois un grand malaise à rester dans la famille où il est réincarné et veut à tout prix retrouver son ancien foyer. À croire que les incarnations ne sont pas toujours désirées ni appréciées... Dans ces cas, les preuves entre le récit de l'enfant et la réalité sont assez faciles à trouver et à admettre.

Affirmations répétées d'une autre identité

Récit :
Vers l'âge de deux ans, dès qu'il commence à parler, le jeune Turc Emrullah Turhan (né en 1949) dit qu'il a des souvenirs d'une autre vie et qu'il s'appelle « en vrai » Cheikh Maruf. Cinq ans après, le père du petit Emrullah, qui est fermier, engage un couple de paysans qui ont bien connu un certain Cheikh Maruf, mort en 1948. Ils posent des questions très précises à l'enfant pour le piéger : combien Cheikh Maruf avait-il d'enfants ? Comment s'appelait sa femme ? Les réponses sont toutes exactes et détaillées : il énumère les prénoms des quinze enfants et précise que sa femme avait un grain de beauté sur la joue droite. Quelques années plus tard, le jeune Emrullah fait son service militaire et déclare à un officier qu'il a autrefois servi sous ses ordres du temps où il était Cheikh Maruf. Il rappelle alors à l'officier stupéfait leurs campagnes, les dangers affrontés, les circonstances d'un accident qui faillit leur coûter la vie à tous deux, etc.

Commentaire :

C'est le Dr Doksat, professeur à la clinique psychiatrique d'Istanbul, qui a étudié ce cas en confrontant le jeune Emrullah et l'un des fils de Cheikh Maruf, député au Parlement. Dès qu'il le voit, tout en ignorant qui il devait rencontrer, le jeune homme le reconnaît comme un des fils, l'appelle par son nom et évoque des souvenirs intimes de famille que nul ne pouvait connaître... L'information sur la personnalité antérieure est ici plusieurs fois répétée. Et à des périodes différentes de la vie. Il est intéressant de noter que le jeune Emrullah a commencé à avoir des souvenirs précis à deux ans et qu'à vingt ans il avait encore des réminiscences. Cette permanence est un signe plaidant en faveur de l'authenticité de son identification au Cheikh. Le Dr Stevenson estime que la durée moyenne d'une identification est de sept ans environ. Ce chiffre peut être dépassé. Mais dans la majorité des cas, le phénomène de personnalisation commence vers deux ans (la petite enfance), se poursuit jusqu'à la scolarisation, vers dix ans. L'enfant cesse alors de parler spontanément de sa vie antérieure (souvent parce qu'on le punit). En général, à l'adolescence, il n'a plus de comportement identifiable à celui d'un défunt.

Notons également – et c'est un aspect très important dans le dossier de la réincarnation – que les connaissances acquises par le jeune homme sur son incarnation précédente ne l'empêchaient pas de vivre normalement et que c'est dans son état habituel – et non en état de transe comme pour un sensitif – qu'il affirme avoir été quelqu'un d'autre.

Habitudes, comportements,
réactions similaires à celles du défunt

Récit :

Un petit garçon belge, Robert, déclare à l'âge de six ans, en regardant le portrait de son oncle Albert, que c'est son propre portrait. Sa grand-mère avait eu deux fils : Albert, tué au cours de la guerre de 1914, et son père. Mais la grand-mère, qui avait ouvertement manifesté sa préférence pour Albert, montrait aussi que parmi ses petits-enfants, elle préférait le jeune Robert. Pourquoi ? Parce que ce dernier avait, au dire de la grand-mère, les mêmes manières, les mêmes goûts, les mêmes petites manies que son oncle Albert. Et notamment dans les mouvements affectueux, dans les gestes de tendresse qu'il avait pour sa grand-mère. Avec elle, il était gentil et câlin alors qu'il était odieux avec ses propres parents.

L'oncle Albert était un excellent nageur. Or, un jour où, à la piscine, on voulait filmer avec une caméra les exploits nautiques du jeune Robert, il s'écria : « Non ! non ! c'est ainsi que j'ai été tué la dernière fois. » La manivelle de la caméra cliquetait comme une mitraillette ; or, c'était une mitraillette qui avait tué Albert défendant une position belge contre l'armée allemande.

Commentaire :

Le comportement de l'enfant, dans la mesure où il est identique à celui de la personne décédée, est évidemment intéressant à étudier.

On peut cependant penser, dans un cas comme celui qui vient d'être relaté, que les éléments affectifs sont prédominants et qu'ici la grand-mère

invente tout par besoin affectif de retrouver le fils
fauché précocement par la guerre. Il apparaît alors
que ce qui est reconnu comme des habitudes de
comportement ayant appartenu à la personne décédée et repris par le sujet réincarné doit être étudié
avec une grande rigueur objective. Encore plus
peut-être que dans les autres cas car ici le subjectif
peut régner en maître.

Malformations congénitales ou marques de naissance

Le docteur Stuart J. Edelstein dirige à Genève le
département de biochimie de l'université des
sciences. En poursuivant ses recherches sur la dré-
panocytose, maladie qui affecte principalement les
habitants de l'Afrique occidentale, il a découvert
que dans certaines tribus croyant en la réincarnation et aux enfants-revenants, les traces de mutila-
tion constatées sur le corps des adolescents touchés
par cette maladie se retrouvaient au même endroit
chez le bébé suivant, né dans la même famille.

Les Igbos croient que l'enfant qui meurt en bas
âge renaît sous la forme de l'enfant qui lui succède
dans la famille. Celui-ci est alors reconnu comme
« Ogbanje ». Et pour que les esprits ogbanjes ne rappellent pas à eux ces enfants, on les ampute de la
première phalange de l'auriculaire gauche, car leur
tradition enseigne que les esprits ogbanjes sont des
êtres vaniteux qui expulsent de leur groupe les gens
frappés de malformation. Ils ne feront donc pas cas
de ces enfants mutilés et les laisseront sur terre,
près de leurs parents. Or, on a pu constater qu'il
naît, dans cette partie de l'Afrique noire, un nombre
d'enfants affligés de cette malformation très supérieur à ce que le calcul des probabilités pourrait

indiquer et, évidemment, au pourcentage des enfants qui naissent, dans les autres pays du monde, avec cette malformation.

Le professeur Edelstein a aussi constaté qu'un phénomène similaire se produit dans d'autres pays africains. Ainsi, au Sénégal, on entaille le lobe de l'oreille de l'enfant-revenant afin de le reconnaître lorsqu'il réapparaîtra. Et, dans ce pays, on trouve aussi un pourcentage significatif d'enfants qui naissent avec une malformation de l'oreille.

Lorsque le bébé igbos est âgé de quelques semaines, ses parents l'emmènent chez le sorcier. Celui-ci prend un œuf dans sa main et prononce une série de noms correspondant à tous ceux qui auraient pu s'incarner dans le nouveau-né. Le nom prononcé au moment où l'œuf se casse indique l'identité de la personne réincarnée. Les chefs de tribus affirment que les taches de naissance sont des marques destinées à reconnaître les défunts lors de leur réincarnation.

De tels cas ne se limitent évidemment pas à l'Afrique, citons-en quelques autres constatés dans d'autres pays.

Récit :

Miss Mills est anglaise. Elle a quarante ans et rencontre un jour par hasard (sa voiture étant tombée en panne) le Dr Arthur Guirdham qui s'intéresse depuis plusieurs années à la réincarnation (à vrai dire, il est lui-même convaincu d'être un cathare réincarné). Il était à l'époque médecin-chef du service de psychiatrie de l'hôpital de Bath, en Angleterre. Miss Mills lui confie qu'elle est embarrassée par deux mots qui obsèdent son esprit : « Raymond » et « Albigeois ». Le Dr Guirdham lui explique que Raymond était le prénom adopté par les comtes de Toulouse et qu'Albigeois désigne une secte d'hérétiques qui vivaient dans le sud-ouest de la France au XIIIe siècle. Miss Mills avoue alors en confidence que, depuis l'âge de cinq ans, âge où elle eut une diphtérie, elle est hantée par un cauchemar : on la traînait jusqu'à un immense tas de bois, un moine la frappait dans le dos avec une torche enflammée. Les détails de ce rêve étaient toujours les mêmes.

Miss Mills montra alors au Dr Guirdham une cicatrice qu'elle avait dans le dos depuis sa naissance. Le docteur la décrit ainsi : « La cicatrice, qui suivait la ligne d'impact de la torche, était unique en son genre : c'était une succession de boursouflures de la peau semblables à celles occasionnées par des brûlures graves. Ces cloques, qu'on aurait dit provoquées par une brûlure récente, contenaient un liquide dû à l'inflammation et qui subsistait depuis plus de quarante ans. Les boursouflures étaient naturellement compactes et dures. »

Du jour où Miss Mills montra sa cicatrice au Dr Guirdham, son cauchemar prit fin. À l'aide de multiples preuves, il parvint à la conclusion que Miss Mills était la réincarnation d'Esclarmonde, fille de Raymond de Perella, châtelain de Montségur, brûlée comme hérétique le 16 mars 1244.

Commentaire :

Il ne s'agit pas de grains de beauté, de taches ou autres qui apparaissent à la naissance mais bien de marques physiques qui n'ont héréditairement pas de raison d'exister. Les parents sont les premiers surpris et ne s'expliquent pas la présence de telle ou telle cicatrice ou déformation. Pour que ces marques constituent un élément de preuve en faveur de la réincarnation, il ne faut pas se contenter de les constater. Il faut les palper, ausculter, mesurer, photographier et, surtout, retrouver la cause passée qui pourrait justifier la réincarnation.

Ainsi, le Dr Stevenson a étudié le cas d'un Indien Tlingit d'Alaska, Charles Porter, qui présentait sur le flanc droit une surface pigmentée qui était grosse comme un diamant et qui évoquait un coup de lance. Porter racontait qu'il aurait reçu ce coup lors d'une bataille de clans (historiquement plausible mais non vérifiable) et qu'il en serait mort cinquante ans plus tôt. Il pouvait nommer l'homme qui l'avait tué, situer l'endroit du drame et indiquer comment il s'appelait dans sa vie précédente.

Quand les informations fournies par le sujet sont suffisamment précises, quand on peut retrouver dans les hôpitaux des rapports ou des procès-verbaux d'autopsie, des preuves écrites de la localisation et de la description de ces « stigmates », on est particulièrement chanceux. Il est admis que de telles marques peuvent sauter plusieurs générations puisque l'intervalle entre deux incarnations peut être assez long.

Dans un grand nombre de cas, on est obligé de constater un ensemble d'éléments dont la concordance est troublante :

— les faits rapportés sont indiscutables et authentiques, les témoins dignes de foi. Les marques sont aisément observables sur le réincarné et ont pu être également constatées sur sa précédente réincarnation par les témoins qui, s'ils sont encore vivants, peuvent en attester avec d'autant plus de crédibilité ;

— il n'y a aucune relation héréditaire possible entre les deux sujets (cas de miss Mills, par exemple) ;

— la part de hasard n'est pas suffisante pour expliquer qu'une marque caractéristique apparaisse à l'endroit exact où le défunt a été blessé ou a reçu la blessure ayant entraîné la mort. Il est rare que deux organismes physiques présentent chacun des marques identiques (la première, accidentelle, ne pouvant de toute manière être transmissible). En revanche, on peut également faire remarquer qu'une histoire de vie antérieure peut être inventée à propos de marques de naissance considérées comme honteuses.

Certaines de ces marques sont voulues par les familles. En Thaïlande, par exemple, la pratique est courante de marquer le corps du défunt d'un trou ou d'une trace afin de l'identifier à son retour dans le corps d'un nouveau-né. Ces marques existant avant la naissance et donc pendant la gestation, le fœtus a pu être « marqué » par une phobie ou une impression de la mère enceinte.

Cependant, quand il n'y a de lien d'aucune sorte entre le défunt antécédent et le sujet qui se dit réincarné, il devient plus difficile d'expliquer ces cicatrices. Ne sont-elles pas des témoins inscrits dans la chair et dont la parole est bien troublante ?...

Il est évident que beaucoup de ces phénomènes deviennent plus compréhensibles si l'on adopte la théorie de la réincarnation et que l'on pense que la personnalité décédée continue d'influencer un vivant. L'hypothèse qu'il puisse exister une « empreinte parapsychique » sur l'organisme avant la naissance résoudrait bien des cas mystérieux.

Talents, aptitudes insolites, connaissances particulières

Récit :

Blind Tom était fils d'une esclave de fermiers de Géorgie et, comme son surnom l'indique, il était aveugle de naissance. Fasciné par tout ce qu'il entendait, il restait assis des heures à écouter des bruits, celui de la pluie comme celui des cueillettes. Quand il eut quatre ans, son « maître », James Bethune, acheta un piano pour ses filles. La musique illuminait le visage de l'enfant qui, un soir, n'y tenant plus, s'approcha de l'instrument et se mit à jouer en état d'extase. Le maître, reconnaissant un talent précoce, fit venir un professeur de musique qui trouva que son élève en savait plus que lui. À sept ans, Tom fit ses débuts dans la salle de concert de Columbus (Géorgie). À quinze ans, il avait joué dans toutes les grandes villes des États-Unis. Il connaissait cinq mille morceaux classiques par cœur. Il pouvait rejouer un concerto entier après l'avoir entendu une seule fois ! Un vrai prodige en musique, aveugle mais... débile mental. De nombreux tests lui furent imposés. Nul ne réussit à donner une explication rationnelle à ce talent mystérieux qui consistait à exécuter mais sans jamais composer ni improviser.

Commentaire :

Cette affaire fit grand bruit ainsi que le récit de Blind Tom paru dans le *Coronet* en juillet 1952, après avoir fait l'objet d'un article dans *Étude* en 1940.

Blind Tom était-il la réincarnation d'un musicien de génie ? On sait que Mozart exécuta sa première sonate à quatre ans et que Haendel, qui n'était pas né dans un milieu privilégiant la musique, composait à dix ans des motets admirables. Blind Tom, lui, ne composait pas. Il était seulement virtuose dans l'interprétation.

Le Dr Stevenson penche pour attribuer à l'hérédité – dans la majorité des cas –, ou du moins à l'influence du milieu familial, le talent précoce. Cela rend d'autant plus singulier ce qui ne concorde pas avec cette explication. En Alaska, le cas de Croliss Chotkin Jr, passionné de mécanique et pour qui les moteurs n'avaient pas de secret, entre, tout comme celui de Blind Tom, dans cette catégorie où les connaissances spontanées – personne n'ayant pu les inculquer dans la vie présente – pourraient être tenues pour des preuves de la réincarnation.

Connaissances historiques, érudition

Récit :

Reprenons les deux cas étudiés par le Dr Guirdham car ils sont parmi les plus célèbres. Tous les détails méritent d'en être rapportés.

Miss Mills gardait au pied de son lit un bloc-notes pour les appels téléphoniques. Un matin, elle y trouva des mots écrits de sa main alors qu'elle ne se souvenait pas avoir écrit la moindre ligne. Il s'agissait d'un ensemble de noms de villes du nord de l'Italie, non de grandes villes, mais de villes peu connues comme Bellesmana. Un matin, elle découvrit le nom de « Jean de Lugio » sous lequel elle avait écrit : « Il était le Fils Majeur de l'évêque de Bellesmana. » Cette révélation fut vérifiée historiquement. Fils Majeur indiquait un ordre hiérarchique directement en dessous de celui d'évêque.

Une autre fois, miss Mills nota « Trogarium ». Le Dr Guirdham n'avait pas la moindre idée de ce que ce terme latin pouvait recouvrir. Plus tard, dans l'ouvrage sur le manichéisme médiéval de sir Steven Runciman, professeur à Cambridge, il découvrit que Trogarium était le terme ancien pour Trogir, qui fut le lieu d'où partirent les Bogomiles, missionnaires hérétiques des Balkans, pour convertir le Languedoc...

Une autre personne suivie et étudiée par le Dr Guirdham, Mrs. Smith, fit, elle aussi, des révélations concernant les cathares qui anticipaient sur les découvertes historiques. Elle disait, par exemple, que les robes des « prêtres » cathares étaient bleues. Or tous les historiens avaient montré qu'elles étaient noires jusqu'au jour où l'historien Jean Duvernoy publia un registre d'Inquisition dont l'auteur, Jacques Fournier, précisait que, dans certaines régions, les prêtres cathares avaient des robes bleu foncé. Elle déclara aussi que Roger de Grisolles avait pris pour remède un pain de sucre. Or il semblait évident que le sucre en morceaux, au XIIIe siècle, n'avait pas cours, jusqu'à ce que l'écrivain René Nelli, relatât, dans *La Vie quotidienne des cathares*, que le curé de Montaillou, rendant visite à une vieille malade, lui apporta du sucre en pain en guise de remède...

Commentaire :
Impossible évidemment d'avancer que miss Mills ou Mrs. Smith avaient eu connaissance de ces indications historiques et qu'elles les avaient oubliées puisqu'elles n'étaient pas encore découvertes par les historiens eux-mêmes.
Impossible aussi d'évoquer une possible télépathie ou transmission de pensée entre ces deux

femmes et le Dr Guirdham puisque lui-même ignorait ces détails.

Cependant, si dans le cas des cathares de nombreux points peuvent être historiquement vérifiés,
dans de nombreux autres cas, l'incarnation est trop
imprécise pour donner lieu à une véritable vérification. En 1974 parut le livre d'Edward Ryall *Second
Time Around* (« Ici pour la deuxième fois ») dans
lequel il livre sa propre expérience. Ce cas fut étudié
pendant plusieurs années par le Dr Stevenson. Il
s'agit également d'une réminiscence historique tout
à fait étonnante. Ryall se souvenait d'avoir été, en
1645, John Flatcher. Il avait participé à la bataille de
Montmouth, eu un grand amour tragique et enfin
avait été tué à une bataille en 1685 par un soldat
cavalier de Jacques II. Deux cent dix-sept ans sépa-
raient les deux incarnations. La question évidente
qui se posait était de savoir si Ryall ne pouvait avoir
acquis ces souvenirs par des lectures qu'il aurait
ensuite oubliées (cas de cryptomnésie).

Les enquêtes et recherches très minutieuses
menées par le Dr Stevenson ont conclu à la vérification des propos de Ryall sur de nombreux points :
trois jours avant la mort de Flatcher était en effet
passée la comète de Halley que Ryall affirmait avoir
déjà vue étant enfant. Les dates qu'il avançait
étaient exactes, les noms des notables et du clergé
local aussi, les objets domestiques, agricoles, les
mots usuels, les expressions étaient bien utilisés à
cette époque, etc. Le Dr Stevenson n'a pu déceler la
source livresque de tant de détails-souvenirs ni la
supercherie si tant est que l'on puisse encore retenir
une telle hypothèse.

Reconnaissance des lieux, des gens, des objets

Récit :

Le cadre : la communauté druze du Liban[1].

Le héros : Imad, qui affirme être né à Khriby (distant de son village natal d'une trentaine de kilomètres) et que sa précédente famille s'appelait Bouhamzy. Il affirme aussi avoir assisté à un accident de camion qui avait broyé un homme.

1re vérification : le père d'Imad se rend à Khriby mais ne découvre aucun Bouhamzy.

2e vérification : le Dr Stevenson découvre à Khriby un Saïd Bouhamzy tué par un camion. Mais l'enfant, qui avait alors cinq ans, ne reconnaît pas la maison de Saïd et rien dans la vie de Saïd ne correspond à ce que raconte l'enfant.

3e vérification : le Dr Stevenson apprend que Saïd Bouhamzy avait un cousin, ami très intime, Ibrahim Bouhamzy. Ibrahim était chauffeur de poids lourd, avait été renversé par un camion et tué sur le coup. Et cela sous les yeux horrifiés de Saïd. L'enquête révéla qu'Ibrahim avait aussi une belle maîtresse, Jamileh, nom qui revenait souvent dans la bouche de l'enfant.

Commentaire :

Sur les cinquante-sept déclarations de l'enfant, strictement consignées par le Dr Stevenson, quarante-sept points se sont révélés parfaitement exacts.

La maison d'Ibrahim était fermée à clé depuis sa mort. Personne n'avait pu y entrer. Le Dr Stevenson s'y rendit en compagnie de l'enfant qui, auparavant,

---

1. Ce cas est relaté dans *Vingt Cas suggérant la réincarnation, op. cit.*

en avait minutieusement décrit le décor, les objets, le mobilier. Tout était exact. Même la cachette où Ibrahim rangeait son fusil. Il connaissait aussi les noms et prénoms de tous les parents et de tous les amis d'Ibrahim, mais s'il reconnut sa sœur, il ne reconnut pas sa mère (détail bien étonnant).

L'hypothèse de la fraude est exclue. Si les familles de ces deux villages avaient inventé cette histoire, il aurait fallu que dix-sept personnes (sans compter les témoins indirects) se mettent d'accord pour tromper le Dr Stevenson... et l'honnêteté chez les Druzes est une qualité unanimement reconnue.

Ajoutons que le contexte prête à croire à la réincarnation puisque cette croyance, fortement ancrée chez les Druzes, est aujourd'hui encore très vivace. Pas au point cependant que quelqu'un puisse se dire réincarné sans rencontrer un doute *a priori* sévère.

L'exploration des vies antérieures

La régression sous hypnose

Le pionnier de cette technique fut sans nul doute, au début de ce siècle, le colonel Albert de Rochas[1], administrateur de l'École polytechnique. Suivant son exemple, nombreux furent ceux qui utilisèrent l'hypnose comme méthode d'investigation des souvenirs d'une éventuelle vie antérieure. Cette technique est toujours proposée aujourd'hui, plutôt sous

1. Le colonel de Rochas a publié de nombreux ouvrages entre 1890 et 1913 dont : *Extériorisation de la sensibilité, La Lévitation, Frontières de la science, L'Art des thaumaturges dans l'Antiquité, L'État profond de l'hypnose*, et, en 1911, *Les Vies successives*.

forme de thérapie, mais on utilise plus fréquemment la sophrologie, qui est une forme plus douce et moins profonde de l'hypnose. Elle met le sujet dans un état « sophronique » provoquant, à ce qu'il semble, un réveil extraordinaire de la mémoire.

Les tenants de cette méthode d'anamnèse qu'est l'hypnose affirment qu'elle présente l'avantage de solliciter la mémoire profonde, qui s'affranchit des censures et des blocages qui existent normalement à l'état de veille. Ils tiennent l'hypnose comme une technique d'accès à des états de conscience différents au même titre que la méditation. Grâce à elle, certaines facultés paranormales peuvent se développer librement, voyance, prémonitions, télépathie, rétrocognition, etc. Nous verrons que ces arguments peuvent jouer aussi bien en faveur d'une preuve de vie antérieure qu'en sa défaveur.

Aujourd'hui, l'hypnotiseur n'est plus un mage ensorceleur ! Tout le monde sait, même approximativement, comment se passe une séance d'hypnose : le sujet se relaxe, confortablement installé dans un cadre agréable ou familier, musique à l'appui... tout ce qui favorise le calme mental, retire du monde extérieur et surtout élimine la crainte...

Car il y a des raisons de craindre : le sujet hypnotisé va en effet s'abandonner complètement à l'hypnotiseur, celui-ci doit donc être un praticien suffisamment expérimenté pour éviter tout accident, faire « revenir » son patient à l'état normal sans risque. Il doit l'aider à supporter les images qui vont l'assaillir. Les régressions sont parfois terribles, angoissantes, ce qui n'est pas une surprise puisque le sujet qui choisit de se faire hypnotiser a souvent des motifs personnels douloureux à « extirper » de son inconscient ou de sa vie antérieure.

Quand le sujet et son « guide » sont prêts (mais cela peut demander plusieurs séances), le voyage vers le passé peut commencer. Il ne s'agit pas seulement de se remémorer des souvenirs d'enfance enfouis et oubliés. Il faut passer la barrière de la naissance et même celle de la conception afin d'arriver dans le champ d'une vie précédente. C'est-à-dire postuler une existence dénuée de corps physique. Est-ce réellement possible ?

Les expériences du colonel de Rochas

Parmi les dix-neuf personnes qui se soumirent aux expériences du colonel de Rochas et revécurent leur vie antérieure (parfois, comme dans l'expérience de Mme J..., jusqu'à onze vies successives), Joséphine, dix-huit ans, femme de chambre, a été hypnotisée en 1904. Elle retrouva plusieurs de ses incarnations et, un jour, se mit à parler avec la voix d'un homme bourru qui, après s'être fait beaucoup prier par le colonel, dit s'appeler Jean-Claude Bourdon, avoir été militaire au 7e d'artillerie de Besançon en 1835 et s'être rendu à une grande fête de soldats le 1er mai.

Le colonel de Rochas, muni de ces précisions, entama des recherches minutieuses pour vérifier les dires de Joséphine. Les détails étaient exacts : sous la monarchie, on fêtait en effet non pas le 14 juillet mais la Saint-Philippe, le 1er mai. Comment une « domestique à l'intelligence très ordinaire » (ce sont les mots du colonel) pouvait-elle avoir connaissance de tels détails historiques un demi-siècle avant sa naissance ?

La suite de l'histoire de Joséphine – Jean-Claude n'est pas moins étonnante.

Jean-Claude, mort à soixante-dix ans, raconte ce moment décisif. Il avait refusé le curé car il ne croyait pas à une vie future. Ce fut donc avec surprise qu'il sentit son « corps » flotter autour de son cadavre et qu'il assista en spectateur à son enterrement. Après une période de ténèbres, il eut le désir de se réincarner. Ce qu'il fit en s'approchant d'une femme enceinte, puis en entrant dans le corps de l'enfant.

Les séances d'hypnose laissaient la pauvre Joséphine épuisée. Toutes ces morts, ces naissances, remorts et renaissances l'impressionnaient. On la comprend. Pis : elle ne savait plus qui elle était réellement (ce qui laisse à penser qu'elle a dû souffrir de troubles graves de l'identité et du comportement)... Mais les comptes rendus du colonel de Rochas se limitent aux séances hypnotiques et ne précisent pas ce que ses sujets sont devenus par la suite.

Au cours de ces séances, Mme Roger (séance de 1905) se revit, entre autres, Madeleine Beaulieu morte en 1724 de tuberculose ; un jeune maçon (séance de 1905) se retrouva Louis Fargeau, batelier du Rhône, blessé à Waterloo ; Mme Trichant (séance de 1907) se découvrit jeune Arabe poignardé (et effectivement, étant enfant, elle se plaignait souvent du dos), etc.

Ce que l'hypnose réveille

L'honnêteté intellectuelle du colonel de Rochas, que personne ne met en doute, plaide en faveur de ses expériences. La probité de ses travaux qui s'étalent sur dix-sept années n'est pas récusable. Sa fonction et sa formation l'incitaient à la circonspection. Et pourtant, il en arriva à cette conclusion : « Il est certain qu'on peut ramener progressivement la plupart des sensitifs à des époques antérieures à leur vie actuelle, avec particularités intellectuelles et physiques caractéristiques de ces époques et cela jusqu'au moment de leur naissance. *Ce ne sont pas des souvenirs que l'on éveille, ce sont des états successifs de la personnalité que l'on évoque* (c'est moi qui souligne). Il est certain qu'au-delà de la naissance et sans avoir besoin de recourir à des suggestions, on fait passer le sujet par des états analogues correspondant à des incarnations précédentes et aux intervalles qui séparent ces incarnations [1]. »

Les détails historiques vérifiés. Certes, ils ne le sont pas toujours, notamment quand les sujets mentionnent des individualités inconnues, des villages disparus, des enfants morts en bas âge, etc. Mais, dans l'ouvrage d'Isola Pisani, *Preuves de survie, croire ou savoir?* (R. Laffont, 1980), M. Georges estime que les vérifications du colonel de Rochas sont satisfaisantes dans 70 % des cas (ce qui est déjà énorme et sans doute excessif). Car il faut souligner aussi de nombreuses absences de mémoire et des affirmations inexactes.

Les hypnotisés ne mentent pas. Ils disent toujours leur vérité subjective même s'ils se trompent. De plus, si on les interroge plusieurs fois ou en des séances différentes, ils racontent toujours la même chose, sans modifier leurs récits.

Les hypnotisés adaptent leur comportement au personnage dont ils se croient l'incarnation : changement de la voix, de l'écriture, des gestes, etc. (mais on peut alors penser que l'état hypnotique favorise la « comédie », le goût pour le théâtre).

---

1. Albert de Rochas, *Les Vies successives* (Chacornac, 1911).

Le cas de Ruth Simmons

En automne 1952, aux États-Unis, Ruth Simmons, jeune femme de vingt-neuf ans, fut endormie d'un sommeil hypnotique par Morey Bernstein, un homme d'affaires du Colorado, passionné par les expériences sur les régressions dans des vies antérieures. À côté d'eux, un magnétophone enregistrait ses déclarations.

La jeune femme parla d'abord de son enfance, puis elle remonta jusqu'à sa naissance. Ensuite, elle déclara s'appeler Bridey Murphy et être née à Cork, en Irlande, en 1798. Elle prononça ces phrases avec un accent irlandais, bien différent de l'accent américain de Ruth Simmons. Pendant environ un an, durant six séances enregistrées, Ruth Simmons décrivit avec force détails la vie d'une jeune Irlandaise, son mari, sa famille, ses amis, les coutumes provinciales de ce pays à la fin du xviiie siècle. Ruth Simmons fut la première surprise d'entendre ces enregistrements. Elle ne connaissait ni l'histoire de l'Irlande, ni les mœurs de cette époque et, moins encore, la doctrine de la réincarnation. Il fallut des années d'investigations pour retrouver certains personnages, certains marchands de l'époque, des paysages transformés et des mœurs oubliées. Quant aux détails géographiques qu'elle fournit, ils ne figuraient sur aucune carte mais étaient exacts, comme certains mots qu'elle utilisa et qui ne sont plus employés de nos jours en Irlande.

Les sujets qui ont vécu de tels phénomènes estiment que la réincarnation est prouvée par leurs expériences, et rien ne peut ébranler leur certitude. Le docteur Guirdham, dont nous avons rapporté le témoignage, autrefois rationaliste convaincu, ne doute plus maintenant d'avoir eu une vie antérieure en tant que Roger Isarn de Grisolles, personnage historique, mort en prison en 1243 et réincarné à la même époque que plusieurs de ses compagnons cathares.

Des N.D.E. aux vies antérieures

Le docteur Raymond Moodý, dont nous relaterons les investigations dans les cas de pré-mort, communément appelés N.D.E., s'est aussi penché sur l'étude des régressions. Sceptique au départ, il a été fasciné par les résultats obtenus, aussi bien par lui-même que par ses collègues utilisant les mêmes méthodes. Il a cité un cas particulièrement significatif[1], rapporté par Dick Sutphen, hypnotiseur et thérapeute réputé aux États-Unis. Il y a plusieurs années, celui-ci mit en état de régression une Allemande atteinte de boulimie. Au cours de cette séance d'hypnose, elle se retrouva dans la caravane Donner, celle des malheureux émigrants bloqués dans les montagnes Rocheuses au siècle dernier par une tempête de neige, et dont les survivants n'avaient dû leur salut qu'au fait d'avoir mangé des membres de leur groupe.

Sutphen apprit que sa patiente n'était arrivée aux États-Unis qu'en 1953 et ignorait tout de l'histoire de son nouveau pays :

« J'ai mené plus de deux cents régressions sous hypnose avec des sujets très motivés. Certains ont

1. *Voyages dans les vies antérieures* (Robert Laffont, 1990).

eu des expériences très fortes où ils ont remonté le temps pour se voir dans plusieurs autres cultures et dans des situations très diverses. D'autres n'ont pu obtenir que des aperçus rapides d'une autre vie avant de se retrouver dans le présent. Une très faible proportion, environ 10 %, n'a rien vu. »

Le docteur Paul Hansen, un thérapiste du Colorado qui utilise les régressions sous hypnose, fit une régression personnelle en 1981 et se retrouva en France au xviiᵉ siècle, dans une propriété près de Vichy. Il s'appelait Antoine Poirot, sa femme se nommait Marie et ils avaient deux enfants.

Il revécut plus spécialement une scène dans laquelle il montait à cheval en compagnie de sa femme, dans les bois entourant le château. Elle portait une robe de velours rouge vif et montait en amazone.

Grâce à la date et aux noms, Hansen put retrouver la trace de la naissance d'Antoine Poirot, enregistrée par un prêtre à cette époque.

Ce modeste petit seigneur français ne figure évidemment dans aucun livre d'histoire, et Hansen n'a jamais connu quelqu'un portant le nom de Poirot. Cette régression ne peut constituer une preuve de réincarnation pour la science, mais, pour Hansen, elle est largement convaincante.

Télépathie ou souvenirs oubliés ?

On a suggéré des phénomènes paranormaux entre l'hypnotiseur et son sujet, la « prise de l'information » se faisant par télépathie ou par clairvoyance. De plus, l'hypnotiseur, voulant à tout prix obtenir des informations intéressantes, influence même inconsciemment le sujet qui lirait dans sa pensée.

C'est ce que suggère le Dr Ian Stevenson qui, au début de ses recherches sur la réincarnation, pratiqua l'hypnose pour l'abandonner par la suite. Le sujet utiliserait à la fois des souvenirs, des lectures oubliées, des conversations et en plus des informations acquises par voie paranormale qu'il capterait dans le cerveau de l'hypnotiseur afin de se comporter comme celui-ci le désire. Les personnages évoqués ne seraient alors que le résultat de ces divers ingrédients. Les expériences du Dr Zolik *(Reincarnation : Phenomena in Hypnotic States)* ont montré que beaucoup de récits de vies antérieures sont composés en fait de souvenirs oubliés (cryptomnésie).

Cependant, il convient également de remarquer que l'hypnotisé est parfois rebelle à la volonté de l'hypnotiseur. Si on lui suggère qu'il a été autre chose que ce qu'il révèle, il ne suit pas la suggestion ou bien, s'il le fait, c'est maladroitement, comme s'il cherchait à jouer la comédie en faisant semblant d'être convaincu.

Le sujet qui a choisi de régresser sous hypnose sait que cela le conduit à revivre des vies antérieures. Puisqu'il le sait, on peut penser que son inconscient s'adapte et imagine... Mais peut-on inventer une histoire avec de *vrais* détails historiques, des détails ignorés de l'hypnotisé, de l'hypnotiseur et souvent mal connus des historiens eux-mêmes ?

Il est tout de même troublant qu'il n'y ait aucun lien entre la vie quotidienne du sujet et son ancienne personnalité. Le sujet hypnotisé n'est réincarné qu'en état hypnotique alors que, dans les cas étudiés par le Dr Stevenson, les sujets ont le sentiment permanent, en état de veille normal, d'être réincarnés. C'est d'ailleurs à cause de cette différence importante que le Dr Stevenson a abandonné l'hypnose comme méthode de recherche. Après la séance d'hypnose, le sujet ne se souvient plus de rien! Curieux, car il ne devrait pas y avoir une telle discordance entre la vie passée et la vie présente...

Enfin, pourquoi la *perception* d'une personnalité passée implique-t-elle forcément une *identification*? Pourquoi le sujet qui a accès, par un moyen ou par un autre et qui reste à déterminer, à une information s'identifie-t-il au personnage sur lequel il recueille cette information? Après tout, il est déjà extraordinaire d'admettre la réalité d'un don de rétrocognition sans être obligé d'y ajouter l'obligation d'une identification... pour essayer de démontrer la réalité de la vie antérieure. L'hypnose pourrait ainsi mettre en action des facultés paranormales sans pour autant démontrer quoi que ce soit sur l'immortalité ou la survie. Comme dit le Dr Stevenson : « La seule perception de souvenirs d'une vie antérieure ne prouve pas leur authenticité. »

Le père Humbert Biondi, prêtre du diocèse de Paris, conseiller religieux des magnétiseurs et des guérisseurs, l'un des prêtres les mieux informés sur les questions de médiumnité et de spiritisme, a, quant à lui, au sujet de la réincarnation, une position très nette[1] : « Combien de personnes tentées par des expériences de régression vers des vies antérieures en restent traumatisées? En fait, elles ont parlé du passé et évoqué une autre existence. Mais

---

1. Lire son introduction au livre de Jeanne Decroix, *L'Amour par-delà la mort* (Sand, 1983).

qui parlait par leur bouche ? Dans presque tous les cas, ces curieux de leur destin " avant la vie " ont été simplement *parasités* par des esprits avides de tenter de revivre à travers ce haut-parleur naïf leur propre existence, trop tôt terminée à leur gré. La vulgarisation incroyable de l'idée de réincarnation en Occident provient en grande partie de ces régressions sous hypnose : ces réincarnés sont des parasités. » Et le père Humbert Biondi explique qu'un « esprit-locataire » s'empare de la personnalité de celui qui régresse et se croit ainsi réincarné. Une explication qui est évidemment fondée sur le spiritisme mais qui mériterait attention. Si l'on croit que des « esprits » se promènent dans l'éther après la mort, nul ne sait si leurs intentions sont bienveillantes et s'ils ne viennent pas hanter les vivants. Après tout, bien des primitifs ne croyaient pas autre chose.

L'éditeur et écrivain Marc de Smedt s'est livré lui aussi à une expérience de régression sous hypnose [1]. Une de ses amies avait suivi en Californie des séminaires de régression sous hypnose et, après un certain nombre d'expériences, avait arrêté. « Ça finissait par faire peur, dit-elle, un jour on a eu du mal à faire revenir un type qui était resté très loin, dans un autre temps ; c'est là que j'ai arrêté, le risque est trop grand de se retrouver avec quelqu'un de déconnecté sur les bras, tu imagines ! » Rompu à la méditation parce qu'il a pratiqué zazen, la méditation zen pendant plus de dix ans, Marc de Smedt demande alors à essayer une régression. Voici son récit : « Chaudement couvert, je m'allonge dans la

1. Il l'a relaté dans son ouvrage *Le Rire du tigre* (Albin Michel, 1985), intéressant à lire également pour connaître la position d'un maître zen à propos de la mort et de la survie, maître Deshimaru, fondateur à Paris d'un *dojo zen*, mort en 1981.

pénombre : d'une voix douce, suggestive, elle m'aide à me relaxer totalement, je respire profondément et atteins vite ces zones où règne le grand calme de l'esprit. Alors, elle me demande de la suivre, de remonter le temps ; et elle égrène des chiffres à n'en plus finir, l'année dernière, les années d'avant, mon adolescence, mon enfance, tiens ! je suis dans le ventre de ma mère et on remonte encore. » Au début, Marc ne voit aucune image, puis quand il remonte au siècle dernier il voit des images d'un mariage de l'époque napoléonienne, sans savoir quel rôle il y joue, puis il remonte jusqu'au Moyen Âge ; d'autres scènes surgissent, des guerres, des flammes, et toujours le même homme, un colosse aux cheveux blonds, etc. Bien d'autres images de lui remontent alors, à Rome, au bord d'un fleuve.

Puis quand son amie décrète que l'expérience suffit, il revient doucement à lui, dans une semi-inconscience, abasourdi. Qu'a-t-il tiré de cette remontée dans le temps ?

« Aujourd'hui, je ne peux ni ne veux rien conclure quant à cette expérience et mon sens logique penche vers une sorte de mémoire géné-tique, qui est enfouie dans l'A.D.N. et imbibe notre état présent : produit des générations passées, nous sommes, en ce corps-ci, comme la tête d'une entité qui remonte vraiment à la fameuse nuit des temps. Ou bien, toutes ces images ne sont que le fruit de tours que me joue mon imaginaire, ou encore des archétypes à décrypter ? Le mystère demeure... »

Les guérisons sous hypnose du docteur Kelsey

Au cours des années 70, le psychiatre britannique Denys Kelsey et sa femme, Joan Grant-Kelsey, soignaient leurs malades en leur faisant découvrir, par hypnose légère, l'origine de leurs maux situés dans leurs vies antérieures. Ces médecins auraient à leur actif des guérisons spectaculaires. Elle-même « sensitive » et clairvoyante, Joan Grant a développé sa faculté de mémoire antérieure. Mémoire « lointaine » si l'on en croit Isola Pisani qui relate ses expériences avec ce couple original dans *Mourir n'est pas mourir*.

Leur technique consiste à mettre le sujet sous hypnose légère (il ne perd pas conscience de son corps ni de la réalité) et à l'amener à un autre état de conscience hors de l'espace-temps. Le sujet prend alors conscience qu'il a vécu plusieurs vies successives, qu'il est riche d'expériences multiples et qu'il est un être permanent, en quelque sorte immortel. Le Dr Kelsey est convaincu qu'il existe chez l'être humain un élément qui fonctionne en dehors du corps physique.

Joan Grant écrit : « Le corps de chaque individu comporte un élément physique et *supraphysique* et quand l'échange d'énergie entre ces deux composantes vient à cesser, le corps physique meurt mais non le corps supraphysique. » Elle avance cette théorie en précisant que c'est le corps supraphysique qui est le récepteur des expériences sensorielles et que bien des maux proviennent d'un épisode douloureux dont un corps supraphysique a été la victime. Si cette théorie a des aspects séduisants, et si cette technique est efficace sur le plan de la guérison, elle n'apporte guère de preuves sur la réincarnation. Rien qu'une théorie de plus avec un nouveau vocabulaire. Joan Grant cependant y croit : « Admettre la réincarnation, c'est reconnaître implicitement que la personnalité courante, non seulement est immortelle, mais fait partie intégrante d'une série de personnalités. On sait moins généralement que le corps aussi est immortel, sauf son enveloppe extérieure dans les trois dimensions. » Incontestablement, tous les deux croient que les guérisons attestent la survie.

De son côté, le docteur Édith Fiore, psychologue californienne, a mis au point sa propre méthode de relaxation pour conduire ses patients à un état hypnotique qui leur permet de revivre leurs drames jusqu'au récit détaillé de leur mort antérieure afin de faire disparaître leurs troubles et leurs angoisses. Il en va de même pour Helen Wambach, psychologue traditionnelle, peu soucieuse de l'après-vie, jusqu'au jour où elle fit l'expérience d'un « état de conscience modifié ». Dès lors, elle consacra sa vie à étudier les régressions dans les vies passées et, après avoir interrogé ses sujets, elle dégagea à partir de ces témoignages extraordinaires des données statistiques intéressantes sur les sociétés anciennes (mœurs, nourriture, vêtements, activités diverses) qui rejoignent les conclusions des historiens.

Il n'entre pas dans notre propos d'aborder les méthodes thérapeutiques de guérison par l'hypnose dont les succès sont incontestables. Ces pratiques n'apportent aucun élément nouveau au dossier de la réincarnation.

Cependant, les praticiens de cette thérapie en vogue – surtout aux États-Unis – ont constitué une association qui regroupe les informations et les résultats des régressions et forme de nouveaux thérapeutes. Cette association compte aujourd'hui des milliers de membres, convaincus que les expériences de vies antérieures peuvent exercer une influence positive sur le comportement de personnes qui ont de graves problèmes : peur du feu, de l'avion, de l'eau, des animaux. Ils pensent que ces phobies proviennent de malheureuses expériences vécues dans des vies passées et que le fait de retrouver l'origine de ces angoisses les fait en général disparaître.

Il convient de noter que certains d'entre eux ne croient pas à la réalité des « vies antérieures » mais seulement à la réalité des expériences. Ils traitent parfois les régressions de « fantasmes » ou bien pensent que, si certaines sont authentiques, d'autres ne le sont pas, et cela bien qu'elles aboutissent au même résultat : la guérison.

Durant ces expériences, les sujets ont des perceptions d'images, mais aussi d'odeurs ou de sons. Suivant leurs constatations, les images sont plus « réelles » que celles des rêves classiques. Elles sont généralement en couleurs et ne subissent pas les distorsions habituelles des images oniriques. Les sujets affirment souvent assister à la projection de ces images comme celles d'un film qui leur serait familier. Les événements se déroulent de façon cohérente.

Ces impressions de « déjà vu » ont des degrés variables d'intensité. Parfois, le sujet, gardant la nostalgie de ces régressions, désire recommencer pour retrouver certaines présences ou certains lieux. Il s'identifie avec l'un des personnages des scènes entrevues et ce sentiment peut continuer après le réveil.

Les émotions sont souvent ressenties avec beaucoup d'intensité. Les thérapeutes qui dirigent ces séances affirment que, dans certains cas, les images ont une intensité si dramatique qu'ils doivent rassurer leurs patients encore sous hypnose et leur indiquer qu'il s'agit d'événements lointains sans incidence sur leur présent.

Parfois, le sujet est à la fois acteur et spectateur de la scène. Raymond Moody cite le cas de l'une de ses patientes qui a décrit une scène où elle était cocher au début du xixᵉ siècle. Elle se sentait dans le corps de cet homme et voyait par ses yeux la route devant lui. Soudain, la voiture se renversait et elle se retrouvait brusquement en train de regarder la scène d'en haut, planant au-dessus du corps du cocher, mort sous les débris de sa voiture.

La régression amène fréquemment une amélioration de l'état psychique du patient et de sa relation avec d'autres personnes : il regarde alors son entourage avec plus de bienveillance. Elle a, nous l'avons dit, une influence positive sur l'état de santé du patient. On observe une amélioration des symptômes physiques et parfois, même, une guérison spontanée.

Les régressions ne se déroulent pas toujours dans un ordre chronologique, mais plutôt dans une sorte de logique émotionnelle ou relationnelle. Elles sont facilitées par la répétition de l'expérience.

Très peu de sujets se sont vus dans des vies antérieures comme des personnages historiques. Au contraire, la plupart des vies retrouvées sont banales. Ceux qui s'attendent à découvrir qu'ils ont été Néfertiti, Jeanne d'Arc ou Napoléon, constatent qu'ils ont été esclaves, soldats, paysans ou marchands.

Jean-Louis Siemons, dans *Revivre nos vies antérieures*, conclut son chapitre sur les *past-times therapy*, qui ont fait fureur aux États-Unis, en citant le Dr Stevenson qui pense qu'il s'agit là d'une « exploitation éhontée de l'idée de réincarnation... Les patients s'auto-illusionnent et bâtissent des récits de

" vies antérieures " qu'une simple lecture critique suffit à démontrer comme faux [1] ».

Les fantastiques lectures de vie d'Edgar Cayce

Le très célèbre Américain Edgar Cayce (1877-1945) a établi plus de dix mille diagnostics (14 246 exactement!) qui se sont révélés exacts et suivis de guérison. Il se mettait en état d'auto-hypnose et répondait alors aux questions posées. Parfois, le malade était présent; parfois, il suffisait d'un objet lui ayant appartenu pour permettre au voyant d'établir un diagnostic. Après plusieurs années de guérison hypnotique, il parvint, dans cet état, à « lire » les vies antérieures de ses patients et à avoir de celles-ci des visions très nettes. Les comptes rendus de ces lectures de vie sont conservés à la fondation Edgar-Cayce à Virginia Beach.

Edgar Cayce ne s'intéressa aux vies antérieures que très tardivement. Il avait quarante-six ans quand un certain Arthur Lammers lui demanda de faire son horoscope sous hypnose. Le voyant termina sa consultation avec ces mots : « Autrefois, il a été moine. »

Cayce, il faut le préciser, était chrétien. Les idées sur la réincarnation ne lui étaient pas familières et il les tenait pour sacrilèges. C'est Lammers qui le convainquit qu'il pouvait sans risque chercher à en

---

1. C'est toute la difficulté des séances de régression : dans quelle mesure apportent-elles une preuve de la réincarnation? Même un chercheur comme Patrick Drouot reconnaît que la preuve n'est pas évidente. Par contre, si on utilise la recherche des vies antérieures dans un but thérapeutique, les résultats semblent positifs. Patrick Drouot a publié plusieurs ouvrages dont *Guérison spirituelle et immortalité* et *Mémoires d'un voyageur du temps* (éd. du Rocher, 1994).

savoir davantage dans ce domaine. Cayce se familia-
risa alors avec les notions de karma et d'akasha et
entreprit de nombreuses lectures de vies antérieures
qu'il fut évidemment impossible de vérifier. Cependant, on a pu étudier certains cas troublants. Ainsi,
un de ses consultants apprit qu'il avait servi dans
les rangs de l'armée confédérée sous le nom de Barnett A. Seay et que son dossier militaire se trouvait
dans la bibliothèque de Richmond, en Virginie. Ce
patient retrouva, après de longues recherches, le
dossier d'un certain Barnett A. Seay, engagé volontaire dans l'armée du général Lee en 1861. Cela ne
prouve évidemment pas que cet homme était bien la
réincarnation du soldat confédéré, mais ce fait peut
être considéré comme un argument à l'appui de
cette thèse.

Cayce était un homme généreux et désintéressé.
Incontestablement, il soulagea et guérit de nombreuses personnes, et il mourut, épuisé, à la tâche.
La fraude consciente n'est donc pas un argument à
retenir contre lui. Mais ses talents de guérisseur ne
peuvent évidemment pas servir de caution à ses
autres entreprises. Certes, il fut lui-même persuadé
(ou bien on finit par le persuader) qu'il avait
réellement connaissance de vies passées, mais il est
bien difficile de trouver là une preuve de la
réincarnation.

La psychologue américaine Gina Germinara consacra plusieurs années à étudier les communications
(life readings) établies par Edgar Cayce. Son ouvrage
Manu Mansions (*De nombreuses demeures*, traduit
chez Adyar en français en 1962) contribua à faire
naître un intérêt sérieux pour la réincarnation et à
élargir le champ d'études sur ce sujet. Elle-même en
vint à établir une échelle des différents degrés du
karma.

La régression spontanée

Grâce à des séances de régression spontanée ou à l'analyse de leurs rêves, Jean-Louis Bernard et Bernard Duboy[1] ont obtenu des renseignements sur leurs vies antérieures. Ils sont persuadés en avoir vécu plusieurs.

À leur grande surprise, ils découvrirent que, apparentés l'un à l'autre dans cette vie, ils l'avaient été également dans des vies antérieures.

Jean-Louis faisait des rêves récurrents en « vivant » la mort d'un petit garçon juif près de son oncle, un rabbin respecté par la communauté juive de la dernière guerre. Bernard portait en lui des « visions » dans lesquelles il était l'oncle en question, mort lui aussi sous les décombres d'une maison du Marais à Paris. Un jour, ensemble, ils retrouvèrent la maison au cours d'une promenade. À eux deux, ils purent reconstituer le puzzle de l'histoire d'Aaron et de Gérardt, oncle et neveu juifs, tués dans le même bombardement.

Alors qu'en remontant les siècles Jean-Louis revivait l'existence de Mehdi, un jeune berger arabe, il rencontra un maître qui lui dit s'appeler Ibn Arabî. Jean-Louis ignorait le nom de ce maître soufi. Désirant savoir s'il avait réellement existé, il se rendit à la bibliothèque Beaubourg. En découvrant *La Sagesse des prophètes* dont l'auteur était Ibn Arabî, il retrouva des phrases entières prononcées par le maître soufi lors de leur « rencontre ». Depuis, une véritable conversation s'est établie entre les deux chercheurs et le maître.

1. Bernard et Duboy, *Les Autres Vies et la Réincarnation* (éd. du Rocher, 1992) et *Medhi* (éd. du Rocher, 1993).

De nombreuses personnes ont ainsi vécu des régressions spontanées en se retrouvant dans des lieux inconnus, avec des personnages dont ils ignoraient l'existence, mais en conservant l'impression que les scènes qu'ils vivaient ne leur étaient pas étrangères.

La mémoire du monde ou celle des particules

Si l'on admire les possibilités créatrices de l'inconscient, il ne faut pas être moins admiratif pour celles de la mémoire.

Un inconscient individuel peut-il avoir des possibilités si illimitées qu'il invente des histoires dont les faits sont prouvés ou s'agit-il d'un inconscient collecteur de toutes les mémoires sur lequel l'inconscient d'un individu viendrait se « brancher » ? Cette *mémoire collective* où serait contenue toute l'expérience passée de l'espèce humaine ressemble bien à ces « annales akashiques » dont parle la théosophie... Il faut d'ailleurs souligner que les traditions ésotériques postulent toutes l'existence d'une sphère psychique universelle où serait enregistrée la mémoire du monde. Les savants d'aujourd'hui parlent d'une *mémoire des particules*. La théorie du physicien français Jean Charon (complexe et difficile à résumer ici en quelques lignes) tend à montrer que les électrons sont porteurs de cette immense mémoire. Il appelle « éon » cet électron « pensant » qui possède, en plus de ses propriétés physiques connues, des potentialités psychiques, mémorisant et ordonnant sans cesse son expérience vécue. Or notre esprit tout entier est contenu dans ces éons qui possèdent une vie éternelle dans le passé et dans le

futur. D'où le titre des ouvrages de Jean Charon :
Mort, voici ta défaite et *J'ai vécu des milliards d'années*, qui explicitent la théorie qu'il avait développée dans son premier livre : *L'Esprit, cet inconnu* (Albin Michel).

Jean Charon veut démontrer ainsi que notre esprit prend ses racines dans un passé aussi vieux que l'univers lui-même et qu'il continuera, après notre mort corporelle, à partager l'évolution du monde jusqu'à la fin des temps. Il analyse les propriétés psychiques des éons, et compare ses déductions aux enseignements des grands textes sacrés : Bible, Coran ou Bhagavad-Gîtâ. L'Esprit guiderait le comportement de la matière et la mort serait, par excellence, « une invention cherchant à faire obstacle à l'évolution ».

Et si cette nouvelle banque de données que sont les éons existe bel et bien, si un individu sous hypnose peut y avoir accès, pourquoi choisirait-il tel ou tel personnage plutôt que tel autre ? Cela expliquerait le caractère aléatoire des réincarnations.

On parle aussi d'une autre sorte de mémoire : la *mémoire génétique*. Le chercheur Étienne Guillé [1] avance une théorie fascinante et extrêmement complexe sur les possibilités de mémorisation de la molécule A.D.N. Selon lui, cette molécule est capable de transférer son information à distance à une autre molécule. Or, on le sait, l'A.D.N. contient toute l'information de la vie.

L'A.D.N. est un ruban sur lequel est inscrit tout ce qui a été vécu par la matière vivante depuis

---

1. Lire pour plus de précisions sur la théorie de Guillé son livre, *Alchimie de la vie* (éd. du Rocher) et ses nombreux articles dans la revue *3ᵉ millénaire* qui fut la première à le faire connaître au grand public.

qu'elle existe ainsi que tout ce qu'elle est susceptible de vivre.

Ainsi, l'hérédité ne remonterait pas seulement aux parents et grands-parents et aux générations précédentes mais, et on en a établi les preuves expérimentales, serait due au fait que l'évolution même des espèces est inscrite dans la molécule A.D.N.

Ainsi, à l'échelle de la molécule, on retrouve toute la mémoire de la vie, pas seulement celle des caractères innés mais celle que l'être et l'espèce ont connue.

Autrement dit, affirme Étienne Guillé, « ce que nous avons subi ou sciemment construit pendant l'existence va de quelque façon s'inscrire dans le livre qu'est la molécule A.D.N. ». Prometteuse recherche à suivre...

Dans la même ligne de recherches, le biologiste Rupert Sheldrake parle d'une mémoire morphogénétique transmise grâce à la résonance morphique (résonance des formes). À mesure que le temps passe, chaque type d'organisme acquerrait une mémoire spécifique, cumulative et collective. Les choses seraient donc ce qu'elles sont parce qu'elles étaient ce qu'elles étaient. La résonance morphique resterait constante et impliquerait un transfert d'information et non d'énergie. Les organismes vivants hériteraient non seulement des gènes mais aussi des champs morphiques, et les champs morphiques de tous les systèmes disparus continueraient à influencer les systèmes successifs de même nature. Il existerait de ce fait un champ morphique sur le lieu où se déroule un événement, et ce champ subsisterait à cet endroit précis éternellement.

Ce concept se vérifie aussi en chimie. Ilya Prigogine, prix Nobel, émet l'hypothèse d'une mémoire de corrélations qui entraîne une nouvelle vision du monde et des liens de l'homme avec tout ce qui l'entoure.

Le « pape de la linguistique », Noam Chomsky, croit lui aussi à une mémoire biologique. Il affirme : « Les enfants n'apprennent pas à parler, ils savent. » Pour lui la langue est innée, inscrite dans notre patrimoine génétique. Chaque fois qu'un enfant apprend un mot, il intègre simultanément un ensemble de connaissances. Le langage relèverait donc de la biologie et non de l'enseignement.

Ces diverses théories rejoignent la théorie des éons pensants de Jean Charon, ces éons qui se reconstitueraient dans de nouveaux corps porteurs d'une mémoire millénaire et immortelle.

La résurrection

Évidemment, le grand reportage reste à faire : rencontrer un ressuscité !

Des faits, des récits, peuvent témoigner en faveur de la réincarnation. Alors que rien ne démontre la résurrection qui est, par excellence, de l'ordre de la croyance, de la foi, non de la preuve.

Cependant, elle est fondamentale pour les trois grandes religions monothéistes : le judaïsme, l'islam et surtout le christianisme qui, plus que tout autre, a érigé la résurrection en dogme.

Le judaïsme : l'après-vie indescriptible

Dès les temps les plus anciens, les Hébreux ont cru en une vie après la mort mais, sans doute influencés par leurs voisins mésopotamiens, ils l'ont considérée comme une existence dépourvue d'intérêt et de joie.

Le *schéol* hébreu ressemble à l'*Arallou* assyro-babylonien, une immense tombe commune obscure où l'homme est privé de Dieu, ce qui constitue pour le croyant le pire des épreuves[1].

_____

1. Le Cantique d'Ézéchias le confirme : « Ceux qui descendent au tombeau n'espèrent plus en ta fidélité ; le vivant, le vivant seul te

C'est peu après l'Exil (viie et vi[e] siècles av. J.-C.)
que s'est développée l'idée d'une résurrection de la
chair et d'une vie éternelle réservée aux justes. « La
survie, dit le rabbin Josy Eisenberg, est devenue
dans le judaïsme un acte de foi assez tardif », précisant que c'est au xiiie siècle seulement que cet acte
de foi a été enregistré officiellement dans les écrits
de Maïmonide. Ce premier théologien juif a d'ailleurs été vivement critiqué par les autres rabbins.
Pour Maïmonide, le problème de la survie de l'âme
est conditionné par celui de la récompense des bons
et la punition des méchants (la rétribution).

L'Ancien Testament fait peu allusion au devenir
des morts, mis à part la célèbre vision d'Ézéchiel
(chapitre xxxviii)[1], l'Apocalypse d'Isaïe (xxvi) et un
texte de Job qui affirme : « Quand je n'aurai plus de
chair, je verrai Dieu. » La Bible se préoccupe surtout
de ce que l'homme doit faire dans ce monde-ci et
non dans l'autre. Les juifs sont profondément
convaincus de l'incapacité pour l'homme de se
représenter l'autre monde. Certains documents, non
reconnus par la religion officielle mais reflétant
sans doute les croyances populaires comme le Livre
d'Énoch et l'Apocalypse de Daniel (i[er] siècle après
J.-C.), évoquent plus fréquemment l'idée de la résurrection individuelle sans en préciser les modalités :
« Nombreux parmi ceux qui dormaient, dans le sol

loue, comme moi aujourd'hui ; le schéol ne te loue pas, la mort ne te
célèbre pas. » De nombreux psaumes laissent entendre que la félicité
du juste sera de contempler éternellement la perfection divine. Le
Lévitique indique clairement que la punition (*kareth* – retranchement)
est d'être privé de Dieu.

1. Ézéchiel, déporté à Babylone, voit dans sa vision l'esprit de Dieu
ranimer tous les ossements et même faire mourir la mort : « Voici
que je vais ouvrir vos tombeaux et je vous ferai remonter hors de vos
tombeaux, ô mon peuple... je mettrai mon esprit en vous et vous
vivrez... »

et la poussière, se réveillent, les uns pour la vie à perpétuité, les autres pour les flétrissures, la déréliction à perpétuité. »

Ce qui se développe surtout c'est l'idée que le regroupement du peuple équivaut à une résurrection. C'est seulement vers la fin du Ier siècle de notre ère que les conceptions sur la vie posthume ont commencé à voir le jour dans la religion officielle, particulièrement dans le *Talmud* et la *Michna*. La venue du Messie correspondra à l'anéantissement des ennemis d'Israël et des mauvais juifs. Après la restauration du Royaume, aura lieu le Jugement dernier. Les morts se lèveront de leur tombeau et comparaîtront devant Dieu tandis que l'Ange comptabilisera les actions de chacun : « Tous vos actes sont inscrits dans un livre » (*Aboth* 2. 1.). Le *Talmud* enseigne que les méchants tomberont dans la géhenne et seront tourmentés par le feu. De nombreux passages indiquent aussi que l'individu ressuscitera tout entier, corps, âme et esprit. Les rabbins font de la résurrection un article de foi que l'on ne peut contester sans pécher. Le *Talmud* dit : « Si quelqu'un rejette la croyance en la résurrection des morts, il n'aura pas de part à la résurrection. » Seul, celui qui aura pratiqué durant sa vie la *Thora* échappera à la géhenne et sera sauvé.

Dans l'ensemble, on peut dire que le problème de la survie n'est pas un thème essentiel dans la religion juive [1]. Mais certaines des idées émises sont originales. Par exemple celle qu'après la mort un lien subsiste entre le corps et l'âme mais qu'il décroît dans le temps. Pendant les sept premiers

1. Lire les propos du rabbin Eisenberg dans *La Survie après la mort*, colloque de l'Alliance mondiale des religions (Labergerie, 1967).

jours, puis pendant l'année qui suit la mort. Comme si le passage entre la vie et la mort ne s'opérait pas sous forme d'une cassure brutale, mais progressivement. Comme si l'âme restait attachée nostalgiquement à ce vieil habit qu'est le corps (le mot habit désigne souvent le corps en hébreu). Un an après la mort, intervient le jugement de l'âme (ce qui explique que chez les juifs de l'Est on ne va pas au cimetière pendant la première année).

Autre idée, fortement ancrée dans la tradition juive et développée avec insistance dans le *Talmud*, celle d'un monde futur, qu'« aucun œil ne peut voir sauf Toi », c'est-à-dire que nul ne peut connaître et formuler ce que sera l'après-vie. On sait seulement que quelque chose est promis, réservé, mais que cela restera caché.

Dans la *Kabbale* et le *Zohar*[1], il y a plusieurs allusions à la réincarnation ou plus exactement à la transmigration des âmes. Les âmes qui ont négligé de cultiver la perfection durant leur séjour terrestre devront se réincarner dans un autre corps jusqu'à ce qu'elles réalisent leur « vocation » première, l'union au divin. (Cette doctrine de la transmigration, professée dans le *Zohar* et par les kabbalistes, ne figure pas cependant dans le *Talmud*[2].)

Selon la tradition juive, un corps peut contenir jusqu'à quatre âmes. Outre le *bassar*, la chair, qui est mortel en l'homme, il y a trois mots pour parler des composantes de l'être humain. Ce n'est plus une dichotomie mais une trichotomie :

---

1. Selon le *Zohar*, l'âme tisse le vêtement mystique qu'elle portera après la mort, durant son séjour sur la terre.
2. Voir les traductions de Gershom Sholem pour le *Zohar* (Le Seuil) et d'Albert Cohen pour le *Talmud* (Payot).

— *nephesch* : le principe vital, la vitalité, l'ensemble des instincts vitaux. Il est mortel puisque lié à la vie,

— *rouah* : l'esprit, l'ensemble des qualités intellectuelles et affectives de l'individu et sa capacité à recevoir une parcelle de l'Esprit divin,

— *neschama* : l'âme, qui préexiste à l'être, se dégage du complexe humain à la mort et lui survit. Elle retourne à la source divine dont elle émane.

Il y a donc dans le judaïsme une foi en la survie, mais un refus de concevoir l'éternité. Elle appartient à l'ineffable et ne saurait donc s'exprimer en termes humains.

L'islam : le rappel à la vie au jour des comptes

La destinée de l'après-vie est, selon les croyances islamiques, déterminée et fixée bien avant la mort. Le mourant, immédiatement avant de mourir, prend connaissance de sa destinée future.

Les musulmans, ayant remarqué que l'ouïe est le dernier sens à disparaître, récitent à l'oreille du mort la sourate d'ouverture du Coran.

L'âme de l'élu, conduite par l'ange Gibraim (Gabriel, l'annonciateur) traverse sept cieux avant de paraître devant Dieu, qui la réprimande, puis accorde son pardon. L'âme attend alors la résurrection dans la joie. L'âme de l'impie est emmenée par l'ange Israïl (Azraël) et, si elle a commis un péché contre les sept devoirs fondamentaux, elle ne peut traverser les cieux. Elle est renvoyée au seuil de l'enfer, le *Siddjin*.

Seuls les élus qui ont passé les sept cieux sont jugés immédiatement. Les autres attendent, parfois un temps infini, jusqu'au Jugement dernier. Les limbes existent aussi en islam, comparables au purgatoire chrétien, lieu d'attente, demeure intermédiaire, transitoire pour les enfants et ceux qui n'ont pas pu connaître la vérité révélée par le Prophète. L'islam, comme les autres religions monothéistes, croit que Dieu rappellera à l'existence les morts dans leur corps et dans leur sang :

> Comment êtes-vous si incroyants ? Dieu vous a donné la vie quand vous étiez morts. Il vous donnera la mort et vous redonnera la vie et vous serez ramenés à lui.
>
> (*Le Coran*, sourate II – traduction de Jean Grosjean.)

La résurrection

Au nom de Dieu le Miséricordieux plein de miséricorde. Non, j'en jure par la résurrection. Non, j'en jure par l'âme qui ne cesse pas ses reproches. Est-ce que l'homme pense que nous ne rassemblerons pas ses ossements ? Certes si ! et nous pouvons remettre en ordre ses phalanges. Mais l'homme veut rester pervers. Il demande : À quand le jour de la résurrection ? Quand les yeux seront éblouis, quand la lune sera éclipsée, quand

*le soleil et la lune seront confondus, ce jour-là
l'homme dira : Où fuir? Non, il n'y a pas de
refuge. Ce jour-là tout retournera vers ton
Seigneur.*

*Ce jour-là l'homme sera informé de ce qu'il a
fait et omis. Mieux, l'homme se verra lui-même,
même s'il donne des excuses. N'agite pas ta
langue pour te hâter en lisant le Coran. À nous
de le rassembler et de le réciter. Quand nous le
récitons, suis la récitation. Puis à nous de l'expliquer. Attention! vous aimez l'éphémère et délais-
sez l'autre vie. Ce jour-là des visages brilleront
tournés vers leur Seigneur. Mais ce jour-là
d'autres visages seront sombres à la pensée du
lourd châtiment. Attention! quand l'âme
remonte entre les clavicules, on dit : Qui peut y
remédier? On pense proche la séparation, la
jambe se crispe contre la jambe. Ce jour-là
l'homme est poussé vers son Seigneur. Mais il n'a
ni cru ni prié, il a crié au mensonge et tourné le
dos et il est rentré chez lui avec orgueil. Malheur
à toi, oui, à toi, et encore malheur à toi, oui, à toi.*

*L'homme pense-t-il qu'on le laissera libre?
N'était-il pas une semence de sperme semée, puis
un caillot de sang? Dieu l'a créé, puis formé et il
en a tiré un couple, mâle et femelle. Ne pourra-
t-il pas alors rendre la vie aux morts?*

Le Coran, sourate LXXV.
Traduction de Jean Grosjean –
Philippe Lebaud, 1979.

Chaque âme sera rétribuée selon ses actions ter-
restres. La rétribution est individuelle. Deux anges
interrogateurs, Munkar et Nakir, enregistrent dans
leur livre les actions de l'âme qui seront alors
« pesées » (comme chez les anciens Égyptiens).

Le Bien et le Mal, en islam, offrent des critères un
peu différents de ceux des autres religions : l'enfer
attend « ceux qui ne professent pas la vraie
croyance », les non-musulmans, et les péchés graves
sont le meurtre, l'idolâtrie, la lâcheté au combat,
l'adultère et surtout l'apostasie. Cependant, le repen-
tir des fautes fait échapper à l'enfer (sourate L.
« Kaf »).

On sait que le paradis de Mahomet est décrit avec
beaucoup de réalisme : jardins ombragés, sources
murmurantes, parfums, nourritures abondantes,
miel et boissons enivrantes, servies par de gracieuses
jeunes filles, les houris.

L'accès au paradis est évidemment réservé aux
vrais croyants. Ce qu'il faut retenir dans l'islam, c'est
l'importance donnée au Jugement. L'annonce du
Jugement est une des principales prédictions
coraniques.

Le message de Mahomet est centré sur la fin des
temps, sur « le jour des comptes » et sur le jour du
« rappel à la vie, la résurrection ». Pour tout croyant
musulman, Allah est celui qui rend la vie aux morts :

> D'un ordre il lance l'esprit sur tel de ses
> esclaves qu'il veut pour annoncer le jour de la
> rencontre, le jour où tous comparaîtront, et rien
> d'eux ne sera caché à Dieu. À qui sera le règne ce
> jour-là ? À Dieu, le seul, l'absolu. Ce jour-là cha-
> cun sera payé de ses actes. Ce jour-là il n'y aura
> pas d'injustice, car Dieu fait vite les comptes.

Avertis-les du jour imminent où, le cœur
angoissé, la gorge serrée, les coupables n'auront
plus d'ardent ami ni d'intercesseur écouté. Dieu
sait les trahisons du regard et les secrets du
cœur. Dieu juge avec justice, les autres dieux ne
jugent rien. Dieu est celui qui entend et qui voit.
(*Le Coran* – sourate XL – Traduction de Jean
Grosjean.)

Les théologiens musulmans et particulièrement les
mystiques soufis [1] distinguent une triade essentielle,
une division spirituelle de l'être humain : *ruah* :
l'esprit ; *nach* : l'ensemble des instincts vitaux, l'âme,
l'âme « charnelle » ; *akl* : l'intellect primordial.

Cela est assez semblable aux croyances juives, mais
l'islam soufi divise le *nach* en quatre : l'âme animale,
qui obéit aux pulsions naturelles ; l'âme qui
commande, égoïste et passionnelle ; l'âme consciente
de ses imperfections, et l'âme apaisée, réintégrée
dans l'esprit.

Les deux premières restent sur terre et se dispersent. L'esprit, le *rouah*, conserve indélébiles, les
traces des bonnes et des mauvaises actions de l'âme,
ce qui détermine son degré de perfection et sa destinée dans l'autre vie.

Comme dans toutes les religions, le respect et la
purification de la dépouille mortelle sont imposés
aux vivants (ce qui exclut de manière formelle l'expo-
sition aux oiseaux, et même l'incinération et la
momification).

Au moment de l'agonie, le mourant est orienté vers
la Quibla, en direction de La Mecque. Il doit témoigner une dernière fois de l'unicité de Dieu par la

1. Les soufis sont des mystiques musulmans apparus dès le Ier siècle
de l'hégire.

célèbre formule : « Il n'est de Dieu que Dieu », et s'il
est trop faible, l'un de ses proches qui l'assiste lui lève
l'index de la main droite et prononce la *shahada* à sa
place. Cette obligation procède de la conviction que
chaque individu, lors de sa résurrection, sera dans le
même état qu'au moment de sa mort.

Dans la mystique musulmane, il existe une relation directe entre le niveau de réalisation spirituelle de l'être et sa vie dans l'au-delà. Le degré
spirituel équivaut à un degré d'enfer ou de paradis. Pénétrant en lui-même, le soufi pénétrait dans
des mondes subtils, invisibles jusqu'à ce qu'il se
trouve anéanti en Dieu. C'est dans cet esprit que
les maîtres soufis disaient : « Mourez avant de
mourir. » La mort physique est une étape où
peuvent se réaliser les noces tant espérées avec le
Divin.

Le christianisme : l'immortalité personnelle

Jésus de Nazareth, le Christ, étant le seul être
appelé « Ressuscité », il semble que ce soit le christianisme qui ait le plus à dire sur la résurrection.

Rappelons les points essentiels de la croyance de
l'Église catholique [1] :

— l'Église croit à la résurrection des morts,
— cette résurrection concerne l'homme tout
    entier,

1. Note du cardinal Ratzinger, président de la congrégation de la
Doctrine de la foi. On lira aussi avec intérêt son livre *La Mort et l'au-
delà* (Fayard, 1979).

— elle affirme la survivance et la subsistance après la mort d'un élément spirituel doué de conscience et de volonté, de sorte que le « moi » humain subsiste. Pour désigner cet élément, on emploie le mot « âme »,

— elle attend le retour glorieux du Christ qui est différé par rapport à la mort des hommes,

— en attendant, les justes jouissent d'une félicité et les pécheurs doivent se purifier.

Ces dernières années, il y a cependant une question qui a modifié le panorama de la théologie chrétienne. Si l'on demandait à des chrétiens, protestants ou catholiques, ce qu'enseignent les Évangiles à propos du sort individuel de l'homme après la mort, ils répondraient en grande majorité : « l'immortalité de l'âme » et non « la résurrection des corps » comme il est dit dans le *Credo*. Or il y a là une méprise très répandue car les hommes n'ont évidemment pas attendu le christianisme pour croire à l'immortalité de l'âme[1]. L'ensemble des religions, de l'Europe à l'Asie, de l'Afrique à l'Amérique, sont sur ce point d'accord.

Il est évident que la négation contemporaine de l'âme[2] telle qu'on l'entend proclamer aujourd'hui est le signe d'une régression ou du moins d'une

1. Certains théologiens chrétiens, comme Althaus, sont allés jusqu'à dire que parler d'une âme n'est point conforme à la Bible.

2. On peut étudier, pour s'en rendre compte, certains chiffres des sondages. Entre 1965 et 1969, l'espérance au-delà de la mort s'est effondrée en même temps que la volonté de transmettre la vie. En 1965, 70 % des Français catholiques répondaient attendre Dieu dans la mort. En 1969, ils ne sont plus que 30 % à peine et encore ne savent-ils plus formuler cette espérance (statistiques citées par Pierre Chaunu d'après le livre de Jacques Sutter *La Vie religieuse des Français à travers les sondages d'opinion*, C.N.R.S., 1984).

réduction. Nier l'âme, c'est une manière de dire : le réel n'existe que s'il est démontrable scientifiquement. Heureusement, les sciences les plus avancées, tant physiques que biologiques, commencent à contredire ce point de vue. Un aborigène australien, un Africain, un ancien Grec ou Égyptien en savait plus sur la survie et l'immortalité de l'âme que nous parce qu'ils savaient que le réel ne se réduit pas à ce que l'on voit.

L'affirmation de l'immortalité de l'âme n'est donc pas un caractère propre au christianisme mais la révélation chrétienne a apporté une notion nouvelle : *l'immortalité personnelle*.

Toutes les religions et les philosophies peuvent en effet admettre l'immortalité de l'âme en tant que parcelle divine qui retourne à sa nature originelle à la mort. Mais le christianisme est allé plus loin : il affirme que l'identité personnelle est immortelle. L'immortalité n'est pas seulement générique – c'est-à-dire que le genre humain sera immortel tant que cette parcelle divine s'incarnera en lui –, elle est aussi individuelle. Le christianisme impose une vision originale par rapport au monde juif et au monde grec : la persistance de l'identité personnelle rendue possible par la relation de connaissance et d'amour avec Dieu. Dieu attribue à chaque personne humaine suffisamment d'importance et de valeur pour vouloir maintenir une relation, imparfaite pendant la vie, progressivement parfaite pendant l'après-vie.

Et la nouveauté du christianisme par rapport au judaïsme est aussi d'affirmer que l'âme, dans son séjour dans l'au-delà, connaîtra une grande félicité. Car, nous l'avons vu, pour les juifs, la vie après la mort est une vie amoindrie, attristée, sans espoir. Le *Schéol*, séjour des morts, est sans retour, c'est

une prison, une terre d'oubli. Les morts ne se souviennent de rien et n'ont ni passé ni avenir. Alors
que l'âme, dans l'optique chrétienne, trouve après
la mort le repos et la lumière, car son espoir est de
demeurer face à Dieu dans une vision béatifique.

Cependant, l'âme est encore dans un état transitoire : elle doit se purifier et elle attend la résurrection du corps auquel elle a appartenu.

La théologie chrétienne, surtout à partir des XIIIe
et XIVe siècles, insiste sur ce besoin de purification
imagé par le purgatoire[1], qui permet à l'âme de se
purifier de ses fautes mais aussi de son désir
d'attachement au corps. Car l'âme a la connaissance
aiguë de son attachement charnel et en même
temps la soif intense de son dépouillement pour
l'union à Dieu. Les grands mystiques chrétiens ont,
déjà de leur vivant, expérimenté dans leur extase
cette souffrance de l'âme, retenue d'un côté et aspi-
rée de l'autre. Mais ils ont affirmé que, la purification achevée (et l'on ne peut en fixer la durée
puisque dans l'autre monde le temps n'existe plus,
mais il y a bel et bien une durée puisqu'il y a une
attente), l'âme connaît alors la béatitude.

Affirmation très consolante qui permet de croire
que ceux que nous avons aimés, ceux qui nous ont
quittés et nous-mêmes, quand nous les rejoindrons,
serons tous appelés à connaître cette béatitude.

Cependant, la vision chrétienne de l'immortalité
de l'âme ajoute cette croyance essentielle : en l'âme,
si heureuse soit-elle, subsiste une attente : celle de
la résurrection du corps qui n'aura lieu qu'au
retour du Christ.

---

1. La notion de purgatoire est récente dans l'Église catholique
(1254) ; elle fut un point de divergence entre les chrétiens d'Orient,
orthodoxes, les catholiques et les protestants de la Réforme.

Cette affirmation de la résurrection du corps a toujours été un scandale pour les uns, une incompréhension pour les autres. On les comprend. Elle est pourtant l'essentiel du christianisme : Dieu, qui a créé l'homme corps et âme, ne reniera rien de sa création et le ressuscitera dans sa totalité, dans son unité. Il transfigurera le corps qui sera ainsi soustrait à la condition biologique. La mort, c'est la soumission à la loi biologique de la vie. Le Christ, ayant transgressé cette loi, soustraira tous les corps, qui passeront à un autre plan d'existence, qui accéderont à une existence incorruptible. Voilà en quoi la résurrection est bien l'axe fondamental du christianisme.

L'au-delà chrétien n'apparaît plus vague et imprécis : il est personnel et concret.

Ils ont échappé à la mort...

Pour les chrétiens, deux personnes autres que le Christ témoignent de la résurrection et de la glorification du corps : Lazare, que le Christ a fait ressortir de son tombeau, et la Vierge Marie, qui n'a pas connu la destruction corporelle.

Lazare : Il était déjà enterré depuis quelques jours et « sentait mauvais », précise l'Évangile, lorsque le Christ, apprenant sa mort, se mit à pleurer car il aimait cet ami, et criant d'une voix forte, lui ordonna : « Lazare, sors. » Et le mort, entouré de ses bandelettes, sortit du tom-

beau. *Les chrétiens considèrent qu'il s'agit là d'un miracle du Christ mais admettent aussi que ce Lazare « ressuscité » – dont les Évangiles ne parlent plus par la suite – n'a fait que retrouver son corps d'avant la mort. Ce n'est pas comparable à la résurrection du Christ, qui, lui, après ses trois jours au tombeau, en est sorti avec son corps d'éternité. Lazare a dû mourir une deuxième fois comme tout le monde. Ce qui laisse à penser que sa première résurrection était plutôt une « ressuscitation », c'est-à-dire une réanimation. Cependant, Lazare n'était pas en catalepsie puisque la décomposition avait commencé à attaquer son corps. Il y a donc bien là un « miracle » dû à la puissance divine du Christ. Lazare avait franchi une barrière, celle de la mort, qui est en général irréversible, mais la puissance du Christ a permis une exception.*

Quant à la Vierge Marie, *la mère du Christ, les chrétiens admettent en majorité qu'elle est montée au Ciel sans que son corps connaisse le pourrissement du cadavre au tombeau (dogme de l'Assomption). Marie est un cas type de la destinée de tout être humain : elle a échappé à la mort corporelle et a acquis une corporalité nouvelle et immortelle. Elle est l'anticipation de la glorification des corps destinée à tous les humains. Il n'est pas non plus négligeable de remarquer que Marie apparaît dans le cours de l'histoire et que ses apparitions se font sous forme lumineuse. Les voyants des apparitions mariales décrivent tous « un habit de lumière ». Or la lumière est une énergie. Et la matière n'est en fin de compte rien d'autre que de l'énergie condensée... Les apparitions mariales prouveraient donc*

que la corporalité de l'au-delà, celle du corps glo-
rieux, est constituée d'une matière énergétique
qui se manifesterait pour nous sous la forme
d'une énergie lumineuse.

Reste que cet « état intermédiaire » de l'âme entre
le moment où elle quitte le corps et le moment où
elle réintégrera ce même corps glorifié, ce « sommeil
de l'âme », selon l'expression de Luther, est, lui,
bien imprécis... Ce qui explique les innombrables
représentations du paradis, de l'enfer et du purgatoire sur lesquels l'imagination humaine a brodé
tant et plus.

La science et la résurrection

Partant des données actuelles de la science, la
résurrection des corps est-elle aberrante ou
plausible[1]?

Cette résurrection a-t-elle ou non un rapport avec
la matière? La foi chrétienne espère-t-elle une
métamorphose de la matière? Cela supposerait une
matérialité corporelle toute nouvelle, difficilement
imaginable mais peut-être pas impossible à concevoir. Cela supposerait également un cosmos inté-

1. C'est à cette étude que s'est livré en profondeur le chercheur
français Louis-Marie Vincent, chercheur au C.E.A., ingénieur électri-
cien, diplômé de chimie et de biologie. Sa conclusion est que la
conception de la résurrection peut cadrer avec les données
scientifiques.

gralement transformé, étranger à toute pensée concevable.

Or quels ont été les domaines où les progrès de la science peuvent éclairer ces questions?

La science a progressé dans deux voies : la notion de temps et une nouvelle conception de la notion de matière.

Quand la Bible et les Évangiles parlent de « la fin des temps », on se l'imagine habituellement non pas comme un jour qui cesse sur un calendrier mais comme la négation du temps, comme la réalité située hors de la notion de temps. La mort devient alors à la fois une sortie du temps et une entrée dans le non-temps.

Mais peut-il y avoir un non-temps?

Le temps apparaît comme une forme de la vie du corps. Quand il n'y a plus de corps physique, il n'y a plus de temps. Mais si on réintroduit l'idée d'un corps ressuscité, alors on réintroduit aussi l'idée du temps. La résurrection implique en effet la nécessité d'un support matériel. Le corps ressuscité, même s'il est d'une nature totalement différente de celle que nous lui connaissons aujourd'hui, sera obligatoirement matériel. Ce qui suppose l'existence d'un continuum espace-temps.

Toutes les religions parlent d'une *vie* dans l'au-delà. Or la vie est dynamique et non statique. Les atomes et les molécules ne s'arrêtent jamais dans leur mouvement. La matière elle-même est composée d'une donnée temps. La suppression du temps serait statique et donc contraire à la vie et à la matière.

S'il y a vie, il y a temps et donc écoulement du temps (et par conséquent événements chrono-logiques). Ainsi, on peut réaffirmer avec les

conceptions traditionnelles que l'immortalité des
corps ressuscités signifie un temps qui ne cesse
jamais[1]. Mais un temps tout de même. Sinon, il n'y
aurait pas de support matériel et donc pas de corps
ressuscité.

Cela dit, on peut aussi supposer que le corps ressuscité ne sera pas fait d'une matière composée
d'atomes et de molécules agencés comme ils le sont
dans les structures que nous connaissons. Ils pourraient l'être d'une manière différente, plus parfaite
en quelque sorte et possédant donc d'autres propriétés. L'agencement des molécules biologiques
est si complexe et les combinaisons si innombrables que d'autres organisations moléculaires
sont envisageables.

Le corps ressuscité, le corps « glorifié », serait
donc bien un corps avec une matière, mais organisée différemment.

Les Corinthiens du temps de saint Paul lui
posaient déjà la question brutalement : « Comment
les morts ressusciteront-ils ? Avec quel corps
reviendront-ils ? » Dans sa réponse, Paul s'oppose à
l'idée juive dominante qui considérait le corps ressuscité comme parfaitement identique au corps terrestre et le nouveau monde ressuscité comme la
simple continuation du monde terrestre. Saint Paul,
qui, ne l'oublions pas, a, par sa conversion brutale,
rencontré le « Tout Autre », le Ressuscité, affirme
clairement : « La chair et le sang ne peuvent hériter
du royaume de Dieu ni la corruption hériter de
l'incorruptibilité. » Ce qui veut dire : la matière cor-
ruptible ne deviendra pas incorruptible. C'est, aux

1. Certains théologiens, hollandais notamment, ont parlé d'un
« temps particulier de l'esprit », un temps propre à l'au-delà, qui reste
un temps mais différent jusqu'à la Parousie, le retour du Christ.

yeux de saint Paul, impossible. Mais le corps de celui-qui-meurt-en-Christ est fait d'une nouvelle corporalité, « spiritualisée ». Le chrétien sait que sa vraie vie est « hors de lui-même » déjà de son vivant puisqu'elle demeure en Christ. Saint Paul s'exprime là en théologien mais ses affirmations sur la matière ne rejoignent-elles pas les affirmations de la science actuelle ? Si l'on imagine un corps ressuscité, la matérialité de celui-ci ne peut être que différente de celle du corps terrestre.

Origène a bien tenté de faire une subtile distinction entre la *matérialité* du corps, toujours mouvante, jamais la même, changeante de jour en jour et la *forme* permanente dans laquelle l'individu reconnaît son identité unique. Ainsi ce qui ressusciterait ne serait évidemment pas le mouvant, mais le permanent, ce qui fait l'essentiel d'un être. On sait que l'Église officielle n'adopta pas les positions d'Origène. Et cependant sur ce point précis, il lui faudra peut-être un jour admettre avec plus de complaisance les intuitions du théologien condamné...

Car, avec Origène, on peut admettre que l'être n'est évidemment pas la résultante d'atomes et de molécules, la résultante d'une matière agglomérée. Ce qui constitue l'être, c'est l'identité qu'il a de lui-même. Or comment cette identité perdure-t-elle après la destruction des atomes et des molécules ? On est amené à imaginer que le stock d'informations que constitue l'individualité est inscrit quelque part, sur une sorte de « *carte à mémoire* »[1]...

1. Je relis cette mystérieuse phrase de Teilhard de Chardin (rapportée par Maryse de Choisy) : « Il ne s'agit pas à proprement parler de la résurrection de la chair. Il s'agit de la résurrection de la mémoire. » Intuition prophétique d'un scientifique qui percevait les hypothèses de la science avancée...

On voit bien que la corporalité est autre chose que la somme des éléments physiques et que parler de résurrection des corps ne peut pas signifier uniquement faire revivre des atomes et des molécules.

Ressusciter, c'est donc faire revivre une identité consciente d'être unique.

Les particules biochimiques d'un corps sont anonymes. Elles appartiennent à la nature cosmique totale et il est normal qu'elles y retournent d'une façon ou d'une autre. Mais l'âme de l'homme – entendons par ce mot la part invisible de lui-même qui constitue son individualité unique –, cette âme, qui pour les chrétiens est don de Dieu, est gage de sa vocation à l'éternité. Pour les chrétiens orthodoxes, en particulier, le corps et l'âme appartiennent au créé, donc au périssable. Seul l'esprit – car l'homme est composé d'un corps, d'une âme et d'un esprit –, appartenant au divin, est immortel. Ainsi, l'homme ressuscité sera toujours le même homme qui a vécu sur terre à un moment donné de l'histoire, mais il sera tout autre dans la mesure où il atteindra enfin la plénitude de son être. Entre le corps physique terrestre et le corps spirituel « céleste », il y a la même différence – qui n'est qu'apparente – qu'entre la graine et la plante...

Le *Credo* que récitent les chrétiens à chaque messe affirme : « J'attends la résurrection de la chair. » On emploie d'ordinaire indifféremment deux expressions : « résurrection de la chair » (qui avait cours pendant les trois premiers siècles du christianisme) et « résurrection des corps ». Ces deux expressions ne sont pas totalement synonymes. Il faut savoir que la formule juive « toute chair » signifie l'humanité entière. Parler de « résurrection de la chair », ce n'est donc pas affirmer la résurrection de la corporalité, mais affirmer l'universalité de cette résurrection promise à tous les hommes unis à Dieu. Bien entendu, les chrétiens croient que « la chair », elle aussi, sera transformée en une corporalité nouvelle, « glorifiée ».

Ce corps glorifié, les chrétiens en connaissent déjà les normes puisqu'ils croient au témoignage de ceux qui ont vu le Christ ressuscité, les apôtres. Si l'on postule que le corps glorifié est agencé, au niveau moléculaire, d'une manière nouvelle, on peut alors facilement admettre que le corps ressuscité du Christ franchisse les murs, apparaisse et disparaisse comme une apparition, échappe à la pesanteur, soit invisible, etc. Tous ces « pouvoirs » du corps ressuscité ne peuvent s'expliquer que si la matérialité de ce corps est agencée d'une autre manière que celle du corps d'ici-bas. Et peut-être alors peut-on comprendre pourquoi il est nécessaire que le corps terrestre « retourne en poussière », comme disent les Écritures. Le Dr Hubert Larcher précise à ce propos : « Il n'est pas indifférent que le corps soit réduit comme on l'a dit, ou qu'il parte en poussière, en morceaux, en molécules. Il est très prématuré d'affirmer que la chose est négligeable. Nous ne savons pas encore le dernier mot de la façon dont les molécules, les particules, les atomes, les neutrons, les protons, etc., sont ou peuvent être marqués par leur histoire, c'est-à-dire par leur situation dans le cosmos et leur passage à travers un corps. Il y a là tout un problème de matière et de mémoire qui n'a pas dit son dernier mot[1]. »

1. Le Dr Larcher est secrétaire de l'Institut métapsychique international et auteur d'un ouvrage *Le sang peut-il vaincre la mort ?* (Gallimard, 1957).

Dans un entretien avec Jean Daniel, directeur du *Nouvel Observateur* en 1983, Jean-Marie Lustiger, cardinal-archevêque de Paris, soulignait que la résurrection était « littéralement irreprésentable même si elle avait nourri des fantasmagories ». Et il concluait : « La seule analogie de la résurrection, en cette vie présente, la seule anticipation que j'en aie actuellement, c'est ce que Dieu me donne déjà en me permettant de vivre avec lui et de lui. Dans mon corps mortel, il met déjà une énergie divine dont je sais qu'elle est capable de vaincre ma mort mais d'une manière que je ne peux pas imaginer. »

Pour les auteurs de l'ouvrage signé Pascal Thomas, il existe une différence entre notre corps terrestre et le corps de résurrection. « Le premier corps s'en est allé, abandonné à la mort. Mais le nouveau corps qui surgit, à l'initiative recréatrice de Dieu, n'est pas sans rapport avec lui. Il ne le continue pas, si cette expression devait impliquer qu'il n'y a pas de rupture. Mais il garde sa trace, son empreinte. Il fait mémoire de lui et il se trouve dans une position analogue par rapport à la personne spirituelle qu'il rend corporelle. »

Étant donné que c'est le même être qui continue à exister, le corps est conforme au corps d'antan. Mais les auteurs envisagent que l'évolution en laquelle les morts sont engagés constitue la « maturation » spirituelle progressive de leur corps de résurrection. Un tel corps apparaîtrait alors comme la résultante du travail de vérité et d'amour qui s'accomplit dans l'au-delà : « Le corps sera autre parce que l'être spirituel s'est transformé. »

Ces apparentes contradictions montrent bien à quel point toute réflexion spirituelle, si impartiale qu'on la veuille, reste sujette aux questions générées par cette réflexion.

L'état hors du corps

Jeanne, vous la rencontreriez un matin au marché, jamais vous ne croiriez qu'elle vit une expérience *extraordinaire*. Vous la remarqueriez à peine. Ce n'est pas un phénomène. Elle est, j'allais dire, comme toutes les grand-mères que nous aimons : pas très grande et un peu ronde, la peau du visage fraîche malgré quelques rides, les cheveux blancs, alerte et gaie. Elle respire la santé, le bon équilibre. Ses yeux gris, très vifs, témoignent d'une vive sensibilité et d'une acuité du jugement. Et pourtant, sous ces dehors familiers, Jeanne est un personnage hors du commun...

Jeanne Guesné a aujourd'hui quatre-vingt-deux ans. Pendant plus de quarante ans, elle s'est tue [1]. Non par peur, mais parce qu'elle poursuivait ce qu'elle appelle sa quête spirituelle et que cela ne nécessitait pas d'explications verbales.

Dans sa jeunesse, Jeanne portait à une amie âgée une amitié totale fondée sur la confiance. Celle-ci affirmait pouvoir sortir de son corps à volonté. Jeanne, ne mettant pas sa parole en doute mais ne connaissant aucune technique précise, voulut tenter seule l'expérience. Elle y parvint, pour la première

1. Jeanne Guesné a écrit plusieurs ouvrages : *Le Grand Passage* (au Courrier du Livre, 1979) et *La Conscience d'être* (Arista – L'Espace bleu, 1983), ainsi que *Le Septième Sens ou le Corps spirituel* (Albin Michel, 1991), auxquels j'emprunterai beaucoup d'éléments, avec l'autorisation de l'auteur.

fois, après treize mois d'efforts consécutifs : elle avait vingt-huit ans.

Chaque nuit, entre 3 heures et 4 heures du matin, étendue sur son lit, les bras le long du corps, Jeanne se relaxait de plus en plus profondément jusqu'à ce que sa respiration devienne « étale » et elle attendait.

« À un certain moment de mon attente, je sentis avec une certitude indiscutable que la possibilité de se dédoubler était là. Alors une peur atroce, une peur de ventre me submergea en me paralysant, je sus que je risquais la mort... Je fis un effort indicible et je sortis. Je me retrouvai sans poids, flottant au plafond de ma chambre... Après plusieurs tentatives pour me mettre droite, je descendis à peu près au niveau du plancher. Je remarquai qu'il régnait dans ma chambre une lumière légèrement bleutée comme un clair de lune. Je distinguai nettement les meubles et d'abord mon lit, sur lequel j'étais couchée bien à plat sur le dos alors que mon mari reposait sur le côté. Je touchai son visage : il était souple et tiède, le mien nettement plus froid. »

Son sens de l'humour restant intact, elle voulut s'embrasser elle-même sur la joue et, à l'instant du geste, il se produisit un déclic, un choc qui la renvoya brutalement dans son corps.

Ces expériences de sortie hors du corps, de dédoublement, de voyage, appelons cela comme vous voudrez, Jeanne les renouvela volontairement des centaines de fois pendant des années. En toute lucidité, sans être endormie, et en ayant la sensation aiguë d'être bien vivante. « Et même, précise-t-elle, plus vivante, plus présente à cette réalité nouvelle qui était *moi*, avec une conscience d'être là décuplée. »

Ainsi, on pourrait envisager une vie hors du corps? Cependant, tout le monde s'accorde à le dire, la mort, c'est la destruction totale du corps physique. D'emblée, on aurait tendance à affirmer : hors du corps, pas de vie. Pour l'être humain, la matière physique, les cellules, le sang, les organes, le cerveau, bref, la machinerie corporelle est indispensable à la vie. Le corps semble bien une « enveloppe » dont la vie ne peut se passer. Peut-on imaginer quelqu'un qui affirmerait : je vis, intensément, quand je ne suis plus dans mon corps?

Vivre en dehors de l'enveloppe corporelle?

À une époque où elle fut malade assez gravement, Jeanne, immobilisée dans sa chambre, pouvait sortir de son corps et y rentrer avec une facilité inouïe. Elle pense que cette facilité tenait au fait que sa tension artérielle était basse, cela facilitant la dissociation. Ces sorties s'opéraient soit à partir d'un point précis situé au-dessus de l'oreille droite (le plus fréquemment), soit par la gorge, soit plus rarement par le nombril [avec une sensation de tourbillon désagréable]. « Un soir, alors que j'étais très faible et en partie dédoublée, je sentis une main amicale, douée comme celle d'une femme et cependant virile comme une main masculine, serrer la mienne très fort pour me donner confiance. Aussitôt, je fus entraînée à une vitesse vertigineuse dans un sifflement aigu, sans possibilité de contrôle, puis je me retrouvai brusquement sur un immense plateau recouvert d'une neige éblouissante... »

Une autre nuit, Jeanne sentit qu'elle quittait son corps par tous les pores de la peau simultanément :

« On eût dit une substance très fluide s'évaporant de mon corps pour se reformer en une image cohérente à l'extérieur de lui. » Elle parvint à ralentir au maximum sa sortie pour mieux l'observer et, après beaucoup d'expériences renouvelées, elle comprit ceci (elle émet là une hypothèse intéressante à retenir) : la séparation de l'enveloppe physique (le corps) et du « principe conscient » peut s'effectuer quand on ressent un certain accord vibratoire (comme si ce « double » vibrait sur une fréquence particulière) servant de « sas » entre les deux états de l'être.

Nous verrons plus loin en quoi cette sensation de vie hors de l'enveloppe physique peut contribuer à accréditer l'hypothèse qu'il existe bien d'autres formes de vie que la vie corporelle.

Jeanne est affirmative : « Toutes ces sorties volontaires m'ont prouvé que la vie n'est nullement terminée hors du corps mais aussi que les conditions de cette nouvelle vie recèlent de nombreux pièges. » Autrement dit, après quarante ans de ces expériences au cours desquelles elle a pris connaissance des différents modes de vie en dehors du monde physique, Jeanne a acquis la certitude que sa vie ne se terminait pas en cessant de participer à celle de son corps. Sa vie peut exister hors de lui.

Elle ne prétend pas avoir fait l'expérience de la mort : « J'ai fait l'expérience de quitter mon corps à plusieurs reprises. Je me suis sentie exister hors de lui, restant tout près et le voyant, ou au contraire allant très loin et le réintégrant, sans interruption de conscience [1]. »

Il ne s'agit pas d'une transe. Plutôt, au sens étymologique du mot, d'une extase [2], d'une sortie.

---

1. Voir son livre *Le Grand Passage*, pp. 16 et 21.
2. Le mot grec *ekstasis* signifie « hors de soi ».

Dans cet état inhabituel, Jeanne sent que c'est sa capacité d'*attention consciente*[1] qui lui permet de se séparer de son corps, qu'elle acquiert alors un système sensoriel qui lui permet de voir, d'entendre, de sentir avec une intensité et une acuité d'un niveau supérieur à celui des sensations ordinairement éprouvées. Elle se sent baigner dans une dimension de vie plus vaste; elle se sent délivrée des tensions qui conditionnent le comportement habituel, et donc plus libre.

C'est véritablement un *nouvel état de l'être* qu'expérimente Jeanne Guesné, prouvant ainsi que l'être, notre être, peut vivre à plusieurs niveaux même si très peu d'entre nous ont un jour la possibilité de l'expérimenter. Jeanne affirme vivre, consciemment, en dehors de son corps. Ce n'est pas ce qu'elle a vu, ce qu'elle a rencontré, ceux à qui elle a parlé dans cet état inhabituel qui importent. Ce sont à ses yeux des détails secondaires. L'essentiel pour elle est d'avoir constaté que la vie n'est pas détruite! « Peu importe qu'elle soit ceci ou cela, l'important c'est qu'elle est... » L'essentiel pour Jeanne c'est d'avoir vécu la Vie (avec un grand V) dans sa vie. Cette Vie qui est invulnérable, qui est la Vie dans l'univers. Cette Vie, inexorablement présente dans tous les instants, donne vie aux pensées, aux sentiments, aux gestes. Cette Vie alimente le « moi je » de notre petite vie, qui nous fait être.

---

1. Ce mot « conscience » est le mot clé. Mais que signifie-t-il au juste ? « J'emploie le mot conscience, précise Jeanne Guesné, pour désigner l'ultime réalité qui se manifeste à moi sous la forme d'une intense lucidité immobile englobant l'extérieur et l'intérieur dans une unité de vie consciente. »

Les principales étapes
de la « décorporation » *

1) Le sujet se rend parfaitement compte de l'instant du détachement, il en garde un souvenir net et précis.

2) Il perçoit son corps physique comme sans vie, toutes ses sensations étant transférées dans son « double ».

3) Dans ce nouvel état, il se sent léger, heureux, apaisé.

4) Cependant, un sentiment d'angoisse peut l'assaillir car il ne sait pas s'il pourra réintégrer son corps.

5) De nombreux témoignages font mention d'une « corde » ** qui relie les deux corps, le physique et le double. Ce cordon est rassurant car les deux corps se trouvent ainsi reliés.

6) Le temps, l'espace, la matière ne sont plus les mêmes.

7) Chaque désir manifesté en état de dédoublement devient immédiatement effectif.

8) La télépathie avec les proches est fréquente.

9) De nombreux témoins déclarent avoir effectué ce voyage hors de leur corps en compagnie de membres décédés de leur famille.

* J'emprunte les éléments de cette liste type au livre Au-delà de la mort, nouvelles recherches parapsychiques *(Presses de la Renaissance, 1978),* d'Alain Sotto et de Varinia Oberto qui l'ont établie d'après les témoignages recueillis par eux et d'après les cas présentés par la Société pour la recherche parapsychique, par le livre de Muldoon et Carrington, Les Phénomènes d'extériorisa-

tion consciente du corps astral *(Dervy, 1966), et par celui d'E. Bozzano*, Les Phénomènes de bilocation *(Jean Meyer, 1957).*

** *La plupart des témoignages de dédoublement décrivent une « corde d'argent », un fil lumineux, un ruban de lumière, qui relie les deux corps. Selon la tradition, cette corde ne doit pas être coupée sinon les deux systèmes se sépareraient définitivement et le corps physique mourrait. On notera avec intérêt que cette corde prend souvent naissance dans la région de la glande pinéale (entre les deux yeux), qui est un organe bien mystérieux. (Voir dans le chapitre « Le rêve et l'au-delà » l'encadré sur la glande pinéale.)*

Les diverses densités de la matière

Avec ce « corps » différent, subtil, allégé de la matière mais ayant tout de même une certaine matérialité (sinon comment pourrait-il exister?), Jeanne a tenté bien des expériences qui se sont déroulées sur quarante années environ. Son premier étonnement fut de rencontrer *une autre densité de matière*. Elle fit, par exemple, l'expérience de déposer sur le bord de la commode de sa chambre deux feuilles de papier à cigarettes pour les faire tomber quand elle serait dans cet état hors du corps. La nuit venue, sortie de son corps, elle ne parvint pas à toucher tangiblement ces deux feuilles, mais il lui suffit de « penser » que ces feuilles tombaient pour que cela arrivât effectivement.

De même, si elle n'arrivait pas à tourner le bouton d'une porte, elle parvenait facilement à la traverser. Cela lui fut révélateur : dans l'état hors du corps, la matière n'a pas la même réalité que dans la vie ordinaire. « Si je peux m'exprimer ainsi, je dirais qu'il y a différents états de matérialité de la matière. » Et pourtant, Jeanne ne doute ni de la matérialité différente de cet autre « corps dédoublé » ni de la matérialité de ce qu'elle voit et rencontre dans cet étrange état : personne ne doute de la réalité de ses meubles, de sa maison, de sa ville et des autres habitants : « Dans ces autres dimensions de la vie, dit Jeanne Guesné, l'impression de réalité ressentie est prodigieuse, beaucoup plus intense que nous ne l'avons jamais éprouvée. »

De même, l'expérience qu'elle fit de voir son mari en captivité quand il était prisonnier en Allemagne, en 1940, lui confirma que sa forme dédoublée n'a pas la même matérialité que sa forme humaine. Il ne s'aperçut pas de sa présence. Elle essaya plusieurs fois de le retrouver en se dédoublant avec beaucoup de difficulté (sans doute parce que l'émotion troublait sa faculté de dissociation et qu'aucune émotion, aucune nervosité, ne doit intervenir dans une telle opération qui réclame la plus grande neutralité émotionnelle). « Un matin entre 5 heures et 5 h 30, je le vis. Il me sembla appuyé contre un tronc d'arbre en compagnie d'un autre homme (elle sut plus tard qui était ce compagnon dont elle ignorait la captivité). Je distinguai nettement son visage. L'effet fut saisissant. Il était là, bien vivant devant moi. Je le regardai intensément au niveau des yeux, je le touchai mais il ne me voyait pas. »

Dans cet état subtil du corps, on peut donc *rencontrer des personnes vivantes et des personnes décédées*.

Mais pour cette rencontre, il semble qu'une démarche volontaire n'aboutisse pas ou difficilement. Il semble que ces rencontres aient plutôt lieu d'une manière imprévue.

Jeanne rapporte dans son livre, *La Conscience d'être*, le récit d'un voyage hors du corps, fait en

1916, par une femme qui le lui confia beaucoup plus tard. Je le cite ici car il intéresse directement notre propos. Après avoir laissé son corps sur son lit comme un cadavre, passé à travers portes et murs et plané longtemps, le corps dédoublé de cette femme arriva à la bataille de Verdun : « Alors, raconte la femme, j'ai vu mon père qui parlait avec véhémence mais je ne l'entendais pas. J'ai tenté en vain de me manifester en l'embrassant. Peine perdue, il ne sentait même pas ma présence. J'ai alors pensé : voilà ce qui se passe lorsqu'on est mort. On voit les vivants, on voudrait les aider mais on est impuissant à se manifester. »

En état hors du corps, et une seule fois, Jeanne rencontra son père décédé dix mois plus tôt. Ce fut bref : « Tout à coup, alors que je me déplaçais dans une atmosphère exceptionnellement lumineuse, il fut devant moi. Il avait une apparence très jeune, moins de quarante ans. Je n'avais pas gardé de souvenir précis de lui à cet âge. Il me prit les mains en me disant : "Je ne peux pas tenir ici, je pars[1]. " Sa forme disparut et seules ses mains serrant très fort les miennes subsistèrent encore quelques instants. » Elle précise qu'il ne s'agit pas d'un rêve car elle rêve aussi de ses parents décédés et la confusion n'est pas possible.

---

1. Cette phrase, ainsi que le délai de dix mois, sont intéressants à retenir. On les comparera avec les récits de rêve. Notons que dans les rêves aussi l'apparence des morts est plus jeune.

La pensée crée la réalité

Jeanne expérimenta aussi qu'en cet état subtil *la pensée est immédiatement créatrice*[1]. Il suffit qu'une pensée traverse l'esprit pour que son sujet se matérialise dans l'instant même. Dans cet état, si l'on pense « chat », le chat est là avec une réalité impressionnante. Si l'on pense lion rugissant ou monstre terrifiant aussi... on imagine quelles peurs peuvent ainsi surgir ! La moindre pensée est instantanément actualisée :

« J'étais hors de mon corps, dit-elle, et je me promenais dans une ville inconnue. Deux énormes chiens se sont précipités sur moi avec des aboiements terrifiants. Une pensée fulgurante m'a traversée : c'est moi qui les pense, ils n'existent pas. Instantanément, les chiens ont disparu. »

La réalité tangible des éléments que l'on rencontre en cet état est incontestable pour celui qui l'éprouve. Cela rejoint les propos du cosmonaute soviétique Vitali Sevastionov, ingénieur responsable des expériences scientifiques et techniques à bord de *Soyouz 9* : en état d'apesanteur dans la capsule, il

---

1. Il est intéressant de faire la comparaison avec ce que disent les « défunts » dans leurs communications. Dans *Les Lettres de Pierre*, Pierre Monnier décrit la puissance créatrice de l'imagination des défunts : « Représente-toi que tout ce qui vit dans ton souvenir, au lieu de demeurer vague et indistinct, prend une forme stable. Aussitôt tu seras entourée de la réalisation de tes rêves les plus beaux : ce qui avait vibré en toi t'environne *réellement*... Tu songes à un palais, il s'édifie ; à un temple, tu peux y prier, à un océan, il est possible d'y naviguer... » Le mystique suédois Swedenborg appelait ces créations « apparences réelles » et le Bardo Thodôl met en garde le défunt contre ces illusions de forme-pensée qu'il prend pour la réalité et qui ne sont que des projections mentales. Ce qui montre que dans ces états « différents », la réalité n'est plus ce qu'elle est dans l'état de vie ordinaire.

lui suffisait de penser à un outil pour que son cama-
rade Adrian Nikolaïev, présent à ses côtés, le lui
apporte immédiatement sans qu'un seul mot soit
échangé. Télépathie ou pensée créatrice?

Autre découverte importante de Jeanne Guesné :
dans cet état hors du corps, l'espace et le temps sont
différents de ceux de la vie ordinaire. Souvent ce
corps subtil se déplace à des vitesses vertigineuses [1]
« parce qu'il se meut dans une autre matérialité,
moins dense, plus fluide, plus malléable », explique
Jeanne.

Autre point à retenir au cours de ces voyages :
l'importance de la lumière et des couleurs. Jeanne
Guesné pense que les impressions qu'elle ressentait
de joie, de paix ou au contraire d'angoisse ou de
crainte étaient directement liées au degré et à la
qualité de la lumière dans laquelle elle se déplaçait.
Les couleurs semblaient différentes des couleurs
habituelles, vibrantes, animées, éveillant un sentiment intense de beauté. De même que l'atmosphère
des paysages parcourus est directement liée à
l'humeur psychologique.

Se construire un corps pour l'éternité

Jeanne Guesné résume ainsi les expériences
qu'elle a faites de vie à plusieurs niveaux :
— je peux vivre « automatiquement », c'est le
plus fréquent,
— je peux vivre « consciemment », plus ou moins,
— je peux vivre « consciente d'être consciente »,
en de très rares occasions.

---

1. Retenons aussi cette notion de vitesse. On la retrouvera souvent
dans les autres états.

Trois modalités de l'existence.

« La vie existe à plusieurs niveaux. Ceux-ci ne sont jamais vraiment intégrés. Je suis dans ma tête et je parle mais je ne sens pas où je suis dans une émotion qui me paralyse, empêchant ma tête de raisonner. Ou je suis dans mon corps, dans mes mécanismes moteurs, mes instincts et alors je pense mécaniquement, je sens mécaniquement, j'agis mécaniquement. Mais ces trois niveaux de l'être, ces trois fréquences vibratoires, pourrait-on dire, ressourcés, rassemblés, intégrés dans ce sac de peau que constitue mon corps, permettent à la vie de se manifester. Non pas votre vie ou la mienne. Mais la Vie dans ma vie. »

Si donc nous pouvons vivre ici-bas, même de façon occasionnelle et rarissime à plusieurs niveaux, connaître des états de conscience différents, peut-on penser qu'après la mort de cette enveloppe physique qu'est le corps subsiste de nous une parcelle de conscience ou d'énergie qui, elle, pourra continuer à vivre et à évoluer ?

Ce corps subtil, dont parle Jeanne, est-ce lui qui survivra après nous ? Si l'on répond « oui » à cette question, qui reste un postulat, cela vaut la peine de s'acharner à *développer ici et maintenant* ce corps différent capable de se situer dans l'éternité.

Comment ? *Pouvons-nous devenir l'artisan de notre corps d'éternité ?* Pouvons-nous accéder dès maintenant à un nouvel état de conscience par une transformation radicale de nos rythmes biologiques, psychiques et mentaux ? Oui, sans aucun doute, si nous développons ce qui est véritablement un « septième sens », ce *sens d'être*.

Ceux qui attendent une vie dans l'au-delà peuvent-ils se préparer à cette nouvelle « vie » ?

Jeanne Guesné est, sur ce point, formelle : si nous devons atteindre une dimension d'éternité, ce ne peut être qu'*avant* la mort, ici, dans notre corps et dans notre psychisme comme s'il existait une suite logique d'une sorte de croissance intérieure. « D'intuition en intuition, d'expérience en expérience, de lueur en lueur, je suis arrivée à la certitude que c'est ici, dans ce corps, qu'un effort doit être entrepris afin qu'un " pont " de perception soit lancé sur l'abîme séparant les deux mondes : le monde physique de notre vie personnelle temporelle et le monde de la vie universelle à laquelle participe notre Être immortel. Ce " pont ", c'est la conscience d'être ici et maintenant. »

Mais comment faire pour acquérir cette conscience d'être ? Dans son livre qui porte justement ce titre *La Conscience d'être ici et maintenant,* Jeanne Guesné ne donne pas de « recette » mais voici comment elle conseille de se comporter [1] :

Première étape : rentrer en soi-même. « Rentrer derrière son front, son crâne, son regard, dans la courbe molle de ses joues, dans sa langue, ses gencives, son palais, à l'intérieur de sa gorge, de ses narines. Notre attention consciente doit pénétrer, emplir cet espace tassé, encombré, le nettoyer de ses scories verbales, laissant notre tête claire et libre comme une sphère transparente. »

---

1. Il est certain que d'autres techniques se réfèrent également à ce point subtil où l'énergie de la vie nous pénètre entièrement et où nous avons la sensation intense d'être : le geste du recul intérieur dont parle Kierkegaard, l'instant créateur de Bergson, le lâcher prise du zen, la pratique du Hara de Durkheim, le rappel à soi de Gurdjieff, la lucidité sans choix de Krishnamurti, etc. Les pratiques sont diverses mais les termes et les résultats sont équivalents. Les enseignements ne sont que des poteaux indicateurs montrant une route, mais tout dépend de soi-même. Continuer la recherche, le « (travail) » sur soi envers et contre tout.

Seconde étape : se laisser envahir par un grand calme intérieur. Être « étale », être « ouvert ».

« Restons sans mots, immobiles et lucides, intensément attentifs à rien. Nous sommes l'espace vivant, vibrant. Faisons entrer cette vibration par nos yeux, nos oreilles, nos narines, par tous les pores de notre peau. Nous sommes la vie et tout ce qui respire et nous sommes là, dans notre corps conscient et éveillé à tous les niveaux de sensibilité : sensibilité mentale, sensibilité émotionnelle, sensibilité physique. »

Enfin, découvrir un îlot de paix, un havre de tranquillité : notre espace intérieur.

« Les bruits du monde sont là mais ils rentrent en nous sans provoquer de réaction émotionnelle ou instinctive. Notre machinerie cérébrale ne frémit plus. Les images se succèdent. Ne les chassons pas mais ne nous identifions pas à elles en les nommant. »

Alors, nous pouvons connaître ce que signifie « être ». Non pas être ceci ou cela. Mais être tout simplement. « Nous ne sommes qu'une seule chose : notre capacité d'attention. »

Le plus souvent ce sont des chocs brutaux qui nous donnent cette sensation intense d'être, la maladie, les accidents, par exemple.

Encore une fois, pour Jeanne Guesné, il ne s'agit pas de donner des recettes pour vivre hors du corps. Il s'agit d'apprendre à ne plus glisser à la surface de la vie mais à la capter de l'intérieur. C'est une véritable ascèse spirituelle, « une aptitude à demeurer intensément lucide au vécu de l'instant ». Cela demande un effort et c'est en cela que l'on peut parler d'ascèse, de l'effort d'être. Être dans ses pensées, être dans ses paroles, être dans ses sentiments, être

dans ses gestes. Comme Jeanne le dit précisément :
sortir de son corps n'est pas sortir de soi.

« Si je veux savoir s'il existe une continuité de
la vie *hors* du corps, je dois d'abord prendre
conscience de cette vie *dans* le corps. » Jeanne
a raison de souligner la nécessité de comprendre
les mécanismes de notre fonctionnement personnel, d'acquérir une lucidité totale sur les " moi "
disparates qui composent notre personnalité. Mais
l'expérience de « sortir de son corps », c'est-à-dire
de vibrer à des niveaux d'existence différents,
étant réalisée, peut-on conclure qu'une étape
décisive est accomplie dans la connaissance de
l'après-vie ?

L'incessante incarnation de la vie

Selon Jeanne, la vie existe hors de nos corps
physiques, la vie ne cesse jamais, seules naissent
et meurent les formes qui la contiennent. Mais la
substance de ces formes n'est pas détruite, elle est
seulement transformée. La vie est une perpétuelle
émergence qui détruit les formes qu'elle a édifiées
pour les restructurer en formes nouvelles.

Il n'y a pas d'au-delà : il n'y a qu'une autre façon
d'être. Il n'y a pas d'au-delà mystérieux à découvrir
dans un univers lointain qui ne serait d'ailleurs
que le prolongement de l'ici. La seule découverte
authentique se situe dans le dépassement de notre
propre intériorité.

Tandis que des corps se dématérialisent en se
décomposant et que s'effondrent les structures que
nous connaissons, dans l'espace infini d'autres
substances se matérialisent et d'autres structures

s'édifient à nouveau. Comme la nuit succède au jour, les forces de la mort succèdent aux forces de la vie : inspiration, expiration.

. « Je crois, dit Jeanne, à l'incarnation incessante de la vie dans des organismes qui se renouvellent. Tout ce qui a existé continue d'exister dans une dimension à laquelle nous pouvons donner le nom d''' éternité ''. À ma vie, tout peut arriver. Tout peut l'attaquer, la détruire. Mais la vie dans ma vie est invulnérable, antérieure à moi, elle sera toujours alors que j'aurai disparu. »

Jeanne ne croit donc pas à une survie individuelle.

Elle m'écrit le jour du 1er janvier 1985 : « Un jour, je partirai. Beaucoup de ceux que j'ai connus et aimés auront quitté ce monde et d'autres seront venus, nouveaux et anonymes... mais ce qui fut moi, dans son essence ultime, cette infime parcelle de substance éperdue d'amour, demeure et demeurera à jamais... irrépressible palpitation de la vie dansant dans la lumière incréée de l'esprit. »

Le point essentiel du témoignage de Jeanne Guesné qui accréditerait l'hypothèse d'une survie : on peut avoir, à la pointe extrême du détachement du corps physique, la certitude, la sensation vraie de vivre. Le corps peut jouir d'une autre « matérialité » très différente de celle de l'enveloppe physique.

Le voyage astral

Robert Monroe, directeur d'une importante firme radiophonique, était un citoyen américain sans histoire jusqu'au jour où il sortit de son corps de manière aussi inattendue qu'involontaire[1]. Depuis ce moment, en l'année 1958, il a consacré son temps et son argent aux recherches sur les sorties du corps. Son institut en Virginie a étudié des milliers de cas avec l'aide de centaines de volontaires affluant du monde entier pour « explorer l'au-delà ».

De nombreux écrivains avaient déjà évoqué ces voyages hors du corps dans des récits biographiques : Emily Brontë, Arthur Koestler, D.H. Lawrence, entre autres.

De son côté, Carlos Castaneda raconte ce genre d'initiation par le sorcier yaqui don Juan dans ses cinq livres publiés à la N.R.F. (Gallimard) : *Le Voyage à Ixtlan; Histoires de pouvoir; Le Second Anneau; Le Don de l'aigle.*

Ces cas de voyages sont loin d'être uniques : la psychologue anglaise Celia Green a procédé à une étude sur trois cent quatre-vingts étudiants d'Oxford : 34 % d'entre eux ont eu au moins une fois l'expérience de contempler leur corps physique d'un point d'observation extérieur (*in Journal of the Society for Psychical Research*, sept 1967, et *in Proceedings of the Institute of Psychophysical Research*, Londres, 1968).

Le journaliste Jérôme Bourgine[2] a consacré un ouvrage au voyage astral, résultat d'une longue enquête sur les expériences hors du corps. Il tente ainsi de répondre aux nombreuses questions essentielles concernant ce phénomène. Il a rencontré tous ceux, scientifiques ou explorateurs de l'astral, pour qui ces voyages sont des réalités quotidiennes et non des mythes classés comme tels par la science, faute d'avoir pu les comprendre et les expliquer.

1. Robert Monroe : *Le Voyage hors du corps* (éd. du Rocher, 1989) et *Fantastiques Expériences de voyage astral* (Robert Laffont, 1990).
2. Jérôme Bourgine : *Le Voyage astral* (éd. du Rocher, 1993).

La « matérialité » de notre « corps-hors-du-corps » est sans doute formée à partir d'une forme d'énergie.

Or l'une des grandes lois de l'univers est celle de la conservation de l'énergie...

Les conceptions du shivaïsme[1] peuvent nous éclairer sur ces rapports entre l'énergie et la conscience. Selon le *Sâmkhyä* (l'étude des structures de l'univers matérielles et psychiques), « l'univers est formé de deux éléments fondamentaux, la *conscience* et l'*énergie*, qui sont complémentaires et interdépendants. La matière n'est qu'énergie organisée. Il n'existe pas d'élément de matière qui ne soit habité par la conscience. Il n'existe pas d'élément de conscience sans un support énergétique ». L'énergie, se manifestant sous forme d'ondes vibratoires, a besoin d'un support : l'espace. Le temps, quant à lui, naît de la conscience puisqu'il n'y a pas de temps mesuré sans perception de sa durée.

Ainsi l'élaboration du monde perceptible est-elle liée au principe Temps, omniprésent, qui, sous la forme des rythmes, va déterminer les cycles de l'histoire, la vie, la mort, des étoiles comme des galaxies, des espèces animales, végétales et aussi des hommes et même des esprits ou des dieux.

« Les lois qui régissent la perception, l'intelligence, la pensée ne sont pas séparables de celles qui président à la formation de la matière. Ce que nous percevons comme des objets n'est formé que de galaxies d'atomes, de centres d'énergie séparés

---

1. L'ouvrage d'Alain Daniélou, grand spécialiste de l'Inde, est remarquablement instructif à cet égard : les textes de l'ancienne civilisation dravidienne de l'Indus révèlent des connaissances sur la nature de l'univers, l'origine de la matière, la biologie, l'astrophysique, etc., qui rejoignent les conceptions de la « physique avancée ». (*La Fantaisie des dieux et l'Aventure humaine*, éd. du Rocher, 1984.)

par d'immenses espaces. L'apparence des choses n'est due qu'aux limites de nos perceptions. » La matière n'est donc pas séparable de la conscience et de la perception.

C'est avec l'énergie que Jeanne entre en contact. Elle devient cette énergie. C'est comme si ce « deuxième corps » était fait d'énergie pure. Il n'est plus composé d'organes, de cellules, de sang, de neurones. Il est « transmatériel ».

Or existe-t-il dans l'univers et éventuellement dans notre corps des éléments qui pourraient être appelés « transmatériels » ?

Il semble bien que la réponse soit oui.

Prenons un exemple. Que se produit-il entre l'œil et le cerveau ? L'œil capte une information – disons le dessin d'un ballon. C'est un stimulus, comme disent les spécialistes, c'est-à-dire en termes de physique, une énergie lumineuse. Celle-ci, après avoir traversé l'air et les cavités de l'œil, arrive sur la rétine, provoquant des réactions chimiques. Les cônes et les bâtonnets transforment alors cette « information codée » chimique en une série de « messages codés » électriques qui sont transmis, par le nerf optique et par différentes structures spécifiques, au cortex, excitant au passage des neurones.

Cette énergie affecte donc des supports qui, eux, sont incontestablement matériels (les nerfs, les membranes, les structures de l'œil, etc.). Cette énergie, qui était, au départ, lumineuse, s'est transformée en énergie électrique, en réactions chimiques (glucose, oxygène, etc.) et même en chaleur. Mais il y a un message qui, lui, n'a subi aucune transformation, c'est le dessin du ballon. Cette information, au sens informatique du mot, peut être considérée comme une entité transmatérielle qui existe en relation avec les supports matériels que nous évoquions mais sans dépendance vis-à-vis d'eux. L'information a une existence propre. Et pourtant, elle ne possède pas de propriétés matérielles au sens physique et scientifique du mot, comme la masse ou l'énergie.

Cet exemple montre que *la réalité n'est pas toujours matérielle*, qu'elle n'est pas toujours observable ni démontrable.

Dans l'entretien que John Barrow, professeur de physique à l'université du Sussex, en Grande-Bretagne, a accordé à Marie-Odile Monchicourt pour France-Culture [1] on lit notamment : « Actuellement, à Berkeley et ailleurs, des astrophysiciens essaient de prouver que la structure d'une galaxie est essentiellement formée de neutrinos. S'il était possible de le faire, nous vérifierions ainsi l'idée que l'univers est rempli par une mer *fantôme* de neutrinos. Les galaxies pourraient alors ne pas être ce qu'elles semblent : elles apparaissent comme des corps lumineux et incandescents, mais en réalité, il se pourrait bien que leur majeure partie soit totalement *invisible*. Certains pensent que les galaxies sont entourées par d'énormes " halos " de *matière invisible* ». Des scientifiques de grande notoriété, comme le neurophysiologiste Robert Sperry, le physicien anglais David Bohm, le biologiste Rupert Sheldrake, ont soutenu qu'il y a dans la réalité des aspects non mesurables, non physiques, et qu'il faut les prendre en compte puisqu'ils font partie de l'expérience humaine, non seulement l'expérience de nos sens physiques, mais aussi l'expérience d'une intuition profonde ou l'expérience résultant d'états de conscience différents. C'est véritable-

ment

1. Rapporté dans son livre *L'Homme et le cosmos* (Imago, 1984).

« seconde sorte de science », pour reprendre l'expression de Willis W. Harman, qui, seule, pourra étudier ces expériences et cette réalité non mesurable.

Il est certain que ce que le yoga appelle *prana*, c'est-à-dire la force vitale qui organise l'ensemble des fonctions organiques et les maintient en vie, que ce que les Chinois appellent le *ki* dans l'acupuncture, sont des réalités non matérielles mais « réelles ».

S'il est difficile de nier que notre corps possède un double d'énergie, un second système caché, il reste encore à démontrer qu'il puisse survivre à la désintégration de la matière corporelle et continuer d'exister après la mort clinique. Le mystère à ce niveau reste entier. Si ce « deuxième corps », ce corps subtil, ce corps d'énergie pure, n'est pas observable ni démontrable scientifiquement, il n'en reste pas moins que l'on peut, scientifiquement aussi, postuler sa réalité. Mais ce corps, s'il est fait d'énergie, peut très bien se transformer sans se conserver sous cette forme-là.

Le délit de subjectivité

On peut objecter que cette « matérialité » ressentie par Jeanne Guesné dans ses sorties hors du corps physique n'existe pas en réalité car cela est une invention de son cerveau ou de son imagination.

Jeanne elle-même le dit : elle a mis dix ans à comprendre qu'elle était l'auteur de tout ce qu'elle voyait dans ses « voyages », de tout cet environnement ressenti avec un sentiment intense de réalité. Qu'en dehors de son propre esprit, qui les projetait, ces choses vues n'avaient pas d'existence réelle mais elles avaient bien, en revanche, une existence relative puisqu'elles étaient source de joie, de paix, de peur ou d'angoisse.

Ce travail persévérant d'observation de soi lui a permis de constater que les images sont créées à partir des sensations que nous percevons. « Pour moi, la découverte la plus extraordinaire que j'aie faite hors de mon corps est que tout ce que je peux voir dans cet état émane de moi. Plus exactement que je suis le centre de tout ce que je constate comme existant et j'en suis également la totalité. Je suis ce que je connais. »

C'est donc en flagrant délit de subjectivité que l'on pourrait prendre Jeanne. Puisque rien n'existe que ce que notre cerveau produit, quand le cerveau meurt, rien ne survit.

Dans le vocabulaire psychiatrique, on appelle *autoscopie* une « perception hallucinatoire psychosensorielle complexe qui donne l'impression que le corps est projeté vers un champ visuel extérieur ».

Faut-il appliquer cette définition à l'expérience de Jeanne Guesné ? Non. Car le malade qui souffre d'autoscopie voit son « double » à partir de son propre corps. Tandis que Jeanne (qui, évidemment, ne souffre d'aucun trouble psychologique) voit son propre corps à partir d'une conscience-énergie située hors de son corps. C'est l'inverse. Le champ de conscience est déplacé : il n'est plus dans le corps physique mais dans l'autre, plus subtil.

Le Dr Nils O'Jacobson, psychiatre suédois qui s'est particulièrement penché sur les expériences paranormales qu'il a décrites dans son ouvrage *La Vie après la mort, expériences parapsychologiques et mystiques* [1], et s'est interrogé sur ce phénomène de

_____

1. Paru aux Presses de la Cité, 1977 ; voir p. 112 et suivantes.

la séparation du corps et de la conscience, le dit :
« Une expérience de séparation ou de rêve lucide
n'est pas un symptôme de maladie. Ce phénomène
se manifeste en général chez des personnes psy-
chiquement équilibrées. »

Deux chercheurs, Noyes et Kletti, en 1976[1], étu-
dièrent la survie sous l'angle de la psychiatrie traditionnelle en nommant « dépersonnalisation » les
visualisations des mourants. Ils établirent un syn-
drome de dépersonnalisation : conscience de soi
troublée, sensation d'irréalité, ralentissement du
temps, détachement de l'espace, etc. Tout cela suffisait à expliquer pour eux la prétendue certitude
d'une survie... Pour ces chercheurs, devant la mort
qui est un anéantissement, le mourant développe
des mécanismes de défense. Les visions du passé
sont une « défense émotionnelle contre l'idée de
disparition : privé de son avenir, le mourant
déploie sa dernière énergie vitale sur ce qui lui a été
le plus précieux ».

Un autre psychiatre, R. Hunter, remarque de son
côté[2] que ces « souvenirs de cinéma » sont liés à des
expériences désagréables, essentiellement quand le
danger de mort a été violent (chute, noyade).

Soulignons aussi que l'autoscopie, au sens propre
du mot, n'est pas pathologique en elle-même puisqu'elle consiste à voir sans instrument des organes
internes comme les os du corps. C'est un phénomène qui se rencontre fréquemment parmi les
« pouvoirs » des chamans, capables de voir leurs
structures organiques, au niveau des cellules, des

1. Rapport paru dans *Psychiatry*, n°s 35 et 39, et dans *The Experience of Dying from Falls*, en 1972.
2. Dans « On the experience of nearly dying », *American Journal of
Psychiatry* (1967).

globules du sang, du fonctionnement des tissus, et donc d'en discerner les troubles et de diagnostiquer les maladies.

Le Dr Osty cite le cas d'une campagnarde sans instruction capable de voir son articulation coxofémorale et de la décrire. Une malade du Dr Pierre Solié, médecin et psychanalyste, ancien président de la Société française de psychologie (jungienne) décrivait aussi ses vaisseaux sanguins, son cœur, son intestin, bref tout son organisme y compris le cerveau. L'autoscopie peut donc servir d'outil de guérison.

Le corps astral

Il faut remarquer que Jeanne Guesné n'emploie pas l'expression « corps astral ». Mais, incontestablement, nous sommes enclins à établir une comparaison. Cette séparation du corps physique et de la conscience est souvent appelée projection astrale. Cela implique l'idée qu'en dehors du plan physique il existe d'autres plans où la « substance » n'est pas de même nature. Le corps physique est visible. Les autres corps, appelés corps spirituel, corps astral ou éthéré, ne le sont pas.

La mort serait donc alors la séparation définitive du corps physique et du corps astral. Et plus on se serait entraîné, comme un sportif entraîne ses muscles, à séparer ces différents corps, plus la mort serait aisée, considérée comme un simple passage auquel on se serait, de son vivant, habitué, l'autre corps trouvant alors son existence tout naturellement dans un autre monde.

Plus facile à énoncer qu'à expérimenter...

Héléna Blavatsky[1], la fondatrice de la théosophie, explique à propos des différents « principes » qui constituent l'homme :

« Ne vous imaginez pas, parce que l'homme est appelé un septénaire, qu'il soit composé de sept *entités*, ou d'autant de peaux à enlever comme des pelures d'oignon. Les " principes " sont tout simplement des *aspects* et des *états de conscience*. Il n'y a qu'un seul homme *réel* qui dure d'un bout à l'autre du cycle de vie et qui est immortel dans son essence, sinon dans sa forme : et c'est *Manas*, l'homme mental ou conscience incarnée. L'objection soulevée par les matérialistes, qui nient qu'il soit possible que le mental et la conscience agissent sans la matière, est sans valeur pour nous. Nous ne nions pas la justesse de leur argument, mais nous demandons simplement à nos adversaires : " Connaissez-vous *tous les états de matière*, vous qui jusqu'à présent n'en avez connu que trois ? " »

Il faut avouer que la remarque en forme de question de Mme Blavatsky garde aujourd'hui encore toute sa pertinence et son actualité car c'est justement sur les divers états de la matière que la science fera d'incontestables découvertes dans les prochaines années.

Mais revenons au « double » en état de décorporation. L'écrivain Raymond Réant, qui se livre à des expériences et donne des cours de parapsychologie, a quant à lui essayé de connaître le poids de ce « double ». Dans son cours du samedi 16 avril 1983 à 14 h 30, il s'est livré à une « expérience de pesée du

---

1. Héléna Blavatsky : *La Clef de la théosophie*, chapitre « Enseignements grecs », Textes théosophiques, 11 bis, rue Kepler, 75116 Paris.

corps bioplasmique, dit contracté[1] ». Par corps contracté, il entend le couple corps astral-esprit. Il affirme qu'on a constaté qu'au moment de la mort, lorsque le double d'un sujet quitte son corps physique (sans le citer, je suppose qu'il fait ici allusion aux expériences de Van Zelst en Hollande et à celles du Dr Duncan McDougall, en Angleterre, au début de ce siècle, qui notait, sur quatre-vingt douze agonisants, que la mort correspondait à une perte de poids d'environ 21 g), il y a une perte de poids d'environ 20 g pour un sujet de 60 kg. Le corps dédoublé pèse-t-il aussi 20 g ? Difficile à vérifier car le double n'accepte pas de se laisser poser sur le plateau d'une balance... Mais Raymond Réant postule que ce double doit forcément occuper un volume. Il s'est donc muni d'une balance de précision sensible à 100 microgrammes. Quatre élèves de Réant, en état de dédoublement, se placent sur l'un des plateaux de la balance qui accuse un poids de 500 microgrammes. On arrête l'expérience ; on observe alors qu'il reste environ 125 microgrammes à récupérer : c'est l'une des élèves qui est restée aimantée à la balance par un bras, en état de dédoublement. Le poids approximatif d'un corps dédoublé serait environ de 125 microgrammes. Réant tenta aussi l'expérience avec une fiole jaugée remplie d'eau. Le résultat fut le même.

Aucune tentative pour comprendre la vie et l'après-vie n'est à exclure d'emblée... Cependant, il faut avouer que les expériences de M. Réant demanderaient à être vérifiées de façon stricte et à être multipliées. Dans l'antique Égypte, nous l'avons vu, Anubis pesait bien les âmes !...

1. Raymond Réant : *Pratiquez la parapsychologie* (éd. du Rocher, 1985).

Le corps et son double énergétique

Voir son « double », c'est une manifestation sub-jective de clairvoyance : telle est l'opinion du Dr Milan Ryzl, Tchèque réfugié au Canada, qui inventa le terme de « clairvoyance en mouvement » et étudia de près les manifestations parapsycholo-giques. Milan Ryzl s'est fait connaître en France en 1976 par un livre au titre provocant : *Jésus, phénomène parapsychologique?* (éd. Québec). Pour lui, celui qui dit s'être dédoublé est victime de sa fantaisie ou des suggestions qui ont pu lui être imposées, par exemple par hypnose, ou bien manifeste des dons de clairvoyance. Son récit de dédoublement n'est donc pas à considérer comme une réalité. Mais ce sujet possède incontesta-blement des facultés « E.S.P. » *(extra-sensory perception)*.

Les voyageurs hors du corps peuvent être étu-diés avec des électroencéphalographes. C'est le point de départ des recherches du Dr Charles Tart, psychologue à l'université de Californie à Davis, qui étudia particulièrement l'homme d'affaires Robert Monroe dont le récit *Journeys out of the Body* fut, en 1971, un best-seller. Monroe affirme sortir de son corps à volonté. L'électroen-céphalographie montre qu'il n'est pas en état de rêve, pas non plus en état d'éveil. Son cerveau émettant cependant des ondes lentes alpha, ses muscles étant en état d'atonie, il est plutôt dans un état proche de la méditation. Le Dr Tart a entrepris d'autres expériences du même genre avec un autre sujet, féminin, qui a déjà réussi à lire correctement des chiffres placés au hasard sur une étagère enfermée dans une pièce voisine. Mais ces expériences n'ont pas encore réussi à démontrer avec certitude qu'il y a un phénomène de déplacement du corps « astral » ou un phénomène de télépathie. Il faut reconnaître que tous ces phénomènes ont une étroite parenté[1].

Le Dr Karlis Osis, directeur des recherches à l'American Society for Psychical Research, à New York, entreprit lui aussi des expériences pour vérifier si le conscient quittait réellement le corps, avec un sujet particulièrement doué : Ingo Swann. À la suite d'une anesthésie, Ingo eut la certitude qu'il pouvait se dédoubler à volonté et commença à faire des balades, n'importe quand et dans n'importe quel lieu. Le but de l'expérience d'Osis était de faire décrire par Ingo des objets cachés dans une pièce d'une manière très précise en donnant leurs dimensions. Les descriptions d'objets faites à distance par clairvoyance sont rarement précises (bien que les expériences récentes de Tart contredisent ce point de vue). Ce sont plutôt des impressions vagues. Osis pensait démontrer – si les descriptions étaient exactes quant à l'emplacement, la forme, la perspective, etc. – que c'était bien le double d'Ingo qui avait réussi à recueillir ces renseignements. On calcula que la probabilité d'un résultat dû au hasard était de un sur quarante mille. Or les tests furent positifs : Ingo faisait de telles

1. Charles Tart : « A psychophysiological study of out of the body experience in a selected subject », *in Journal of the American Society for Psychical Research*, 1968. Sur les progrès de la recherche en parapsychologie, lire l'ouvrage du physicien Russell Targ et du psychologue Keith Harary, *L'Énergie de l'esprit* (Flammarion, 1985), où ils font état des expériences menées au Stanford Research Institute, en Californie, sur la vision à distance, la télépathie et la prémonition.

descriptions que seule l'hypothèse d'une « excursion psychique » pouvait être retenue[1].

D'autres expériences sont en cours pour démontrer que le « double » d'un sujet psi se déplacerait en effet dans une pièce fermée voisine[2]. Si ces expériences aboutissent à montrer que ces sujets peuvent dissocier leur esprit (ou leur corps) et se trouver en deux endroits à la fois, la réalité de la projection astrale, du dédoublement, serait certaine. Mais, surtout, cela étayerait la théorie de la survie selon laquelle quelque chose quitte le corps au moment de la mort et survit au mourant. Pour l'instant, on est obligé de reconnaître que les recherches se poursuivent sans pouvoir démontrer la réalité de ce « double ».

Citons encore les expériences sous hypnose de Zdenek Rejdak, célèbre parapsychologue tchèque. Il demande par exemple à un sujet sous hypnose de subir une expérience hors du corps et, à cet effet, de fixer son attention sur un récipient plein d'eau situé dans la pièce voisine. Le sujet est relié, pour indiquer son activité musculaire, à un électromyographe. Quand le sujet fait savoir par interphone qu'il perçoit la présence du récipient d'eau, les expérimentateurs plongent un pic à glace dans cette eau. Résultat observé : tout le corps du sujet se contracte comme s'il avait été touché.

1. Ingo Swann s'est aussi livré à des « visions à distance » réussies à bord d'un sous-marin. L'expérience avait pour but de montrer que sous l'eau (qui fait barrage), les ondes de basse fréquence sont arrêtées, la fonction psi agit tout de même, ce qui a pour conséquence de dire que la fonction psi n'est pas acheminée par des ondes de basse fréquence (contrairement à ce que Kogan en U.R.S.S. ou Pershinger au Canada ont tenté de démontrer : l'information psi serait véhiculée par une onde électromagnétique longue et de très basse fréquence).

2. Celles, par exemple, du Dr Robert Morris : *An Experimental Approach to the Survival Problem*, 1971.

C'est à la conférence sur la recherche psycho-
tronique de São Paulo, en 1979, que Russel Targ eut
connaissance de ces expériences qu'il relate dans
son ouvrage *L'Énergie de l'esprit*.

Le biologiste Lyall Watson, quant à lui, exprime
l'opinion suivante : « La projection astrale n'exige
qu'un seul article de foi : croire que nous sommes
deux en un : qu'il y a donc le système somatique et
un autre, que ce second système est habituellement
rattaché au corps mais qu'il a la possibilité de le
quitter dans certaines circonstances, de sorte qu'il
peut arriver que nous soyons parfois véritablement
en deux endroits à la fois. »

Évidemment, pour ceux qui sont familiers de ces
sorties hors du corps, la réalité du corps astral est
amplement prouvée. Le Dr Watson reconnaît que
ses propres tentatives accréditent cette idée mais
qu'il n'a pas pu démontrer de manière irréfutable
l'existence de ce second système. Et comme il est
biologiste, il a recherché dans les sciences naturelles
ce qui pourrait s'apparenter à ce double astral.

« Il y a, de fait, beaucoup de choses qui viennent
étayer cette hypothèse », dit-il.

Les travaux de Burr ont prouvé sans le moindre
doute possible que les animaux, les plantes et
l'homme possèdent un champ électrique mesurable,
qu'on pourrait appeler *champ vital*, et que ce champ
se sépare de sa source au moment de la mort (mais
ces mesures n'ont pas été tentées sur l'homme au
moment de la mort clinique) : « Les émanations
des organismes vivants ne sont pas forcément
toutes électromagnétiques, mais il semble qu'elles
obéissent aux mêmes lois fondamentales et qu'il n'y
a rien en elles qui interdise la séparation dans
l'espace d'un corps et de son champ. »

Si donc on postule que le corps astral, le double, est un système énergétique capable d'émettre des ondes électromagnétiques, par exemple, rien ne s'oppose à ce que ce double se sépare de sa source, le corps physique, et poursuive une existence indépendante. Mais cela reste une hypothèse. D'autant que le corps astral ne peut être rigoureusement assimilé au champ vital puisque ce dernier n'est pas immortel quand il est séparé de sa source (il y a un moment où ce champ n'émet plus aucune onde) alors que le corps astral est censé vivre indéfiniment après la séparation. Cependant, il faut noter qu'un corps cliniquement mort est encore vivant biologiquement. Des expériences à Leningrad avec un appareil de Burr pour mesurer les champs magnétiques ont prouvé qu'un corps mort émet des signaux même si les ondes cérébrales ont cessé. Il y a même un cas rapporté par Ostrander et Schroeder (dans *Fantastiques Recherches parapsychologiques en U.R.S.S.*) dans lequel les signaux émis après la mort clinique ont été plus forts que ceux émis par le corps vivant.

L'aura et ses tribulations

Fréquemment, certains font appel à la notion d'aura pour démontrer que le corps est entouré d'un autre corps-énergie, sorte d'enveloppe énergétique qui aurait une vie propre. On le décrit comme une émanation colorée, style nuage, qui aurait grossièrement la forme du corps et s'étendrait autour de lui en des rayons éloignés du corps physique de un centimètre ou de un mètre de distance, selon les cas.

Les médiums, par ailleurs, disent que les mourants sont entourés d'une sorte de brouillard qui quitterait le corps au moment de la mort et se tiendrait au-dessus de lui horizontalement avant de se dissiper et décrivent l'aura humaine comme une forme ovoïde régulière composée d'une couche externe floue et d'une couche interne brillante *.

Cette notion commence à être étudiée plus scientifiquement. On le sait, ce sont les travaux des époux Kirlian, Semyon et Valentina, qui, dès 1939, ont fait avancer les tests à propos de l'aura en mettant au point un appareil capable de créer un champ électromagnétique à haute fréquence. Avec celui-ci, les Kirlian ont pu photographier les décharges électriques émises par les animaux, les plantes et le corps humain. Ces auras sont d'ailleurs très changeantes et l'« effet Kirlian », comme on l'appelle, est très controversé. Les savants soviétiques ont donné à l'aura le nom de « corps de plasma biologique » ou bio-plasma. Le plasma est un gaz dont tous les électrons ont été chassés des noyaux de ses atomes à cause d'une très forte température, comme dans le soleil. Mais les expériences d'Adamenko sont, elles aussi, fort controversées.

Elles tendent à montrer que ces électrons pourraient être émis de façon identique par un corps à la température habituelle de la matière vivante. Adamenko a coupé une feuille d'arbre et l'a photographiée : le cliché montrait la feuille entière avec contours et nervures ; la partie « fantôme », bien visible sur la photo, ne peut apparaître que s'il existe un champ d'énergie continu.

Deux Américains, Th. Moss et K. Johnson, ont créé un appareil à haut voltage capable de photographier le « champ de rayonnement » d'un corps. Ils ont photographié plus de cinq cents personnes et tous les paramètres ont été différents (fréquence, voltage, etc.) comme si chaque individu possédait un champ de rayonnement unique et reconnaissable et, de plus, variable en fonction du temps et de l'humeur du jour. Ils ont aussi photographié des sujets en état de relaxation : ces sujets produisaient des différences d'intensité lumineuse selon les exercices qu'ils pratiquaient. La marijuana, elle aussi, provoque une accentuation du halo lumineux.

Un traitement par acupuncture modifie également l'intensité lumineuse.

Douglas Dean a, de son côté, construit un appareil photographique comportant une plaque de cuivre capable de produire des ondes de 40 000 volts. Lorsque la guérisseuse Ethel De Loach appuya ses doigts sur la plaque, il se produisit une poussière de petits filaments couleur lilas irradiant à un cm de la pulpe des doigts. Mais lorsqu'elle se livra à une guérison sur un kyste et qu'on photographia ses doigts juste après, les petits filaments étaient dressés tout droits et éloignés de la peau. De plus, chose étonnante, une couronne de flammes rouge vif flamboyait autour des doigts. Ces photos semblent constituer des preuves du transfert d'énergie de la guérisseuse vers le patient (qui d'ailleurs fut guéri de son kyste).

Tous ces travaux attestent d'une réalité incontestable : le corps engendre une énergie qui

est rendue visible par une décharge électrique à
haute fréquence. Il émet un rayonnement sur une
longueur d'onde extérieure à la vision normale.

Mais de quelle énergie s'agit-il ?

Le corps émet des énergies calorifique, mécanique, de différences de potentiel, mais aucune
n'est à elle seule à l'origine de l'aura.

Un autre chercheur de Stanford en Californie,
William Tiller, estime que nous avons assez de
preuves maintenant pour affirmer que l'organisme somatique (le corps) est doublé d'au moins
un autre système **. Il donne le nom
d'« ensemble humain » à cette combinaison
et estime pour sa part que la théosophie de
Mme Blavatsky a fourni la meilleure explication
philosophique de cette idée. (Voir les sept niveaux
de l'existence selon les théosophes.)

* R. Crookal a noté tout cela dans ses observations sur la projec-
tion astrale et notamment dans : The Study and Practice of
Astral Projection, 1961, et The Techniques of Astral Projec-
tion, 1964.
** Consciouness, Radiation and the Developing Sensory
System, dans les comptes rendus des recherches de l'université de
Stanford (1972).

L'énergie lumineuse, support de la survie ?

Cette étude des témoignages et des expériences
sur l'état hors du corps nous a conduits à des
réflexions qui laissent une large ouverture à l'hypothèse de l'après-vie.

Le corps humain semble bien entouré d'un autre
corps fait d'énergie. Bien entendu, les expéri-

mentations pour en démontrer la réalité se poursuivront mais, d'ores et déjà, l'hypothèse de l'existence de ce second système est plus que probable; ce second système est exploré à la fois par les scientifiques et par les sujets doués de cette faculté d'extériorisation de la conscience. Et les résultats sont concordants. Ainsi l'être humain posséderait-il une copie invisible de lui-même, non perceptible par nos sens habituels mais expérimentable dans des états de conscience différents.

Si la conscience possède en effet cette extraordinaire faculté de se détacher de l'enveloppe charnelle, alors l'hypothèse qu'elle puisse survivre à la destruction du corps n'est plus à exclure. Elle peut, abandonnant le corps à la décomposition, poursuivre son cheminement propre. Mais cette conscience, pour assurer sa survie, a elle aussi besoin d'un support matériel qui serait, en l'occurrence, une forme d'énergie dont la nature reste à déterminer.

Il faut encore admettre que tous ces niveaux énergétiques dans lesquels fonctionnent le mental et le psychisme sont encore très peu explorés, ne serait-ce que parce que l'outillage pour les approcher n'est pas assez fin.

On peut, avec une attention bienveillante, se mettre à l'écoute des hypothèses et des découvertes d'un chercheur comme Étienne Guillé[1], qui, sans nul doute, dans les dix prochaines années, ouvrira

1. Étienne Guillé, agrégé de mathématiques et docteur ès sciences, étudie le mécanisme du cancer végétal, animal et humain au département de biologie moléculaire d'Orsay et à l'Institut Curie. Il enseigne à Orsay et à Bruxelles. Il propose un nouveau mode de lecture de l'information génétique et ses recherches portent essentiellement sur la molécule A.D.N. Il a expliqué pour le grand public sa théorie dans *L'Alchimie de la vie* (éd. du Rocher, 1984).

des perspectives fabuleuses sur les différents niveaux énergétiques de la vie.

« L'organisme vivant agit comme un collecteur et un émetteur d'ondes, dit Guillé. Il y a des " supports vibratoires " qui sont récepteurs d'une " énergie vibratoire " spécifique. À l'échelle matérielle, ce support vibratoire peut être une molécule aussi simple que la molécule d'eau. À l'échelle énergétique, une gamme de vibrations que nous pouvons caractériser par leur direction, leur fréquence, leur amplitude, met en action et " anime " les supports vibratoires. »

La vie est alors envisagée comme un échange incessant d'énergies vibratoires par des supports vibratoires. Alors, les oppositions classiques visible/invisible, rationnel/irrationnel, conscient/inconscient, deviennent de vieux clichés... Alors, la vie ne cesse pas car l'énergie ne peut mourir...

Et s'il est vrai que la part de nous qui survit sera de forme énergétique, alors cela pourrait expliquer l'apparition d'« êtres de lumière » aux mourants. Car qu'est-ce que la lumière si ce n'est une énergie ?

Survivrons-nous sous forme d'énergie lumineuse ? Évidemment, nul ne peut répondre à cette question, mais il est à noter que la lumière accompagne tous les phénomènes dits de « l'autre monde » et que tous les mystiques la mentionnent, l'homme nouveau, l'homme re-né, ressuscité, aura un corps de gloire, et il sera lumineux...

Mais pour que notre après-vie nous concerne vraiment, il ne nous suffit pas de croire que nous survivrons sous forme d'énergie lumineuse... Encore faut-il que notre individualité, notre personnalité, soit inscrite quelque part dans ce support énergétique.

Un au-delà superlumineux

Régis Dutheil, membre de la fondation Louis-de-Broglie, est professeur de physique et de biophysique à la faculté de médecine de Poitiers, et également docteur en médecine. Ses travaux de physique fondamentale l'ont mené à construire un modèle d'univers complémentaire au nôtre qui bouleverse nos notions actuelles de vie et de mort. Il a publié – avec sa fille Brigitte, spécialisée dans l'étude des problèmes philosophiques liés à la mort et à la conscience – deux ouvrages sur cet univers superlumineux[1].

Depuis la découverte de la théorie de la relativité par Einstein, on pensait que derrière le mur de la lumière infranchissable il n'y avait rien. Seuls, les auteurs de science-fiction se permettaient de franchir ce mur derrière lequel un corps pourrait se déplacer plus vite que la lumière, soit 300 000 kilomètres par seconde. Mais dès les années soixante, certains physiciens osèrent imaginer qu'on pouvait dépasser ce mur comme on avait déjà dépassé le mur du son, réputé autrefois comme infranchissable.

En 1992, des physiciens allemands de l'université de Cologne ont pu démontrer expérimentalement l'existence de particules qui évoluaient à des vitesses superlumineuses en transportant de l'énergie. Des physiciens américains devaient confirmer les résultats des Allemands.

Pour le professeur Dutheil, au-delà de ce mur de lumière, se trouverait ce que nous appelons l'au-delà, et qu'il a baptisé l'« univers superlumineux ».

---

1. *L'Homme superlumineux*, 1990, et *La Médecine superlumineuse*, 1992 (éd. Sand).

C'est ce mur de lumière que traverseraient les mourants en accédant à un réseau d'informations où tous les événements de la vie seraient appréhendés en même temps. Cela expliquerait l'impression, souvent rapportée, de la vie revue en quelques secondes, par ceux qui ont approché la mort. Notre cerveau, en effet, capterait une partie des informations contenues dans la conscience superlumineuse.

Chacun d'entre nous porterait en lui une parcelle de l'univers superlumineux représentant la conscience totale, c'est-à-dire l'univers fondamental. Ainsi, notre univers quotidien ne serait qu'une projection, un reflet de l'autre univers. Nous retrouvons là le monde holographique décrit par Karl Pribram ou le monde de l'ordre implié et déplié de David Bohm.

La conscience devrait donc subsister après la mort d'un être humain. Il ne s'agirait pas là de survie mais du simple retour à la réalité fondamentale de l'être. Étant donné les différences essentielles existant entre le temps superlumineux, « un temps hors du temps », et le temps sous-lumineux qui « s'écoule » d'une manière illusoire, on peut dire sans paradoxe que du point de vue superlumineux un être humain « en vie » est déjà mort.

La mort ne serait donc que le transfert de la conscience sous-lumineuse à la conscience globale superlumineuse. Du point de vue physique, cette évolution n'est rien d'autre que le passage du mur de lumière. Ainsi, la mort ne serait qu'un déplacement et un élargissement de la conscience.

La thèse du professeur Dutheil éclairerait d'un jour nouveau la théorie de la réincarnation. Étant superlumineux, l'espace-temps de la conscience ne serait pas soumis à l'écoulement temporel :

passé, présent et futur y coexistent simultanément. N'importe quel événement, quelle que soit sa date, serait instantanément accessible à la conscience totale superlumineuse. En se projetant dans notre univers sous-lumineux, les événements, filtrés et organisés en séquences causales liées à l'écoulement du temps, nous donneraient l'impression qu'il existe un passé, un présent et un futur. Dans ces conditions, rien ne s'opposerait à ce que coexistent, au niveau de la conscience superlumineuse, des informations relatives à plusieurs existences sous-lumineuses, par exemple en Grèce au IVe siècle avant J.-C., en Orient au VIIe siècle, en France au Moyen Âge, en Italie sous la Renaissance et au... XXIIe siècle aux États-Unis. La même conscience demeurerait liée à toutes les existences, passées ou futures, qui ne seraient qu'un ensemble d'informations actualisées à un moment donné.

On peut, de cette manière, comprendre certains cas de perception de « vies antérieures » chez des sujets, très jeunes. Le système de filtre entre la conscience superlumineuse et le cortex n'étant pas encore tout à fait formé, il y aurait interférences entre des vies simultanées. D'où l'impression d'avoir déjà vécu à une autre époque dans un autre corps.

Cette manière d'interpréter la réincarnation est partagée par d'autres physiciens.

L'état de pré-mort

Un accident foudroyant : une hémorragie due à une grossesse extra-utérine. Mireille, qui attendait cet enfant avec tant de bonheur, fait une fausse couche avec de telles complications que sa vie est en danger. Dans l'ambulance qui la conduit, elle se sent partir en arrière, lourdement. À l'hôpital, elle se rend compte qu'on la déshabille, qu'elle ne garde plus sur elle qu'une médaille de la Vierge, à son cou, tandis qu'elle entend le bruit d'un aspirateur. Quand on l'opère sous anesthésie [1], elle se souvient que quelqu'un lui tripote le bras. Mais elle flotte dans une atmosphère inconsistante comme du coton. Une seule couleur domine : un bleu éminemment lumineux. Elle a chaud, elle est réconfortée, dans un bonheur parfait. Puis elle ressent des picotements à la tête et c'est fini. Elle sombre dans le

---

1. La perte de conscience sous anesthésie générale est souvent considérée comme une préfiguration de la mort. Le Dr Grof a mentionné à ce sujet quelques observations que je résume ici : « Lors d'une anesthésie dissociative provoquée par la kétamine, les patients traversent une série d'états de conscience modifiés indiscernables pour un observateur extérieur. Les opérations réalisées dans ces conditions sont possibles non parce que la conscience est éteinte, mais parce qu'elle est rigoureusement détournée. » Des sujets sous L.S.D. ou sous hypnose peuvent revivre toutes les sensations d'opérations réalisées sous anesthésie profonde. Or l'expérience de la mort est un processus aussi complexe que ces expériences-là.

coma [1]. Les fonctions vitales commencent à se ralentir les unes après les autres. Mais alors que son état
semble désespéré, elle est réanimée.

Au bord de la mort

Revenue de cette « mort apparente », Mireille se
souvient : dans cette ambiance bleue, elle a vu des
cercles successifs emboîtés du plus grand vers le
plus petit, formant comme un *tunnel*. Le premier
cercle, le plus grand, celui du début, était bleu
marine ; le dernier, réduit à un *point blanc lumineux*. Une foule attendait là. Sur la droite de ce tunnel en cercle planait *un être dans une bulle*, une sorte
d'œuf transparent. Était-ce un fœtus ? Un adulte ?
Elle ne saurait le dire. Elle s'enfonçait toujours plus
avant dans le tunnel. Elle voulait à tout prix
rejoindre cette forme qui lui échappait, mais la foule
semblait la repousser vers l'entrée, en dehors des
cercles. En spectateur, à l'entrée, elle voyait une silhouette d'elle-même, comme si elle s'était dissociée.

1. Le coma, faut-il le rappeler, n'est pas la mort. Médicalement parlant, le coma désigne la suppression de la conscience et des relations
avec le monde extérieur. Le coma est la conséquence d'une lésion de
cellules cérébrales. On distingue plusieurs stades de coma :
   Stade 1 : simple altération de la conscience avec ou sans troubles
psychiques ;
   Stade 2 : persistance de certaines réactions notamment des réflexes
des membres, de la cornée et de la pupille ;
   Stade 3 : disparition des réactions aux stimuli, absence de réflexes ;
   Stade 4 : disparition de la respiration, pupille dilatée, tension im-
prenable, « mort apparente » (avec battements cardiaques).
   La jeune Karen Quinlan a pu survivre neuf ans dans un coma. Ses
parents avaient obtenu de la Cour suprême des États-Unis, en 1976,
que les médecins débranchent le respirateur artificiel qui la maintenait en vie. Mais quand la jeune fille fut délivrée du tube d'oxygène
qui la maintenait en vie, et contrairement aux prédictions médicales,
Karen a poursuivi une vie végétative, alimentée artificiellement. Elle
a ainsi vécu neuf ans pour s'éteindre le jeudi 13 juin 1985.

De ces deux êtres, son « double » était le plus lumineux. Soudain, avant de s'engager définitivement dans ce tunnel, elle se remémora que son mari avait vraiment *besoin d'elle* et, par un grand effort, *elle décida de « revenir » à la vie.*

Cette épreuve a convaincu Mireille de la survie.

« Maintenant, me dit-elle, je sais qu'il y a une autre façon de vivre et j'ai dû faire un grand effort pour ne pas me laisser " tenter " ; j'avais l'impression que cette après-vie serait plus douce pour moi. »

La mort est une autre naissance

Le docteur Élisabeth Kubler-Ross a été le premier médecin à accompagner les malades en phase terminale et à étudier les états proches de la mort. Ce médecin suisse, qui vit aux États-Unis, fait autorité en la matière, et ses nombreux ouvrages[1] sont des références pour les médecins et infirmières du monde entier. Sans doute y a-t-il dans le monde peu de scientifiques ayant reçu autant de titres de docteur *honoris causa*... Elle a passé des centaines d'heures au chevet des mourants et a noté et comparé leurs comportements. Elle a animé des séminaires aussi bien aux États-Unis qu'en Europe ou en Asie, multiplié les conférences sur la mort et l'instant qui la précède. Elle déclare volontiers : « L'instant de la mort est une expérience unique, belle, libératrice, que l'on vit sans peur ni détresse lorsque l'on sait sur quoi elle débouche. » Pour cette

1. Ouvrages d'Élisabeth Kubler-Ross : *La Mort, dernière étape de la croissance; La Mort et l'Enfant; La Mort et les Mourants : La Mort, porte de la vie; Vivre avec la mort et les mourants; La mort est un nouveau soleil* (éd. du Rocher).

femme exceptionnelle, « la mort n'est qu'un passage dans une autre forme d'une autre vie sur une autre fréquence ». Ses croyances sont fondées sur le fait que la vie n'est pas, comme la science matérialiste le prétend, limitée à une seule vie. Notre vie terrestre serait plutôt une minuscule partie d'une existence individuelle globale qui va bien au-delà de notre vie ici-bas.

Avec l'aide de son équipe, elle a étudié vingt mille cas d'expériences proches de la mort. Selon elle, l'expérience de la mort serait presque identique à celle de la naissance : la larve qui quitte son cocon pour devenir un papillon... Le cocon et sa larve sont le corps humain passager, qui vont libérer le papillon, c'est-à-dire l'âme. Et c'est ce papillon avec une perception nouvelle qui verra tout ce qui se passe dans la chambre ou le lieu de l'accident où est resté le corps.

Pour prouver qu'il ne s'agit en aucun cas de « visions », le docteur Kubler-Ross a entrepris des recherches avec des aveugles qui n'avaient plus eu de perception lumineuse depuis au moins dix ans. Ces aveugles, revenus d'une expérience extra-corporelle, pouvaient dire dans les moindres détails quelles couleurs portaient les gens autour d'eux, quel était le dessin de leurs vêtements, de leurs cravates, de leurs bijoux. Il ne peut donc être question d'hallucinations.

Pour recevoir les malades en phase terminale, elle a créé un centre à Escondido, en Californie, qu'elle a baptisé *Shanti Nilaya*, ce qui signifie en sanscrit « havre de paix », ce lieu d'amour où chacun est accepté sans être jugé. Il existe également des centres en Californie, au Brésil, au Japon et en Australie. Les malades comme les thérapeutes y apprennent à donner à la mort une dimension familière et ne la redoutent plus. Les malades sont accompagnés jusqu'à leur dernier souffle, comme lors d'un voyage, et jusqu'à leur arrivée ultime.

Depuis quelques années, le docteur Kubler-Ross estime que son travail auprès des mourants est terminé puisque d'autres sont à présent en mesure de le poursuivre. Elle pense que sa tâche actuelle est d'informer l'humanité que la mort n'existe pas, et qu'il ne faut plus avoir peur.

Les étapes du voyage vers l'au-delà

Étudions maintenant les récits de ceux qui ont vécu cette « mort temporaire », récits rapportés par le Dr Moody [1], et les descriptions faites par ces mourants-revenus-à-la-vie de leur excursion dans l'au-delà. Les rapprochements de ces récits ont conduit le Dr Moody a établir un *scénario type*; il précise avec insistance qu'il y a des diversités en même temps que de frappantes similitudes, mais que deux récits ne sont jamais absolument identiques.

Certaines expériences du « voyage vers l'au-delà » sont même vécues très difficilement. Les chercheurs

---

1. Les ouvrages du Dr Moody offrent un inconvénient qu'il convient de souligner : ils laissent supposer qu'au moment de l'agonie tout le monde vit une expérience « transcendante », ce qui n'est pas le cas. Par ailleurs, ils placent au même niveau tous les stades de cette expérience sans donner de statistiques ni de pourcentage. En regardant de près le scénario type établi par le Dr Moody de l'expérience des agonisants, on décèle que chaque stade n'est pas vécu dans les mêmes proportions par tous les individus. C'est pourquoi j'engage vivement les lecteurs à approfondir les livres du Dr Moody en prenant connaissance de celui du Dr Ring qui étudie en outre si les causes de l'agonie, les raisons de la mort, modifient les récits de ces expériences.

américains les ont dénommées N.D.E. négatives.
Elles proviennent généralement de personnes voulant s'accrocher à leur illusion du réel, conserver la
maîtrise de la situation. Le livre de Lyne Léon, *Ma
mort et puis après*, bouleversant témoignage de la
« mort temporaire » d'une accidentée de la route et
de son nouvel apprentissage à la vie, illustre de
manière significative de tels cas qui sont assez
rares [1].

Voici, en résumé, les différentes étapes du scénario type. Nous reprendrons en détail chacun de ces
stades :

— impression subjective d'être mort,
— audition d'un bruit désagréable et entrée dans
   une région obscure (tunnel),
— dédoublement du corps physique (extracorporéité),
— rencontre d'un être décédé,
— audition d'une voix et apparition d'un être de
   lumière,
— défilé panoramique de la vie,
— sensation de se heurter à une barrière,
— refus ou non-désir de revenir en arrière et
   entrée dans la lumière,
— décision du retour en arrière vers la vie,
— modifications fondamentales du comportement.

Rappelons que le Dr Moody a étudié environ cent
cinquante cas et qu'il a classé ces expériences de
pré-mort en trois catégories principales :
— celles qui sont vécues par des personnes décla-
   rées mortes cliniquement et réanimées,

---

1. Lyne Léon, *Ma mort et puis après* (Philippe Lebaud Éditeur).

— celles qui sont vécues par des blessés ou accidentés graves qui ont vu la mort de près,
— celles qui sont vécues par des mourants et agonisants encore capables de raconter ce qu'ils éprouvent.

L'impression d'être mort

Le malade entend le personnel médical déclarer : « Il est en train de mourir. » Précisons que l'ouïe est le dernier des cinq sens à disparaître. L'odorat, le goût, le toucher disparaissent totalement tandis que la vue s'efface progressivement. Lorsque l'on cherche, pour établir le diagnostic de la mort formelle, à tester les réactions nerveuses, le dernier nerf qui meurt est le nerf auditif. À l'inverse, quand la personne est réanimée, la première manifestation de sa réanimation est le réveil auditif. « Ce n'est certainement pas un hasard, affirme le Dr Larcher, secrétaire de l'Institut métapsychique international. La mort a ses processus comme la naissance. Ces processus évoluent dans un ordre donné. Cet ordre a une énorme importance. D'où, d'ailleurs, le rôle de l'audition dans la liturgie des morts, de la conclamation pour essayer de les réveiller et des prières dites à haute voix pour le cas où ils pourraient encore entendre, alors que toutes les autres fonctions sont arrêtées. » À la mort du pape, par exemple, on prononce son nom trois fois pour être sûr qu'il n'est pas en extase mais bien mort.

La tradition shivaïte[1] considère que l'activité centrale de l'être humain, Vyâna, qui contrôle les

1. J'emprunte ces éléments aux livres d'Alain Daniélou consacré à la religion shivaïte, religion primitive de l'Inde dravidienne avant l'arrivée des Aryens : *La Fantaisie des dieux et l'Aventure humaine* (éd. du Rocher, 1984).

cinq sens, est la dernière des fonctions vitales à disparaître au moment de la mort. C'est elle qui permet à certains processus spécialisés comme la croissance des ongles ou des cheveux de se continuer. Elle permet également le succès des transferts d'organes ainsi que la résurrection des cadavres par le yogi qui prend possession du Vyâna. Cette activité vitale, qui régit l'ensemble des fonctions des différents organes, subsiste un certain temps après la mort apparente. Sans doute est-ce à cause de cette croyance (due à l'observation) que toutes les religions enterrent ou incinèrent le cadavre seulement deux ou trois jours après la mort déclarée.

Des gens déclarés morts peuvent donc entendre. L'un des rescapés cités par Moody affirme : « Tout était clair ; j'entendais clairement parce que tout était devenu silencieux. J'avais l'impression que j'aurais pu entendre tomber une épingle. »

Le bruit et le tunnel

Un bruit désagréable se fait entendre, une sorte de bourdonnement, de mugissement du vent ou de sonnerie. Le Dr Ring, qui a approfondi d'une manière extrêmement scientifique les observations de Moody, précise toutefois que ses données à lui n'ont pas confirmé ces phénomènes auditifs. Ceux-ci semblent donc moins fréquents que ne le suggère Moody.

L'aspirateur entendu par Mireille à l'hôpital relevait sans doute de ce genre de bruit.

Et en même temps, l'agonisant a *l'impression de traverser un long couloir ou un tunnel obscur.*

Cette sensation est rapportée par environ 23 % des rescapés interrogés par le Dr Ring. Il convient d'ailleurs d'apporter des nuances à cette vision du tunnel. Les mots varient dans des termes similaires : tuyau, canalisation, entonnoir, etc.

Ce qui semble commun à tous les agonisants, c'est la sensation d'entrer dans un endroit obscur. « C'était un énorme tonneau dans lequel il faisait noir. Je me suis fait cette réflexion : il est dit dans la Bible que nous avançons dans un tunnel obscur avant d'atteindre la lumière. Je me suis dit : " Quand vais-je atteindre la lumière ?... " J'étais morte. On aurait dit qu'il n'y avait pas de lumière », raconte une femme qui a frôlé la mort au cours d'une opération à cœur ouvert.

Une jeune fille qui a failli mourir d'une crise d'asthme a déclaré : « Quand je dis tunnel, la seule chose qui me vienne à l'esprit ce sont ces grosses canalisations qu'on met dans les égouts. C'était d'une espèce de couleur blanchâtre... j'étais étendue sur le dos et je flottais[1]. »

Cette entrée dans l'obscurité est souvent dépeinte comme une immensité noire, infinie : « C'était tout à fait comme le vide, le néant, et c'est tellement paisible qu'on ne voudrait pas que ça s'arrête. C'est une obscurité totale, on n'a plus ni sensation ni émotion », raconte une femme qui fut « emportée » par une embolie quelques minutes après un accouchement.

Dans de nombreuses cultures, cette entrée dans « le royaume des morts » était représentée de façon symbolique par un cratère de volcan, un trou dans la terre, une crevasse dans la montagne ou même la gueule béante d'un monstre gigantesque (Léviathan, baleine, dragon, etc).

---

1. Le Dr Ring qui rapporte ce témoignage fait à juste titre remarquer que *Le Livre des morts tibétain* dit que dans les états de l'après-vie, le défunt est entouré d'une terne lueur blanche. Or cette jeune femme interrogée ne connaissait pas ce livre.

Remarquons aussi que Mireille voit des cercles :
Dante ne décrit-il pas sa descente aux enfers comme
un voyage dans des cercles interminables ? Il est
intéressant de comparer cette traversée du tunnel
au « voyage » que raconte Timarque de Chéronée,
personnage inventé par Plutarque [1] : dans une grotte
à Lébadée, sur la route de Delphes, où l'on pouvait
consulter l'oracle, Timarque tombe en catalepsie. À
peine descendu dans l'antre (les pieds en avant suivant le rite, comme un mort), il lui semble recevoir
un coup sur la tête accompagné d'un bruit assour-
dissant. Les sutures de son crâne se sont alors dis-
jointes pour livrer passage à son âme. Puis son âme,
libérée du corps, se déploie jusqu'à devenir grande
comme une voile, entend des musiques célestes, distingue la géographie du ciel et du monde d'en bas ;
une voix sans corps l'interpelle, lui pose des questions, etc.

N'y a-t-il pas dans cet antique récit tous les éléments des visions rapportées par ceux qui ont frôlé
la mort ?

Le dédoublement

Soudain, il se retrouve hors de son corps physique mais sans perdre contact avec l'environnement. Il observe à distance son propre corps et les
tentatives de réanimation dont il est l'objet. Sa
« conscience » est donc détachée de son corps physique, qui ne lui apparaît plus que comme une
enveloppe-cadavre.

Les observations du Dr Ring tendent à montrer
que 37 % des rescapés interrogés connaissent cette
sensation d'extracorporéité et qu'ils la vivent en

---

1. Pour mieux comprendre les conceptions de Plutarque, on se
reportera au chapitre « Ce que proposent les religions ».

général avec une sensation de bien-être accompagnée d'une exacerbation des sens de l'ouïe et de la vue, dans une ambiance baignée de lumière.

Une femme qui a eu un arrêt du cœur a décrit cette sensation ainsi : « Je me trouvais au-dessus. Je ne sais pas au-dessus de quoi, mais j'étais en l'air comme si je n'avais plus eu de corps ! J'étais... (elle hésite) mais c'était moi. Pas un corps, mais moi ! Vous comprenez ce que je veux dire : " c'était un moi intérieur ". Le véritable moi se trouvait en l'air, pas celui-ci (elle désigne son corps physique). »

Comparons cette sensation en état de pré-mort clinique au récit des sorties du corps de Jeanne Guesné (au chapitre précédent) et nous ferons sans mal des rapprochements évidents.

Les sujets en état de mort clinique ont pu observer leur corps physique de haut, d'un point de conscience extérieur à leur corps. Cette position élevée est typique des expériences d'extracorporéité.

Autre trait caractéristique : l'impression d'un détachement d'observateur. Le « moi » conscient du haut observe le corps resté en bas, sans peur.

Une jeune femme qui faillit mourir à la suite d'une erreur au cours d'une intervention chirurgicale le dit : « J'étais totalement objective, simplement spectatrice. Je ne faisais qu'observer ce qui se passait en le comprenant... » Ont-ils eu l'impression d'avoir « un autre corps » ? Non.

Quand le Dr Ring leur posait cette question, les patients répondaient généralement qu'ils avaient l'impression d'exister en esprit. Seuls quelques-uns ont eu la sensation d'un second corps.

Celui-ci, selon les témoignages recueillis par le Dr Ring, n'est pas relié par une corde d'argent au corps matériel. Mais l'existence d'un tel lien est mentionnée par d'autres récits d'extracorporéité.

La rencontre

Le mourant a la vision d'un être qui vient à sa rencontre. On veut lui venir en aide et lui permettre de passer au mieux de l'autre côté : c'est ce qu'il ressent fortement. Ce sont des parents ou des amis décédés avant lui qui viennent ainsi le chercher[1].

Le Dr Karlis Osis, assisté du Dr Haraldsson, s'est particulièrement penché sur ce point précis : les visions précédant la mort. Ils ont mené la première enquête véritablement sérieuse en recueillant des centaines de témoignages de mourants, en Inde et aux États-Unis.

Les questions qu'ils se posaient étaient les suivantes : les mourants affirment voir une apparition : quelle en est la nature ? Est-elle assimilable à une hallucination ? Dans quelle mesure ces apparitions accréditent-elles l'hypothèse de la survie et la réalité d'un autre monde ?

C'est leur ouvrage en entier – *Ce qu'ils ont vu au seuil de la mort*[2] – qu'il faut lire et que je résume ici.

1re constatation : les deux tiers des apparitions aux mourants mettent en scène des personnes décédées (alors que les hallucinations chez des sujets non agonisants mettent en scène des personnes vivantes) ;

2e constatation : l'apparition manifeste une volonté d'emporter le mourant dans l'autre monde, dans 50 % des cas, surtout si c'est une figure religieuse

---

1. Les premières études mentionnant cette apparition d'un parent décédé ont été faites par William Barret en 1926 et Harnel Hart en 1929. Il est fréquent que cette apparition soit appelée par les mourants « fantômes ». Le Dr Ring précise par ailleurs que, selon ses observations, soit le mourant rencontre un être cher disparu, soit il rencontre « un être de lumière » assimilable à Dieu, mais jamais les deux à la fois.
2. Aux Éditions du Rocher et Québec Amérique, 1982.

(aucune hallucination de personne vivante ne manifeste ce désir) ;

3e constatation : dans la plupart des cas (environ 41 %), le mourant accueille son visiteur de l'autre monde avec bonheur et sérénité (alors que dans les hallucinations il n'est pas fait allusion à la mort mais à des sujets très terre à terre) ; chez d'autres mourants, la peur de la mort est telle qu'ils refusent cette visite. Ainsi, une fillette de onze ans souffrant d'une affection cardiaque congénitale voit sa mère, vêtue d'une jolie robe blanche, qui tient dans ses mains une robe semblable qui lui est destinée. La fillette est heureuse et sourit. Elle demande au Dr Osis de la laisser se lever parce que sa mère voulait l'emmener en voyage. La vision de la fillette dure une demi-heure et la laisse dans un état de paix jusqu'à sa mort quatre heures plus tard. Ce qui est curieux, c'est que cette petite fille n'avait jamais connu sa mère, décédée en la mettant au monde. Il ne pouvait donc pas s'agir d'un souvenir affectif. Cependant, il est fréquent que la vision de la mère réconforte les mourants aux derniers instants de leur existence terrestre.

Ces visions avant la mort ont-elles leur source à l'extérieur des patients – ce qui accréditerait l'hypothèse de la survie et prouverait qu'elles sont effectivement des messages de l'autre monde – ou bien, au contraire, sont-elles des projections du monde intérieur du patient ?

Peuvent-elles être causées par des troubles cérébraux (certains troubles d'ordre médical, on le sait, favorisent les hallucinations : forte fièvre, urémie, morphine et calmants, etc.) ? Plus le cerveau sera troublé, plus les visions devraient être confuses et incohérentes. Or les visions d'avant la mort sont cohérentes et en rapport avec la mort du patient. Le Dr Osis a regardé de près les affections des mourants-témoins : ils n'étaient en grande majorité sous l'influence d'aucun de ces facteurs, ni intoxiqués par les médicaments ni atteints de troubles cérébraux.

« Nous tirons l'impression de nos analyses, dit le Dr Osis en conclusion, que les visions n'ont en général que peu de rapport avec les facteurs d'ordre médical, ce qui appuie incontestablement l'hypothèse de la survie. Les facteurs d'ordre médical ne sont pour rien dans la manifestation d'apparitions qui viennent emporter le patient vers un autre monde. »

Peuvent-elles être dépendantes des influences culturelles ? Si les visions mettent en scène des personnages qui peuvent appartenir à la culture générale ou religieuse du patient, alors on a affaire à des phantasmes et non à des visions d'êtres de l'au-delà. Ces phantasmes varieraient avec le système de croyances établi par la société dans laquelle vit le patient. En revanche, si l'au-delà existe, tous les patients quels qu'ils soient, Indiens ou Américains, devraient voir la même chose, à peu de détails près. Or c'est effectivement le cas.

L'acquis culturel, certes, conditionne le comportement humain et il est difficile à évaluer. Cependant, les mourants semblent bien voir quelque chose qui ne leur a jamais été enseigné ou qui était pour eux inattendu.

« L'essentiel des phénomènes vécus par les mourants, conclut le Dr Osis, n'est influencé que dans une faible mesure par les facteurs individuels (âge, sexe, scolarité, appartenance religieuse), nationaux ou culturels. »

Sont-elles des troubles psychologiques liés à un stress ou à un fonctionnement défectueux du cerveau?

On sait que les hallucinations sont souvent des projections des conflits intérieurs, des préoccupations, des besoins, des désirs, des angoisses de l'individu. Si les visions précédant la mort étaient de même nature, elles refléteraient les espoirs, les craintes, les humeurs des mourants. Or ce n'est pas le cas puisque les apparitions manifestent une volonté qui leur est propre et parfois même en contradiction avec celle des patients. Si les mourants s'inventaient des phantasmes sur l'au-delà pour atténuer leur crainte de la mort, ces phantasmes devraient accentuer leur espoir de guérir. Or les apparitions ne sont pas des projections du désir du mourant. De plus, s'il s'agissait de projections de désir, le mourant appellerait à son chevet la personne de son choix. Or les apparitions ne mettent pas en scène les personnes que le sujet a exprimé le désir de voir.

Par ailleurs, le Dr Osis a observé que la plupart des mourants ne souffraient pas de troubles du cerveau, en contradiction avec Edward Clarke qui, dans son étude sur les visions, *A Study of False Sight*, avait conclu que toutes les visions étaient dues à un mauvais fonctionnement du cerveau.

Le Dr Osis peut donc conclure : « L'ensemble de ces éléments cadre très bien avec l'hypothèse selon laquelle les apparitions sont des entités distinctes et non de simples projections issues du cerveau des patients. »

Poursuivons maintenant l'analyse des stades du scénario type de Moody.

L'être de lumière

Soudain, une entité spirituelle se montre au mourant. Un « être de lumière » qui semble l'interroger, d'une voix sans mots.

Le Dr Neal Krupp, directeur du département de psychiatrie de la clinique de Cleveland, m'a raconté l'histoire suivante : un camionneur, broyé sous son camion, déclaré mort cliniquement puis ramené à la vie (homme simple n'ayant pas lu les ouvrages de Moody), se souvenait avoir vu deux êtres lumineux qui l'attendaient dans un tunnel et qui venaient le chercher. À un moment, ces deux entités se sont concertées et il les a entendus dire : « Non, ce n'est pas le moment. » Il a alors été raccompagné par elles à l'entrée du tunnel et est revenu à la vie.

Tout se passe mentalement, mais les descriptions montrent une amplification de la clarté de l'esprit, qui est aiguisé.

Cette voix clairement perçue par l'agonisant est le plus souvent identifiée comme une voix d'homme. Elle n'est jamais identifiée comme la voix de quelqu'un que l'on connaît. Plusieurs personnes l'ont appelée « voix de Dieu » et ont eu l'impression de communiquer avec lui.

Une question se pose alors : les sujets voient-ils le même être lumineux selon qu'ils sont juifs, musulmans, chrétiens ou hindous ? « L'identification de cet être, dit Raymond Moody, varie singulièrement et semble dépendre en grande partie – mais seulement en partie car le Dr Osis, de son côté, a relevé beaucoup d'exceptions – des croyances religieuses de chaque individu. » Par exemple, ceux qui ont été élevés dans la tradition chrétienne verront le Christ. Le plus souvent, d'ailleurs, cet être lumineux est non identifiable et se présente seulement sous la forme d'un homme vêtu de blanc, auréolé de lumière. Les témoins de Jéhovah, qui se réfèrent à la Bible pour remarquer qu'on n'y trouve nulle trace de l'immortalité de l'âme (croyance païenne plato-nicienne, insistent-ils) affirment que Satan est capable, dans ses innombrables mensonges, de se déguiser en cet être de lumière. Les médecins, les psychologues, les scientifiques qui propagent l'idée d'une survie en s'appuyant sur les expériences de pré-mort sont des « instruments de Satan » et de ses ministres. N'oublions pas, nous rappellent les témoins de Jéhovah, que le premier mensonge de Satan à Ève a été : « Assurément, vous ne mourrez pas » (*Genèse*, III).

Parmi les agonisants interrogés, Kenneth Ring a rencontré très peu de personnes ayant eu la vision d'un personnage religieux. Quand ce fut le cas (trois fois sur une vingtaine), le personnage était en effet irradiant de lumière. Une femme en agonie par défaillance respiratoire raconta avoir vu Jésus-Christ : « Je pleurais... Tout à coup, au milieu de mes larmes, j'ai éprouvé une impression étrange et, levant les yeux, j'ai de nouveau vu cette lumière que j'avais aperçue au bout du tunnel. Elle était du même doré vif, jaune. Puis j'ai distingué une sil-houette avec une chevelure blonde et une barbe. Il portait un vêtement blanc qui brillait comme l'or. Il avait une tache rouge ici (en se désignant la poi-trine), portait un calice à la main et m'a dit : " Tu recevras mon corps avant la fin de la semaine. " »

Pour le Dr Ring comme pour tous ses confrères qui ont été confrontés à ces phénomènes, il est évident qu'il ne peut, en aucun cas, être question d'hallucinations, ou de la réalisation de désirs des sujets. De même, toute explication scientifique fondée sur ce que nous savons de la biologie ne répond que partiellement aux questions qui se posent. « La N.D.E. apparaît non seulement comme une authentique expérience psychospirituelle, mais également comme un phénomène qui pose un formidable défi aux opinions mécanistes et matérialistes sur la nature de l'esprit humain. La virulence de ce défi n'est nulle part ailleurs aussi évidente que dans la cohérence des témoignages des " expérienceurs ", notamment dans ce qu'ils semblent être capables de percevoir alors qu'ils se trouvent " sortis hors de leurs corps ". »

Certains cas offrent des preuves tangibles des affirmations des sujets. Ainsi Maria, qui connut une N.D.E. au cours d'une crise cardiaque. Réanimée à l'hôpital, elle raconta à Kimberley Clark, infirmière, qu'elle avait pu voir l'équipe chirurgicale l'opérer. Mais elle ne s'était pas contenté de flotter au plafond, elle avait quitté l'hôpital et son attention avait été attirée par un objet qui se trouvait sur la corniche, au troisième étage de l'aile nord du bâtiment. Elle s'était « pensée là-haut », et quand elle y était « arrivée », elle s'était trouvé nez à nez avec une chaussure de tennis. Maria avait ensuite décrit avec minutie la chaussure. Le petit orteil avait fait un trou et l'un des lacets restait coincé sous le talon. Maria avait supplié Kimberley Clark d'aller voir si cette chaussure était bien là.

Kimberley, effectivement, trouva sur la corniche nord du bâtiment une chaussure de tennis qui ressemblait exactement, dans ses moindres détails, à la description de Maria.

« À l'écoute d'un tel témoignage, on doit d'abord se demander quelle est la probabilité pour qu'une travailleuse saisonnière, séjournant pour la première fois dans une ville donnée, admise en urgence à l'hôpital *la nuit*, en pleine crise cardiaque, ait vu au cours d'hallucinations une chaussure de tennis, à la forme et aux caractéristiques très particulières sur la corniche d'un étage *supérieur* à celui dans lequel elle avait été admise. Les chances d'avoir pu voir un tel objet ne sont même pas mesurables. »

Le défilé de la vie

Le mourant voit alors, en une sorte de vision panoramique, défiler les images de sa vie, à une vitesse vertigineuse (environ un quart des personnes interrogées racontent avoir éprouvé ce phénomène). Comme si la mémoire se « contractait » et parvenait à résumer en quelques secondes toute une existence ou, pour le moins, tous les faits marquants d'une existence.

Tous les récits, surtout ceux des rescapés de chute mortelle, insistent sur le caractère réel de ce défilé de souvenirs : couleurs, espace-temps, mouvements, mais aussi sentiments, sensations, émotions, pensées, etc. Il semble en effet que les chutes et les noyades, encore plus que les accidents, soient susceptibles d'induire ce bilan panoramique de la vie (encore qu'ayant interrogé une jeune femme de mes amies, rescapée d'une noyade, elle m'ait affirmé ne pas avoir eu ce film de vie au moment de couler). Les incidents futiles reviennent parfois au premier plan. Certains individus remontent le temps, d'autres suivent l'ordre chronologique de leur vie. « Comme si l'individualité aux portes de la mort se prenait à bras-le-corps », dit Edgar Morin.

C'est le moment où l'on pèse ses actions et ses pensées. Phase critique et dramatique. Elle est symbolisée dans les traditions religieuses par la notion de jugement, avec toutes les images d'« épreuves » qui s'y rattachent : montée d'une échelle entre ciel et terre, balance de jugement (christianisme, Égypte, bouddhisme), miroir révélateur (lamaïsme), traversée de l'âme sur un pont aussi étroit qu'un cheveu, etc.

Le « pont de jugement » est l'un des motifs eschatologiques les plus connus. On trouve dans l'*Avesta* de l'Iran (VIᵉ siècle ap. J.-C.) le pont de Cinvat, puis dans les légendes des Arabes, qui eux-mêmes l'auraient introduit en Irlande vers le IXᵉ siècle. Ce pont – une image qui a fait du chemin – qu'on appelle en latin *pons subtilis*, les justes peuvent le passer, mais les impies tombent en enfer. Quant à l'échelle, rappelons qu'elle était le signe distinctif des initiés au culte de Dionysos et chez les Romains un symbole courant de l'ascension de l'âme après la mort.

Le cas des suicidés

Kenneth Ring a interrogé de nombreux suicidés ayant manqué leur suicide. Parmi ces sujets, aucun n'a mentionné le phénomène du tunnel, ni vu de lumière brillante ni apaisante, ni rencontré de présence d'êtres chers disparus, ni pénétré dans un monde transcendant de grande beauté. Le cas des suicidés semble donc être différent des autres rescapés de la mort (accidentés ou morts cliniques). Cela vaut la peine de s'y attarder un instant.

Précisons d'emblée que les observations du Dr Ring ont porté sur vingt-quatre personnes – ce qui est trop peu pour établir une statistique – et que vingt-deux de ces personnes avaient absorbé des stupéfiants ou de l'alcool avant leur tentative de suicide – ce qui a une action neutralisante sur les expériences d'agonie ainsi que l'a démontré le Dr Osis. Sans doute parce que les stupéfiants induisent un état d'amnésie et bloquent la mémoire, ce qui fait que les sujets rescapés de leur suicide n'ont rien à raconter.

Un psychiatre de San Francisco, David Rosen *, a interrogé huit survivants du Golden Gate Bridge, le fameux pont de San Francisco, pont qui compte parmi les plus hauts du monde et d'où se jettent nombre de suicidaires. Les résultats de l'enquête de Rosen sont très instructifs : les survivants ont tous vécu le scénario type décrit par Moody et par Ring.

Bien que l'opinion la plus fréquemment répandue soit que les suicidés ne connaissent pas d'expérience transcendante de la mort, parce que le suicide « viole » en quelque sorte la planification de la vie, les observations empiriques tendent à démontrer le contraire. En vérité, aucune enquête statistique sérieuse n'a été publiée à ce sujet. Le Dr Ring s'efforce de combler cette lacune avec l'aide de Stephen Franklin. D'ores et déjà, le Dr Ring revient sur ses premières observations et note que des expériences transcendantes ont lieu chez les rescapés du suicide, même chez ceux qui ont absorbé des stupéfiants.

* *D.-H. Rosen*, Suicide Survivors *(communications médicales, 1975-1976)*.

La barrière

Le mourant a l'impression de se heurter à une sorte de barrière ou de frontière symbolisant l'ultime limite entre la vie terrestre et la vie à venir. Cette barrière pourrait symboliser aussi la transition des différents niveaux de conscience. L'iconographie chrétienne et alchimique s'inspire d'un portail dont le mourant doit ouvrir la serrure.

La fascination de l'au-delà

Le mourant ne désire plus revenir en arrière, il est fasciné par ce qu'il découvre de l'au-delà.

Il est submergé par un sentiment intense de paix, de joie et d'amour. C'est d'ailleurs l'un des aspects les plus surprenants des témoignages des rescapés de la mort. Tous ont dit ressentir une joie intense, ne pas souffrir, ne plus être angoissé : « Comme c'est paisible et reposant ! Je ne souffre absolument pas », dit l'un des témoins de Moody qui survécut à une crise cardiaque.

Personne, dans l'échantillon du Dr Ring, y compris les rescapés du suicide, n'a raconté une expérience « d'enfer » (bien qu'il y ait parfois des rencontres effrayantes ou des moments confus). Les images dominantes sont toujours agréables et apaisantes.

En revanche, un cardiologue, le Dr Maurice Rawling[1], a soutenu que, d'après son observation

1. Maurice Rawling, *Beyond Death's Door* (Nashville, 1978).

personnelle d'agonisants, les visions de l'enfer seraient plus fréquentes que ne le disent Moody et Ring. Il déclare qu'au moins un de ses patients, entre deux arrêts du cœur, s'est écrié qu'il se trouvait en enfer mais n'en avait, après sa guérion, gardé aucun souvenir. Le Dr Rawling envisage alors que les rescapés de la mort puissent *refouler* leurs souvenirs infernaux, que leur mémoire soit sélective et qu'ils ne racontent que les moments agréables, rejetant les autres. Le Dr Ring, analysant l'étude du Dr Rawling, fait remarquer que celle-ci est entachée de prosélytisme chrétien et ne présente donc pas un caractère scientifique rigoureux et que sa théorie du refoulement n'est pas solidement fondée.

Que voient donc ceux qui entrent dans l'au-delà ? Quels sont les paysages de l'autre monde ? À en croire leurs récits, hélas succincts, un monde de beauté surnaturelle, inoubliable, de prairies, fleurs, musiques délicieuses.

« Je descendais ce sentier et c'était magnifique. J'avançais parmi des fleurs superbes et des oiseaux chantaient... »

« Je me trouvais dans un champ désert où l'herbe était haute, dorée, très douce, très brillante... »

« J'ai vu les plus beaux lacs qui soient... des fleurs comme j'en ai vu là-bas, personne sur cette terre n'en a jamais vu... », etc.

Tous les récits insistent sur la beauté du « monde » où ils ont pu aborder un bref instant. On comprend que personne n'ait envie d'en revenir.

Un électroencéphalogramme pratiqué sur des agonisants et sur des personnes en méditation profonde (état altéré de conscience) révèle des similitudes surprenantes : les rythmes cérébraux à l'approche de la mort indiquent une abondance d'ondes bêta, ondes rapides, en alternance avec les ondes alpha, plus lentes. D'où l'hypothèse que l'approche de la mort déclenche un état modifié de conscience qui apporte des sensations d'euphorie, de transcendance, de béatitude, etc. Les témoignages d'autres états de conscience (obtenus par les drogues ou l'hypnose, entre autres) vont dans le même sens.

La véritable exploration du cerveau ne fait que commencer mais déjà se profile une certitude : l'approche de la mort met en marche un dispositif particulier de perceptions qui prennent le relais des sens habituels.

La décision du retour

Le mourant sait qu'il peut faire un retour en arrière : il est alors de nouveau uni à son corps physique : *il renaît à la vie.* Il est intéressant de remarquer que ce retour à la vie se fait brutalement avec une impression désagréable. Le mourant, qui flottait dans la béatitude, répugne à venir dans son corps. Vivre lui semble une difficulté insurmontable. Ces impressions recoupent point par point celles ressenties au cours des expériences hors du corps. Comparez-les avec le témoignage de Jeanne Guesné et avec celui de Mireille.

La vie nouvelle

L'expérience ainsi vécue va bouleverser l'existence de celui qui l'a traversée. Jamais plus il ne vivra comme avant.

L'historien Ioan-P. Couliano, spécialiste de l'Antiquité, rappelle le mythe d'Aridée qui résume en partie la doctrine de Plutarque. Aridée était malhonnête et l'oracle lui prédit qu'il serait plus heureux après sa mort. « Il tomba d'une certaine hauteur sur la nuque, et mourut non d'une blessure mais seulement du coup à la tête. Le troisième jour, on le portait au tombeau lorsqu'il reprit rapidement des forces et, revenu à lui, il subit un incroyable changement de vie. Les Ciliciens ne connaissaient pas d'homme plus juste, plus pieux, plus sûr. » Cette modification de sa condition extérieure et intérieure est marquée par le changement de son nom. Il s'appelle désormais Thespesios, ce qui fait allusion « aux choses divines et étranges ». Les individus ayant approché la mort de près ou ayant été déclarés morts cliniquement retirent de cette expérience de nouvelles perspectives sur la mort. *Ils n'en ont plus peur* et la considèrent d'une manière positive (qui ne va pas jusqu'à la désirer...). Et surtout, ils ne doutent plus d'une possibilité de survie après la mort réelle. La continuation de la conscience au-delà de la destruction physique devient pour eux un fait empirique, une certitude.

Le docteur Michel Sabom a pu étudier les dossiers médicaux de ses patients et utiliser sa connaissance de la réanimation pour évaluer la crédibilité des récits dans lesquels les survivants affirmaient avoir eu accès à un autre plan d'existence. Il a également examiné les différentes explications parues aussi bien dans la presse médicale que dans la presse à grande diffusion sur ces cas, alors isolés et anecdotiques. Ce qu'il a appris au chevet de ses malades et dans sa pratique clinique a changé sa vision du processus de mort et modifié son comportement professionnel.

Fort de ses connaissances thérapeutiques et des opportunités qu'elles lui procuraient dans ce domaine, Sabom a cherché à approfondir les constats de Moody qui l'avaient étonné. Après ses investigations, il ne put que constater les recoupements des témoignages. L'expérience de la mort était à peu près la même pour tous les sujets, quels que soient leur âge, leur sexe, leur condition sociale, leur culture, ou la cause de leur « mort ».

Un survivant lui dit après un arrêt cardiaque en salle d'urgence : « Pourquoi les gens ont-ils si peur de mourir ? Pourquoi ? C'est merveilleux ! »

Un autre (toujours arrêt cardiaque) : « Je pense que mon esprit a quitté mon corps pendant un moment. Si c'est ça la mort, ce n'est pas mal ! »

Un autre homme (fracture du crâne) : « C'est indescriptible ce que vous sentez. C'est vraiment impossible à raconter. C'était tellement paisible et reposant... Comme je dis, si j'avais le choix, j'y retournerais... »

Un autre encore : « Même les plus beaux moments de ma vie ne peuvent être comparés à ce que j'ai connu là. »

Il est vrai qu'on aurait presque envie de rejoindre au plus tôt le monde qu'ils décrivent.

D'autres observations vont dans le même sens : Walter Pahnke, qui a étudié les expériences transcendantales des grands maîtres mystiques et religieux, remarque qu'à la suite d'une expérience mystique les sentiments, les attitudes et les comportements des personnes sont complètement changés.

Russel Noyes, professeur de psychiatrie à l'université d'Iowa, qui a, lui, étudié sous un angle psychiatrique un nombre important d'expériences de mort ou de rencontres avec la mort, arrive à une conclusion semblable. David Rosen, psychiatre de l'Institut Langley Porter à San Francisco, a étudié les vies de suicidés ayant manqué leur suicide ; il découvre que cette approche de la mort leur procure des changements bénéfiques et durables dans leur comportement.

Toutes ces observations montrent que la rencontre avec la mort amène une puissante transformation spirituelle.

S'interrogeant sur l'influence de la religiosité au moment de l'agonie, le Dr Sabom observe que la religion n'est pas un facteur déterminant pour que l'agonisant vive une expérience transcendante.

Un désir d'immortalité : la congélation

Le mouvement immortaliste, appelé mouvement cryoniste, a un slogan : « Congeler-attendre-réanimer. »

La congélation pourrait paraître en effet comme une forme d'immortalité. L'idée fut lancée par le professeur de physique Ettinger, du Highland Park College dans le Michigan.

Selon lui, les espoirs de ressusciter un cadavre congelé ne sont pas nuls (bien que la congélation et la décongélation entraînent, sur le cerveau et sur les tissus, des dégâts qui semblent irréversibles, en l'état actuel des techniques). C'est en tout cas, en l'absence de toute autre possibilité, un espoir de prolonger son existence en pariant sur les progrès bio-médicaux de l'avenir.

Des sociétés cryonistes existent dans plusieurs régions des États-Unis et dans d'autres pays. Des camions sont équipés pour une congélation rapide conçue pour provoquer le moins de dégâts possible et maintenir le corps dans les meilleures conditions. Mais la recherche en cryobiologie n'en est qu'à ses balbutiements.

La congélation se fait par l'azote liquide à -160 °C.

Évidemment, l'idéal serait de se faire congeler avant de mourir. Cela viendra un jour, affirme Ettinger dont l'optimisme quant aux progrès de la science est sans limite. Son argument de choc est imparable : puisque vous êtes mort, vous n'avez rien à perdre, alors essayez de vivre encore un petit peu...

Les premières obsèques cryonistes ont eu lieu en 1967. Le professeur de psychologie James Belfort, mort d'un cancer à soixante-treize ans, fut entreposé dans une capsule à -160 °C et transporté à Phoenix, en Arizona, dans l'établissement cryoniste. Un enfant de six ans, mort d'une leucémie, fut le deuxième congelé. On estime qu'il y eut un peu plus d'une trentaine d'obsèques de ce type depuis dix ans. Des rumeurs persistantes non confirmées indiquent que Walt Disney aurait choisi ce type de survivance...

Cependant, bien des adeptes de l'immortalité ne choisissent pas la congélation. Certains, comme Juniper et Esfandiray * émettent une hypothèse intéressante : l'immortalité est une étape dans l'évolution comme le furent la station debout et le langage. Finalement, on pourrait envisager que le destin de l'humanité serait d'apporter à la vie l'immortalité et les capacités de celle-ci. Après tout, les conditions de l'apparition de la vie ont été autrement plus difficiles

*à réunir à partir de la matière inerte que
l'immortalité ne le sera à partir de la matière
vivante.*

* *Cité par Albert Rosenfeld*, Allonger la vie *(Robert Laffont,
1979).*

Le Dr Grof le confirme : « Un sentiment de
renaissance spirituelle, une nouvelle manière d'être
dans le monde et une perception différente de
celui-ci, une réduction des tendances autodestruc-
trices, un accroissement de la vitalité et une affirmation heureuse de l'existence sont les caractéristiques
de cette transformation. »

Mort et transfiguration

« Nous sommes amenés à interroger ce mystère
de la mort mais également cet entre-deux. Il y a sans
doute dans cette zone floue entre mort et vie
quelque chose qu'on peut à peine imaginer. C'est ce
domaine qu'il est intéressant d'explorer », écrit le
philosophe Edgar Morin dans la préface d'un
ouvrage collectif publié sous l'égide de l'association
française I.A.N.D.S. (Association pour les études
des expériences de mort imminente).

Les auteurs sont tous d'éminents chercheurs dans
les disciplines les plus diverses : médecine, physique, biologie, psychologie, théologie, anthropologie, et même statistiques.

Pour ces chercheurs, l'existence des N.D.E., bien qu'elle ne soit plus sérieusement controversée, a le don de provoquer de fortes réactions émotionnelles et des attitudes irrationnelles car elle remet en question des croyances sur lesquelles sont fondés nos relations, nos statuts, notre façon de vivre.

Ils livrent des témoignages qui confirment les autres recherches sur ces expériences. Le témoin comprend son état de mort, mais constate une sensation de vie. Il en déduit que la mort n'existe pas ou que la mort, « c'est la vie ! ». Ce n'est ni angoissant ni désagréable : « J'étais étonnée de constater que je vivais en dehors de mon corps. Je sentais une vie interne sans sensation physique. » « J'étais un esprit uniquement. »

Les chercheurs de I.A.N.D.S. ont dégagé des points majeurs : l'impossibilité de communiquer avec les humains, la communication avec les « non-humains » – la plupart du temps par voie télépathique –, la persistance de la vue et de l'ouïe, un toucher différent ; l'odorat qui semble encore exister, alors qu'en revanche la faim est toujours absente. « L'expérienceur » a accès à des connaissances qui dépassent notre entendement. Ces connaissances vont du plus intime au plus universel. 42 % des cas ont fait l'expérience du tunnel, 35 % ont fait des rencontres, 23 % ont revu des scènes du passé. 96 % des témoins n'ont plus peur de la mort, 92 % croient en une survie, et 92 % ont eu une modification de leurs idées religieuses. Ils disent : « Avant, je croyais ; maintenant, je sais. » C'est une conviction intérieure que rien ne peut ébranler.

Les N.D.E. des enfants sont en tout point semblables à celles des adultes. Quand ils s'en souviennent, en général vers trois ou quatre ans, leurs descriptions sont identiques.

Phyllis Atwater, une Américaine, a vécu trois N.D.E. Non seulement elle a témoigné de son propre retour à la vie mais, depuis, elle a consacré son temps à aider ceux qui ont eu une expérience similaire. Elle pense, en effet, qu'il s'agit d'une occasion extraordinaire de reconsidérer la vie sous un autre angle. D'accord avec le Dr Kubler-Ross, elle pense que cet exceptionnel « événement de croissance » doit servir à accéder à des niveaux supérieurs de conscience, mais que, souvent, le rôle de l'entourage est prépondérant. Elle donne ainsi des conseils tant à cet entourage qu'à ceux qui ont vécu cette reconnaissance et qui vont en subir les transformations aussi bien sur le plan physique que sur le plan spirituel.

Ayant étudié des centaines de cas de N.D.E., Phyllis Atwater a pu comparer les confidences de ces « sujets » qui se plaignent de la non-compréhension de leur entourage. Souvent, lorsqu'ils veulent parler de ce qui est leur arrivé, on ne veut pas les écouter ou on les prend pour des hallucinés. « Le sujet » s'entend conseiller l'oubli mais, précisément, cette expérience ne peut s'oublier. Une femme a raconté à Phyllis Atwater que ses parents l'ont menacée de la faire enfermer dans un asile si elle persistait dans ses affirmations. Un homme, qui avait avoué à son médecin ce qu'il avait vu « de l'autre côté » pendant sa mort clinique, s'est vu conduit chez le psychiatre.

Plus de la moitié des sujets interrogés par Phyllis Atwater désiraient écrire un livre sur leur expérience tant elle leur semble remarquable. Tous pensent que le « message » qu'ils ont reçu peut changer véritablement l'humanité. La plupart veulent faire savoir que la mort n'existe pas.

Vie-mort : une frontière impossible

Regardons maintenant d'un peu plus près cette notion de pré-mort. Le docteur Kenneth Ring[1] a conduit pendant de longs mois une enquête méthodique sur des sujets ayant connu la « mort clinique » et a systématisé ses conclusions par des graphiques et des tableaux statistiques. Il a pu comparer ses travaux avec ceux d'Elisabeth Kubler-Ross lorsqu'elle travaillait avec son équipe à l'hôpital Billings de Chicago. Elle avait alors remarqué une surprenante unité de comportement face à la mort et défini sept stades de l'agonie : le choc thanatique, la dénégation, la colère, la dépression, le marchandage (avec Dieu ou avec la mort), l'acceptation, la décathexis (stade ultime de l'agonie où le corps est encore vivant mais où la conscience semble déjà être ailleurs).

Les états de pré-mort n'impliquent pas une relation précise avec l'état de mort véritable, mais ils peuvent en suggérer la réalité.

Ceux qui ont connu la mort clinique ou mort relative n'ont évidemment pas expérimenté la mort irréversible (d'où le contre-argument de ceux qui ne croient pas à la survie ; l'approche de la mort déclenche en effet des états spécifiques où se développent d'ailleurs beaucoup de facultés psi, mais cela ne veut pas dire que ces curieux phénomènes révèlent une vie après la mort).

Cet état de pré-mort est un état intermédiaire qui enchevêtre des restes de vie et des signes éventuels d'après-vie.

1. *Sur la frontière de la vie* (Robert Laffont, 1982).

Ce qui est certain, c'est que les frontières de la mort reculent sans cesse. Où s'arrête la vie ? Où commence la mort ? Biologiquement parlant, on ne sait plus très bien. Ce qui est sûr, c'est que la mort est présente dès le début de la vie puisque les cellules embryonnaires dans l'utérus ne sont pas toutes consacrées à la croissance [1], certaines sont amenées à disparaître. Une partie de nous-mêmes commence donc à mourir avant que nous soyons né. Les biologistes moléculaires utilisent de nos jours des appareils de plus en plus perfectionnés qui ne font que confirmer qu'il n'y a pas en réalité de rupture fondamentale entre la matière vivante et celle qui ne l'est pas. Tout, dans le vivant, est une question de degré. Vu sous l'angle moléculaire, il est impossible de tracer une frontière pour dire « ici commence ou ici s'arrête la vie ».

Les cellules de la peau, par exemple, sont mortes, notre corps est recouvert d'une carapace de cellules sans vie. Et pourtant ceux qui nous entourent nous disent bien vivants... Autant dire que la matière vivante est un agglomérat de mort et de vie. Chaque jour, notre corps fabrique de nouvelles cellules tandis que d'autres meurent afin que l'équilibre soit maintenu.

Les cellules du cerveau après trente ans ne sont plus remplacées (mais il nous en reste assez !). La perte est progressive jusqu'à ce que la désorganisation devienne quelquefois (maladie d'Alzheimer par exemple) irréversible.

---

1. Dans un article de la revue américaine *Science*, Joan Whitten, de l'université Northwestern, insiste sur l'importance de la mort des cellules dans la formation correcte des bras, des jambes, des doigts, des orteils de l'homme. Si on injecte à un embryon animal une substance empêchant les cellules de mourir, on obtient des déformations physiques énormes. La mort est donc prévue au programme de la vie.

Autrefois, il suffisait que le cœur cessât de battre pour que le sujet fût déclaré mort (or on a connu des rescapés des arrêts cardiaques). Puis les électro-encéphalogrammes ont servi de critère définitif : un électro plat après quarante-huit heures et le médecin déclare la mort irréversible. La mort cérébrale est maintenant, en l'état actuel des progrès de la médecine, le critère d'irréversibilité presque universellement accepté, c'est-à-dire l'arrêt prolongé de l'activité électrique du cerveau[1]. Cependant, le Dr Paul Chauchard, neurophysiologiste, a raison de faire remarquer que « ce qui compte pour affirmer qu'un homme est vivant, ce n'est pas la survie accidentelle de quelques cellules, mais c'est la survie de l'individu en tant qu'individu ».

La mort apparente : insensibilité, disparition de la tension musculaire, arrêt de la respiration, absence de pouls, ces activités peuvent être réanimées (après une noyade, par exemple) ou même contrôlées à volonté (comme font les yogis qui parviennent même à stopper le cœur pendant plusieurs minutes et à contrôler leur rythme cardiaque).

Ces observations sur la mort apparente ne sont pas récentes : Héraclide en donne même la description : la catalepsie est une maladie, dit-il, qui

---

1. On a beaucoup parlé du petit Charles-Alban Simon, d'Annecy, trois ans, déclaré mort en juillet 1983 et qui, en juillet 1985, vivait toujours... Lorsqu'il fut retrouvé noyé dans une piscine, son cas était désespéré mais une piqûre d'adrénaline réanima le cœur bien que le cerveau fût resté sans irrigation pendant plus de vingt minutes. Les dommages cérébraux paraissaient irréversibles. Mais les parents ne s'avouèrent pas vaincus et entendirent parler de l'International Coma Recovery Institute, de Garden City dans l'État de New York. Cet institut a mis au point un système de stimuli multisensoriels pour les comateux. On se souvient qu'une chaîne d'amis et de volontaires se relayèrent alors à Annecy nuit et jour auprès de l'enfant pour lui faire écouter de la musique, le masser, le faire respirer, etc. Et, un jour, la maman put entendre un cri plaintif : « Maman, maman. »

« conserve le corps pendant trente jours sans respiration et sans pouls ». On dit qu'Empédocle « dormit » cinquante-sept ans dans la caverne de Zeus, se maintenant en vie en mangeant de la plante alimos en quantité grosse comme une olive (sans doute une plante semblable à la coca du Pérou). Bien entendu, Empédocle se souvenait de ses vies antérieures (anamnèse) et communiquait avec les âmes des défunts tandis que son âme à lui visitait les dieux [1]. Autrefois, la catalepsie était connue sous le nom de « sommeil hystérique » selon la classification de Charcot. La catalepsie se caractérise par une suspension soudaine de la sensibilité, sorte de pseudo-mort, et se rencontre aussi chez les schizophrènes et les sujets hypnotisés. Les sujets sont immobiles, paupières baissées, les membres conservent les attitudes qu'on leur donne de l'extérieur. Le corps du malade est aussi plastique que de la cire molle (flexibilité cireuse). Il peut rester dans des postures incongrues sans fatigue, ou, à l'inverse, peut être d'une rigidité cadavérique.

Puisque le corps prend les dispositions qu'on lui donne, le sujet n'a donc plus de volonté propre ni d'initiative. Il est inhibé. La catalepsie ne s'observe que chez les animaux dotés d'un cortex et donc capables de rêver. La mémoire et la conscience sont présentes chez le cataleptique qui ne peut pas s'en servir. C'est le psychiatre Henri Baruk qui s'est le plus attentivement penché sur cette question.

On peut à tout moment réveiller le sujet : la catalepsie n'est pas un coma. Il est certain que les danses aux sons des tambours et des chants peuvent

---

1. I. P. Couliano, *Expérience de l'extase*, préface de Mircea Eliade (Payot, 1984).

être un stimulus pour provoquer une forme de catalepsie.

La cataplexie, dont on ne parle plus guère, caractérisée par un affaissement au sol, les yeux clos, sans mouvement possible mais avec une conscience parfaite de ce qui se passe, est aussi assimilable à un état de pseudo-mort.

Combien de cataleptiques ou cataplexiques furent, en réalité, enterrés vivants ! Ce fut un grand progrès dans l'histoire humaine que d'empêcher d'enterrer des gens qui n'étaient pas vraiment morts. On le doit à Hufeland qui, à Brême, réclama la première morgue, ce qui lui valut beaucoup d'ennuis. Mais il est certain qu'un enterrement trop hâtif (en temps de guerre, par exemple) entraîne un risque d'enterrer des gens vivants.

Entre la *mort apparente*, où la réanimation est possible, et la mort absolue de toutes les cellules, il y a le stade de la mort clinique où l'aptitude à la vie intégrée de l'individu a disparu.

La mort clinique : tous les signes de vie (conscience, réflexes, respiration, activité cardiaque) ont disparu, mais l'organisme n'est pas encore mort : les réactions métaboliques des tissus continuent de s'opérer et, sous certaines conditions, le retour à la vie est encore possible sauf si la non-irrigation du cerveau s'est prolongée pendant plus de cinq à six minutes. Le tissu biologique met très longtemps à mourir, à se décomposer. Les cellules ont une durée de vie variable et certaines très longue. Il y a même dans la nature des organismes qui sont virtuellement immortels : les bactéries, par exemple : quand elles ont atteint leur taille maximale, elles se divisent, puis donnent deux nouvelles bactéries qui se divisent à leur tour, etc. Cela ressemble à une autoreproduction perpétuelle. Des bactéries des mines de sel seraient en vie latente depuis des millions d'années. Plus haut sur l'échelle de l'évolution, certains êtres semblent immortels : l'hydre, petit monstre qui fait pousser d'elle-même de nouveaux individus, le planaire, ver d'eau douce qui donne naissance à autant de vers que de morceaux de lui-même coupés, etc.

Les recherches sur la culture sur tissus ont semblé montrer la même immortalité puisqu'une culture de cellules embryonnaires humaines a pu se multiplier soixante-dix fois, chaque cellule enfantant jusqu'à cinquante générations. Le chercheur L. Hayflick, de l'Institut Wistar de Philadelphie, a cependant démontré qu'il y avait une limite à cette multiplication. Les cellules ont une fin, elles meurent (notons qu'il s'agit de culture sur des tissus isolés ; situées dans leur milieu d'origine, le corps, on peut penser que les cellules auraient une vie bien plus proche de l'« éternel »).

Selon certains biologistes, la cellule porterait dès sa naissance un programme de mort parmi les gènes de son noyau. La mort serait donc génétiquement programmée. De même qu'« il y a des gens génétiquement programmés pour vivre mieux », dit le Pr Hauw de l'hôpital de la Pitié à Paris à propos du phénomène des centenaires.

Pour d'autres biologistes, la mort des cellules serait due à un dérèglement des programmes contenus dans la molécule A.D.N.

De toutes ces recherches on peut déduire que rien dans la nature et rien dans notre corps ayant support matériel n'est éternel ni immortel... Il faut chercher ailleurs...

Le cerveau non irrigué

Il est certain que les processus hallucinatoires sont d'autant plus fréquents que le cerveau est moins irrigué.

L'*anoxie*, c'est-à-dire la diminution de la quantité d'oxygène dans les tissus et les cellules, est un état très fréquent, détonateur de processus inconscients. Un apport d'oxygène réduit ou un excès de dioxyde de carbone produisent des états mentaux anormaux. D'ailleurs, des techniques ancestrales pour réduire l'apport en oxygène ont toujours été utilisées pour provoquer des états inhabituels.

Dans les sociétés primitives, l'immersion prolongée ou la suffocation par la fumée avaient pour but d'obtenir ces états particuliers [1]. Le yoga est une technique de contrôle de la respiration. Le taoïsme utilise aussi une technique respiratoire au rythme très ralenti.

L'*anoxémie*, manque d'oxygène dans le sang, provoque, selon le Dr Grof, les mêmes effets que les doses de L.S.D. « L'anoxémie est considérée par de nombreux médecins comme l'agent favorisant les visions, les apparitions, et autres expériences inhabituelles. »

Et le Dr Grof ajoute : « Dans les cas où la mort est provoquée par un arrêt du cœur, les tissus cellulaires peuvent survivre pendant un certain temps en utilisant l'oxygène présent dans le sang et en le transformant en dioxyde de carbone. Dans le cas du cerveau, il faut plusieurs minutes avant que l'isché-

---

1. Dans le film de John Boorman, *La Forêt d'émeraude*, tourné en Amazonie, plusieurs scènes de suffocation montrent très bien ces phénomènes.

mie ne provoque des dommages irréversibles. Si nous croyons que la conscience est associée aux régions subcorticales du système nerveux, alors ce temps pourrait être encore plus long puisque les éléments cellulaires dans les parties les plus archaïques du cerveau sont moins sensibles au manque d'oxygène et peuvent survivre plus longtemps. »

Le Dr Richard Blacher, de la faculté de médecine de Boston, écrit : « À mon avis, les sujets qui vivent l'expérience de la mort connaissent un état hypoxique (carence en oxygène) au cours duquel ils tentent de faire face, du point de vue psychologique, aux différentes formes d'anxiété... Nous avons affaire à un phantasme de la mort et non pas à la mort réelle. »

Dans son ouvrage *La Vie naturelle de la vie éternelle*, Lyall Watson rapporte les expériences du Soviétique V.-A. Negovskii[1] qui étudia la biochimie du cerveau mourant sur des chiens. Il distingue deux premiers stades : 1) *la commotion*, où le cerveau n'étant plus suffisamment irrigué, manquant d'oxygène et de sucre, compense cette perte en émettant d'urgence de l'adrénaline. Celle-ci permet au glycogène du foie de se transformer en glucose et de pallier le déficit. Le cerveau dispose donc d'un véritable dispositif de secours (chez l'homme, c'est à ce stade que le malade accepte passivement sa mort et revoit son passé) ; 2) *l'état préagonal*, où la compensation n'est plus suffisante et où l'activité électrique du cerveau alterne d'ondes bêta en ondes alpha. Chez l'homme, c'est à ce stade « avancé vers la mort » que le malade ressent des états de paix, de chaleur, de lumière, identiques à

1. Negovskii, *Physiology and Therapy of Agony and Clinical Death* (1954).

ceux de la méditation. Les chercheurs ont associé cet état préagonal aux états altérés de conscience.

À ces deux stades s'ajoutent l'agonie et la mort clinique, dont les symptômes sont évidents (arrêt du cœur, de la respiration, de l'activité électrique), et les visions cessent car le cerveau est empoisonné par des déchets d'acide organique. La mort est déclarée irréversible.

Toutes ces observations sur le cerveau des mourants sont évidemment sans contestation. Mais le Dr Osis, répétons-le, a montré par son étude que les visions de l'approche de la mort n'étaient pas dues à un mauvais fonctionnement du cerveau. Les visions de l'état de pré-mort ne sont donc pas le fait d'un manque d'oxygène ou d'irrigation du cerveau puisque les « rescapés » de cet état n'ont pas atteint le seuil irréversible.

La drogue et la mort

Il y a un autre rapprochement qu'on est obligé de faire : ces expériences de pré-mort sont très proches des récits de drogués. Toutes les images que les « rescapés » de la mort ont vues, ces états de conscience qu'ils ont ressentis, cette euphorie, cette sensation d'harmonie, etc., tout cela évoque les témoignages de ceux qui ont expérimenté certaines drogues.

Je n'entrerai pas ici dans le détail des effets des drogues dures ou douces. Le problème n'est pas là. Que les hallucinations provoquées par la drogue nous renvoient aux mêmes images n'entre pas dans notre propos. Notre question est de savoir si l'effet d'une drogue peut apporter des éléments accréditant l'hypothèse d'une vie après la mort ; puisque l'expérience de la drogue donne accès à des états de conscience différents, voire à d'autres plans d'existence, en quoi cela peut-il conforter notre hypothèse d'une survie ?

Pour aborder la question de la mort, de la vie *post mortem* sous l'angle de la drogue, si délicat, il m'a fallu trouver des récits d'expériences hors du commun : ce sont les travaux – qui mériteraient d'être mieux connus en France – du Dr Stanislav Grof.

Le Dr Grof et Joan Halifax, attachés au département des sciences cliniques de l'hôpital Spring Grove de Baltimore, dans le Maryland, ont mis au point un programme qui consiste à pratiquer une thérapie psychédélique sur des mourants souffrant d'un cancer incurable. Entendons-nous bien : il ne s'agit pas de droguer les mourants, bien au contraire. Il s'agit, en provoquant une expérience semblable à une rencontre avec la mort, en leur faisant vivre symboliquement le processus de leur propre mort et de leur renaissance (c'est essentiel), de faciliter leur cheminement vers la mort et de les conduire – pourquoi pas ? le Dr Grof est favorable à l'idée d'un au-delà – vers leur nouvelle vie.

L'histoire des religions, l'anthropologie, la psychologie ont montré que les racines de la peur de la mort sont en nous. Nous échafaudons dans notre inconscient des structures qui contiennent une rencontre avec la mort. La drogue ne fait qu'activer ces structures mentales (qui peuvent être activées par des techniques spirituelles, sans drogue) et l'on suscite ainsi une expérience spectaculaire de la mort qui, sur le plan de l'intensité, est comparable à la mort réelle.

La plupart des malades qui sont intégrés au programme « Spring Grove », venus de divers endroits des États-Unis sur le conseil de leur médecin, sont considérés comme des patients de l'hôpital Sinaï de Baltimore. Le Dr Grof, en tant que psychiatre responsable du programme, participe aux consultations et aux visites. Il choisit alors les personnes susceptibles de bénéficier de la thérapie psychédélique. Selon trois critères :

— un certain degré de douleur physique,
— un état de dépression, d'isolement psychologique dû au cancer,
— une espérance de vie d'au moins trois mois sans autres troubles que le cancer (pas de troubles cardio-vasculaires, de risques d'infarctus, etc., car les émotions ressenties au cours du traitement pourraient se révéler dangereuses).

De plus, le malade ne doit pas souffrir de troubles psychopathologiques graves ni de tumeur cérébrale.

Bien entendu, le traitement est proposé au malade, qui peut le choisir ou le refuser.

La thérapie se déroule alors en trois phases :

— *La période de préparation.* Le malade et les responsables de la thérapie font connaissance, s'entretiennent, établissent une relation de confiance. Le conjoint, la famille sont associés à ces entretiens. Cela peut durer deux ou trois semaines. Cette confiance est essentielle pour le succès de la thérapie ;

— *L'absorption de la drogue.* Le Dr Grof utilise une dose de L.S.D. ou de D.P.T. En général, une seule dose soigneusement fixée suffit. Le malade est, bien sûr, prévenu des effets de la drogue et des réactions possibles. Les substances psychédéliques sont présentées comme amplifiant les facultés mentales et permettant à une personne d'explorer des secteurs de l'inconscient normalement inaccessibles et d'entreprendre un voyage dans son propre esprit. Le jour de l'injection, le malade est assisté d'un thérapeute et d'un cothérapeute et placé dans les conditions les plus confortables ;

— *Le traitement psychologique.* Après le traitement, le malade a la possibilité, au cours de plusieurs entretiens, d'exprimer ce qu'il ressent, ce qu'il éprouve, et ce, afin de faciliter l'assimilation des expériences psychédéliques à son état présent. Les conflits et les difficultés causés par le diagnostic, par l'approche irrémédiable de la mort (les cancers sont ici incurables et bien souvent le malade le réalise à ce moment-là) sont abordés ouvertement mais en mettant l'accent sur les bienfaits que le malade peut retirer de cette lucidité même.

Il faut bien comprendre : la thérapie psychédélique, la drogue ne guérissent pas du cancer évidemment et ne sont pas présentées au malade comme un ultime remède miracle. Mais il est du plus grand intérêt, pour l'étude de la mort et celle de la survie, de tenir compte des récits de ceux qui ont approché la mort, serait-ce par l'intermédiaire d'une drogue.

Les modifications psychologiques du malade traité par la thérapie psychédélique sont telles qu'elles lui apportent un réel secours. Bien sûr, la mort est inéluctable et ne peut être évitée, mais la façon de l'appréhender, elle, est totalement changée.

Qu'éprouvent donc ces malades sous l'effet d'une dose de drogue L.S.D. ou D.P.T. [1] ?

---

1. Le D.P.T., ou dipropytrytramine, a une action plus rapide et plus courte que celle du L.S.D.

À un niveau primaire, presque superficiel, le malade voit la réalité de manière déformée, intensément colorée, féerique, etc., simple expérience esthétique, résultat de l'action chimique de la drogue sur le nerf optique. L'attitude du mourant face à la mort n'en est pas changée, mais la douleur physique en est parfois atténuée.

À un niveau plus dynamique, le malade revit ses souvenirs, ses émotions, son enfance. Il a accès à des événements émotionnels enfouis dans son inconscient que la drogue fait resurgir. Il peut alors comprendre ses comportements, ses difficultés personnelles, régler ses conflits avec son entourage.

Ce défilé du panorama de la vie, qui se déroule en quelques instants, est le même que celui des « rescapés » de la mort clinique.

Sylvia, par exemple, a soixante et onze ans et souffre d'un cancer du sein à complications. Le jour de la séance de thérapie, elle repose calmement sur son lit, un bandeau sur les yeux. Bientôt, une série d'images puissantes surgies de son enfance défile devant ses yeux. Épuisée par cette séance, elle est consciente de sa mort prochaine mais se sent heureuse et transformée : « Enfant, j'étais heureuse. Et ce soir, je veux mourir. O Seigneur, emmène-moi ! Peu m'importe de mourir, je le veux maintenant... » Puis elle revoit la naissance de ses enfants, elle a la vision d'un ange très beau qui chante... Alors que l'effet de la drogue aurait dû s'achever, les souvenirs affluent toujours à son esprit : « Toute ma vie, des milliers de souvenirs, des moments de tristesse ou de bonheur... tout devient ensoleillé, il y a de la lumière partout... J'ignore pourquoi je repense à toutes ces choses. Certaines remontent à cinquante, soixante ans... Je suis contente, la douleur a disparu... »

Sylvia retrouva son état « normal », c'est-à-dire la réalité de sa maladie incurable, mais elle ne cessa de penser à ce que cette séance de thérapie psychédélique lui avait permis de vivre.

Elle affronta la mort avec plus de calme car elle s'était rendu compte que sa vie avait été riche et heureuse.

Souvent ce défilé de souvenirs met en lumière des traumatismes physiques graves : l'individu revit toutes les occasions où sa vie a été en danger (interventions chirurgicales, souffrances, périls, etc.). Ces souvenirs sont parfois très douloureux et les évoquer atténue la douleur.

La rencontre avec « l'esprit » d'êtres chers disparus n'est pas rare. Ces derniers parlent télépathiquement au malade pour le rassurer. Si le malade croit à une survie, cette rencontre lui confirme l'existence au-delà de la destruction physique. S'il n'y croit pas, cette rencontre a au moins le mérite de dédramatiser la mort en facilitant le détachement de la vie.

Parmi les expériences les plus marquantes faites pendant cette thérapie psychédélique, il y a celles qui ont trait à la naissance que le Dr Grof appelle *expériences périnatales*, exprimant ainsi tous les événements antérieurs ou ultérieurs directement liés à la naissance biologique. Ces expériences sont fondamentales pour le malade mourant qui revit sa propre naissance et, au seuil de la mort, se découvre « nu » comme lorsqu'il était enfant. Les « valeurs » comme le statut social, la gloire, la richesse, l'ambition perdent leur importance. L'individu rencontre (ou retrouve) sa dimension spirituelle, qui, seule, est sa vraie richesse.

Le malade en thérapie éprouve un sentiment d'union cosmique, accompagné de paix, de sérénité, de bonheur. Il a l'expérience de la fusion cosmique. L'ouverture aux dimensions universelles fournit un nouveau système de références, la destruction individuelle vue sous cet angle perd son impact terrifiant.

Parfois, le malade rencontre des être effrayants, des monstres (selon le Dr Grof, cette phase correspond à la contraction utérine, col fermé, qui oblige le fœtus à lutter de toutes ses forces pour sortir). Des obstacles, des barrières se dressent devant lui.

Puis, dans une seconde phase, le malade subit des tourments effroyables, meurtres, tortures, exécutions, etc. Souvent l'image du feu destructeur, mais purificateur aussi, annonce cette renaissance qui ne se fait pas sans douleur.

Enfin, le sujet atteint un sentiment de délivrance, se sent purifié, est assailli par des visions de lumière.

Le Dr Grof insiste sur le point suivant : « La confrontation à l'expérience mort-renaissance, dans la thérapie psychédélique appliquée aux mourants, influence profondément la conception qu'un individu a de la mort. Cette expérience est si réaliste qu'elle est perçue comme identique à la destruction biologique. Les sujets émergent de telles séances persuadés d'avoir acquis une connaissance profonde de la mort. Ils la considèrent comme un code pour leur future rencontre, réelle cette fois, avec la mort. »

Les malades ainsi traités s'aperçoivent qu'en réalité tout ce qu'on leur a dit sur la mort comme fin de toute forme d'existence est complètement faux, en tout cas beaucoup trop matérialiste et pragmatique.

Ce qu'ils viennent de vivre leur confirme au contraire que la vie ne s'arrête pas aux barrières qu'on lui a assignées et que la mort peut être envisagée comme un voyage cosmique vers l'inconnu.

Certains malades font l'expérience d'atteindre leur vie antérieure, leurs précédentes incarnations. Ils envisagent alors la vie et la mort en termes de cycles et sont persuadés qu'ils vont vivre encore plusieurs fois. La perspective de cette continuation de la vie sous une autre forme a évidemment un effet rassurant et bénéfique sur le comportement du malade. D'autres sont amenés à faire des expériences de projection hors du corps et ont ainsi une preuve que la vie peut exister indépendamment du corps physique et au-delà de lui.

Quelles modifications du comportement !

Relâcher les limites de l'*ego*, élargir sa conscience individuelle aux éléments du cosmos, se sentir en communion avec lui (vivre par exemple au même plan qu'une cellule humaine ou végétale), dépasser aussi les limites de l'espace et du temps, toutes ces expériences ont une incidence réelle et importante sur l'attitude face à la mort.

Et ne sont-elles pas relatées dans les mêmes termes par ceux qui ont vécu « hors de leur enveloppe physique », par ceux qui rêvent ou ceux qui frôlent la mort ?

Que retenir d'essentiel de ces témoignages et de ces controverses ?

Une agréable façon de mourir?

Ce ne fut ni un psychiatre ni un médecin qui fut le premier à étudier les états de conscience modifiés par la rencontre de l'homme avec la mort. Ce fut un professeur de géologie de Zurich, Albert Heim, par ailleurs excellent alpiniste, qui fut victime, à cause des risques qu'il prenait, de plusieurs accidents qui faillirent lui coûter la vie.

Heim s'intéressa à ce que l'on ressent à ce moment-là et, pendant des années, il recueillit des témoignages d'alpinistes confrontés à des situations de danger mortel et enregistra aussi des récits de soldats blessés, de maçons ou couvreurs tombés de plusieurs mètres, de rescapés de catastrophe, de noyade, etc. En 1892, ses « Remarques sur des chutes fatales » furent présentées au Club alpin suisse.

Il observa que 95 % des récits étaient étrangement semblables. Toutes les personnes confrontées à la mort, quelle qu'en fût la cause, développaient un état mental similaire. Aucune ne mentionnait la douleur, la peur, l'angoisse ou la tristesse.

Au contraire, l'activité mentale se trouvait accrue, intensifiée. Le temps semblait plus long, le film de la vie se déroulait à vitesse vertigineuse, puis une musique céleste se faisait entendre en même temps que la victime vivait une expérience d'une beauté incommunicable.

Voici quelques extraits du récit de Heim lui-même, qui « dévissa » de plus de 20 mètres :

« *Je n'ai ressenti aucune douleur sur le moment, seulement plusieurs heures après. Mes pensées étaient parfaitement cohérentes, claires et absolument pas susceptibles de s'évanouir comme dans un rêve. J'envisageai la façon dont mes proches accueilleraient ma mort. Puis toute ma vie se présenta devant moi en une succession d'images, comme un spectacle. Tout était transfiguré par une lumière céleste... Je ne ressentais ni conflits ni tensions. Les conflits s'étaient mués en amour. Un calme divin envahit mon âme... puis j'entendis un bruit sourd : ma chute s'était arrêtée.* »

Heim conclut que mourir d'une chute est une agréable façon de mourir... sans se douter que tous les récits d'agonisants, quelle que soit la cause de leur mort, aboutissent à cette même conclusion...

D'abord, bien évidemment, l'état de pré-mort n'est pas la mort. C'est une approche extrême, peut-être l'ultime point jusqu'où un être vivant peut aller, mais, puisqu'il y a un retour, ce n'est pas la mort. Personne n'est revenu de la mort (sauf si l'on croit à la résurrection). La mort est irréversible.

Et si les témoignages de ceux qui ont frôlé la mort sont indispensables à recueillir et à étudier, ils n'autorisent pas à déduire que l'état de pré-mort est semblable à l'état *post mortem*.

Évidemment, l'unanimité de ces témoignages fait pencher pour leur authenticité sur l'après-vie. Mais ce n'est pas parce que tout le monde (et ce n'est d'ailleurs pas tout le monde mais seulement tous ceux qui en ont des souvenirs) dit la même chose sur « le passage » entre la vie et la mort que l'après-vie en est démontrée.

Toutes les sensations éprouvées par ceux qui frôlent la mort ont forcément un rapport avec l'activité du cerveau puisque celui-ci n'a pas encore cessé de fonctionner. Donc tout peut être interprété en termes d'impressions psychiques.

Reste le problème des visions au moment de la mort : si l'on arrive à démontrer qu'elles ne sont pas des hallucinations ou des projections du cerveau, qu'elles ne sont pas provoquées par un dérangement ou une modification cérébrale, mais qu'elles sont bel et bien des entités distinctes, des « restes » de nature subtile appartenant à des personnes déjà décédées, alors incontestablement, on aurait là une preuve de survie.

C'est vers cette hypothèse que penche fortement le Dr Osis, on l'a vu, après avoir étudié les apparitions au moment de la mort.

Mais, incontestablement aussi, si l'on veut tenir une preuve scientifique de la survie, il faut poursuivre les travaux d'Osis, aller plus loin et se pencher sur ce phénomène des apparitions et des visions de façon rigoureuse.

Au-delà du mur de la lumière

Pour le physicien Régis Dutheil, les étapes classiques de la N.D.E. s'expliquent tout naturellement par son hypothèse du monde superlumineux. L'impression de décorporation correspond à la séparation de la conscience superlumineuse du corps holographique qui l'abrite pendant la durée de vie biologique. La sensation de paix et de bien-être vient du fait qu'en entrant dans le monde super-lumineux, univers d'ordre et d'information, la conscience se trouve débarrassée des influx négatifs liés au désordre croissant qui a conduit à la mort du corps physique.

La traversée de la zone obscure et le sifflement parfois entendu correspondraient à la traversée du mur de la lumière. En traversant ce mur, la conscience partielle sous-lumineuse deviendrait lumineuse et ne pourrait plus apercevoir l'extérieur que comme obscur. En effet, devenue lumière elle-même, elle ne peut plus s'observer et percevoir la lumière.

Libérée du poids du corps, la conscience bénéficie des propriétés spatio-temporelles de l'univers super-lumineux : absence d'écoulement du temps, instan-tanéité, possibilité de se déplacer dans l'espace à une vitesse supérieure à celle de la lumière, hyperacuité des sensations.

Le sujet qui arrive dans cet univers continue provisoirement à convertir l'information qui lui parvient en hologrammes semblables à la réalité qu'il vient de quitter. La lumière, si abondamment décrite, est celle de l'univers superlumineux.

Le témoin dialogue souvent avec un être de lumière qui n'est autre que son Moi superlumineux, sa conscience totale, qui possède, grâce à ses pro-priétés spatio-temporelles, les moyens de connaître instantanément tous les événements d'une vie dans leurs relations réelles du point de vue de l'informa-tion superlumineuse. Tout se passe comme si la par-tie conversait avec le tout.

Quant à l'impression – souvent ressentie – d'être happé par le haut ou de sortir de son corps par le haut de la tête, il pourrait s'agir d'une impression de mouvement relatif dû au fait que le filtre néguentropique est dans la tête (le cortex) et « s'ouvre » brusquement.

Selon Régis Dutheil, la mort est un phénomène purement physique, mais la physique dont il relève est encore à construire. Tout l'univers situé au-delà du mur de la lumière, animé de vitesses supérieures à celle de la lumière, nous est pour l'instant inconnu.

D'après la théorie de l'univers superlumineux, il existerait deux univers, que l'on peut considérer comme l'envers et l'endroit de quelque chose d'unique : le monde sous-lumineux, notre monde quotidien, serait l'envers ; le monde superlumineux qui nous apparaît au moment de la mort serait l'endroit. Notre corps serait donc l'envers du vêtement dont l'endroit serait la conscience. Comment une poussière située sur la doublure du vêtement pourrait-elle imaginer que ce même vêtement possède un endroit ? La question se pose de la même manière pour les êtres humains : ils ne peuvent observer leur conscience et le monde auquel elle appartient. La mort produit une sorte de renversement. Le corps physique disparaît et la conscience se retrouve libre de toute entrave. Le grain de poussière que nous sommes passe brutalement de la doublure du vêtement à son endroit en traversant le tissu, c'est-à-dire le mur de la lumière.

Régis Dutheil fait une autre comparaison, empruntée à l'astrophysique. Notre monde quotidien serait un gigantesque trou noir où ni la lumière ni l'information ne peuvent pénétrer. Notre corps physique serait, lui aussi, un micro-trou noir. L'univers superlumineux et donc la conscience seraient situés à l'extérieur du trou noir. La frontière entre le trou noir et le reste de l'univers serait le mur de la lumière.

L'importance mise en évidence de la lumière confirme la place primordiale que les religions et les mythes lui ont accordée.

À notre stade de connaissance des lois de la physique, la mort serait actuellement le seul moyen que nous ayons de rentrer en contact avec le monde superlumineux.

Au cours de leur expérience, les patients racontent qu'ils ont vu de merveilleux paysages. Ces représentations assez stéréotypées sont, selon Régis Dutheil, des hologrammes créés par la conscience de celui qui vit l'expérience. À moins qu'ils ne s'agissent d'archétypes au sens où Jung l'entendait, c'est-à-dire des modèles préexistants.

Le rêve et l'au-delà

L'état de rêve, s'il n'est, à l'évidence, pas directement assimilable à un état proche de la mort et encore moins à un état *post mortem*, témoigne cependant d'un autre état de vie très différent de celui qui nous est habituel quand nous sommes éveillés. C'est comme si le rêve avait une vie *indépendante de nous*.

Si l'on postule l'existence d'une personnalité « désincarnée », c'est-à-dire sans corps charnel, capable de survivre à la mort physique, cette entité devrait « vivre » sans expériences transmises par les sens, sans organes des sens, dépourvue de voix, de signaux visuels ou olfactifs. Cela semble biologiquement impossible à imaginer et pourtant... on pourrait comparer l'existence de cette « entité » vivante à ce qui se passe dans les rêves.

Il ne s'agit pas de prouver la survie par le rêve. Mais l'état de rêve suggère un autre état de vie possible et un certain nombre de questions auxquelles il est bien difficile de répondre.

À quel plan de réalité se réfèrent les rêves ?

Y a-t-il une connaissance dans le rêve qui dépasse en certains points la connaissance consciente ?

Il faut distinguer plusieurs catégories de rêves : quelques-uns reflètent seulement les événements de la vie quotidienne captés par l'inconscient, d'autres apportent une indication sur l'évolution personnelle, le besoin de transformation. Enfin, il existe des rêves qui donnent des informations sur la vie à d'autres niveaux que la vie quotidienne. Ce sont les rêves prémonitoires, télépathiques ou visionnaires. Évidemment, ces deux dernières catégories nous intéressent particulièrement pour nos recherches sur l'après-vie.

Dans le rêve, les frontières de l'*ego* sont abolies, le rêveur peut acquérir une perception qui dépasse les limites du conscient. Ce seuil du conscient à l'inconnu onirique était, dans la mythologie égyptienne, gardé par Bès, le dieu des routes et des chemins. Les Égyptiens sculptaient sur bois des représentations du dieu et s'en servaient comme appuie-tête ou comme oreillers. Nous avons vu que les initiés égyptiens croyaient que la nature humaine était composée de six éléments : trois matériels (le corps, le nom, l'ombre) et trois spirituels (le *Ba*, le *Ka*, l'*Akh*). Le *Ba*, toujours représenté sous la forme d'un échassier au visage du défunt, quittait le corps pendant les rêves et au moment de la mort et restait conscient, autonome et lucide dans l'autre monde.

La mythologie grecque a choisi des frères jumeaux, Hypnos et Thanatos, pour figurer le sommeil et la mort, sans doute pour faire comprendre que ce sont là deux voies identiques d'accès à une réalité supérieure [1]. Dans de nombreux dialectes africains, il n'existe aucun mot pour sommeil. Le verbe dormir se dit « être mort à moitié ». D'ailleurs nous-mêmes, en français, ne disons-nous pas « je

---

1. Les juifs aussi assimilent le sommeil à la mort corporelle et certaines prières, le matin au réveil, consistent à remercier le Seigneur d'avoir rendu « l'âme au corps ».

suis mort » pour dire « je suis épuisé et je veux dormir » ?

Cependant, dans aucun des ouvrages consacrés au sujet de la vie après la mort, on ne trouve de chapitre relatif au rêve[1]. En effet, la survie, la vie après la mort, l'après-vie, même si la science physique ou médicale l'évoque de temps à autre, reste une question métaphysique tandis que le rêve, relégué aux élucubrations fabriquées par l'inconscient ou le cerveau, n'est pas jugé digne de la métaphysique, il n'est plus « relié », religieux, ouvert sur la dimension spirituelle. Le rêve s'est profanisé, pour ne pas dire qu'il est profané... Il y eut cependant un temps où le rêve permettait à l'homme de se relier au divin. Il y eut un temps où les songes étaient reçus de tous comme des avertissements sacrés, des monitions célestes. Il y eut un temps où, dans le songe, on sentait s'approcher le divin. Et lorsque l'on s'interrogeait sur la signification d'un rêve, on se posait en somme le même genre de questions que celles qui concernent la survie. S'il paraît évident d'assimiler le sommeil à un état de mort, pourquoi ne ferions-nous pas le contraire : assimiler la mort à un état de sommeil ? À mon avis, une étude moderne de la survie ne saurait se dissocier de celle du rêve.

Ma propre expérience peut d'ailleurs, cette fois, servir de témoignage. Il y a quelques années, j'ai, en effet, fondé avec Christian Charrière le *Bureau des rêves*. Je répondais ainsi à un « vieux rêve » : restaurer l'antique interprétation des songes et leur rendre leur dimension métaphysique.

---

1. Cependant, Aldous Huxley, dans *Time Must Have A Stop* (« L'Éternité retrouvée », en français) avait déjà établi un parallèle entre l'état *post mortem* et un état menaçant de rêve.

Notre idée était qu'il fallait ouvrir à chacun (puisque tout le monde rêve sans exception, même si l'on ne se souvient pas de ses rêves) un espace de liberté où les rêves seraient interprétés. Et en dehors de toute référence à la psychanalyse car force était de constater que seuls, aujourd'hui, les psychanalystes s'intéressent aux rêves, alors que, depuis des millénaires, il existe une interprétation spirituelle des rêves complètement oubliée que nous pouvions faire renaître.

Christian Charrière a accumulé un immense « matériel » sur les rêves. C'est un « grand rêveur » au sens où il est capable de mémoriser trois ou quatre rêves par nuit, avec tous leurs détails. Une question d'entraînement car, depuis 1978, date de la naissance de son fils, Christian note systématiquement tous ses rêves. C'est pour lui un exercice de discipline quotidien pour entreprendre et poursuivre son initiation personnelle.

Il a ainsi couvert de son écriture fine cinq gros carnets sur lesquels il note aussi en marge les événements de sa vie éveillée qui peuvent avoir induit un rêve ou confirmer son exactitude. Il s'est donc forgé, se fondant sur la signification traditionnelle du symbolisme des images oniriques, une grille d'interprétation.

Christian Charrière, qui est aussi romancier[1], puise son inspiration dans le monde onirique. Dans ses chroniques de télévision qu'il écrit chaque nuit, il va bien au-delà du simple compte rendu, mais apprend à « voir » avec les yeux de l'intérieur, à se servir de l'émotion, de la sensibilité, de la spiritualité. L'âme n'est jamais absente de ses écrits.

---

1. C'est surtout dans *Le Baptême de l'ombre* (Lattès, 1982) qu'il relate ses expériences et ses réflexions sur les messages oniriques.

Au *Bureau des rêves,* nous avons reçu des centaines de lettres et, parmi celles-ci, 8 % environ concernaient directement la mort et l'après-mort. Nous en ferons état plus loin car les récits de rêves qui nous sont ainsi parvenus sont des témoignages troublants.

— Dans quelle mesure le rêve apporte-t-il des éléments qui pourraient accréditer l'hypothèse de la survie ?

— Que signifie voir un mort dans un rêve ?

— Est-il inquiétant de rêver de sa propre mort ou de la mort de quelqu'un ?

— Les morts communiquent-ils par le rêve des informations sur leur état ?

Les réponses à ces questions sont complexes.

La prémonition de la mort

Christian Charrière reçoit à titre personnel (car il possède au plus haut point deux qualités : celle d'écouter et celle de recevoir chaleureusement) beaucoup de témoignages. Au cours des conférences qu'il donne, il rencontre des personnes de tout âge et de tout milieu qui, chaque fois, lui confirment que le rêve est une porte qui s'ouvre à la fois sur le plus profond de nous-mêmes et sur l'au-delà.

Le rêve est un message destiné à notre vie « intérieure », celle qu'on garde pour soi, qu'on n'affiche pas en public et qui est parfois bien loin du personnage social que l'on se croit obligé de jouer. Le premier travail du rêve est de démasquer, d'enlever le masque social qui cache la vraie personnalité. Il n'y a pas de rêves stupides, sans signification. Tous les rêves ont un sens et contiennent un message qui nous est destiné : à nous de le comprendre et de nous en servir pour notre évolution.

« Mon expérience des rêves, me dit Christian Charrière, m'a profondément convaincu de l'au-delà. Par exemple, j'ai reçu un appel téléphonique d'une jeune femme qui avait rêvé d'une de ses amies de lycée qu'elle n'avait pas revue depuis la classe de philosophie. Cette amie lui disait : " Quel dommage que nous nous soyons perdues de vue car je vais mourir et j'aurais voulu que tu m'éclaires de tes connaissances. " J'ai interprété ce rêve au niveau symbolique. J'ai expliqué à cette jeune femme que son amie allait connaître dans sa vie des événements qui opéreraient sur elle une véritable métamorphose, ce qu'on appelle la mort et qui n'est qu'un changement d'état. Une semaine après ce rêve, l'amie en question est morte. La jeune femme en est restée bouleversée. Des témoignages comme celui-là, j'en reçois presque tous les jours. »

J'ai moi-même interrogé cette rêveuse : les événements se sont bien déroulés de cette façon. On comprend que ceux qui ont vécu de telles expériences les tiennent pour preuve absolue de la véracité des messages délivrés dans les rêves.

Alors, chaque fois que nous rêvons d'une personne vivante (à notre connaissance) qui nous annonce sa mort, faut-il prendre ce rêve à la lettre ?

Dans l'étude sociologique que J. et F. Duvignaud et J.-P. Corbeau ont menée sur les rêves, La Banque des rêves, essai d'anthropologie du

rêveur contemporain *, *on peut lire une classification des rêves de mort. Les auteurs distinguent
quatre grands axes :*

la mort de l'autre *où le rêveur est un témoin
actif ou passif de la disparition d'autrui. Dans
cette catégorie, il faut signaler le grand nombre
de rêves de mort d'enfants, surtout dans les
classes sociales aisées ou intellectuelles;*

la mort de soi, *où le rêveur est poursuivi,
menacé, attaqué, tué, etc. Il est important de
noter que le rêveur ne visualise jamais sa propre
mort, comme s'il ne pouvait en supporter la
vision car, au moment crucial, la tension du scénario du rêve le réveille, souvent angoissé, en
sueur, en pleurs... « comme si la destruction physique était inconcevable pour la logique
onirique » ;*

la mort-spectacle, *où le rêve apporte les éléments d'une brillante mise en scène collective :
cataclysmes, rêves de fin du monde, guerres, raz
de marée..., le spectacle est souvent grandiose, fascinant, mais rarement traumatisant;*

la mort heureuse, *où le rêveur se sent bien,
accueilli, etc. Les auteurs notent ce détail – que
mon expérience au* Bureau des rêves *confirme :
« Dans les rêves que nous avons recueillis concernant des défunts, il s'agit (sauf certains cas
rares) de familiers très proches, essentiellement
des parents ou grands-parents. » Ceux-ci donnent
une image rassurante et sont vus en rêve dans
leur cadre familier (maison de l'enfance, par
exemple) comme si l'espace familier facilitait les
souvenirs.*

*Ils remarquent qu'en certaines régions les
rêves de mort sont attachés à une superstition*

populaire : « Si tu as rêvé à quelqu'un de mort,
alors on aura de la visite » ; rêver de mort annon-
cerait aussi des histoires avec la famille ou avec
des voisins.

* *Payot, 1979.*

« Non, pas toujours, rassure Christian Charrière.
La mort, en rêve, annonce le plus souvent une métamorphose. Mais c'est un tel bouleversement que
l'ancienne personnalité (le " vieil homme " de saint
Paul) peut être considérée comme morte pour laisser place à un être nouveau, renouvelé. Très
souvent aussi, nous voyons en rêve un mort (qui est
déjà parti depuis longtemps) qui annonce qu'il va
mourir : cela symbolise une partie du rêveur qui
subira une évolution, passera d'un état de
conscience à un autre. Mais il faut reconnaître aussi
qu'il y a des rêves qui sont prémonitoires et qui
annoncent bel et bien un décès. »

Témoin cette lettre de Belgique, reçue au *Bureau*
des rêves. Notre correspondante a vu à plusieurs
reprises une longue table autour de laquelle se
tenaient toutes les personnes de sa famille décédées.
Sa grand-mère, qui semblait présider la réunion, faisait un signe de la main gauche en disant à celui qui
était assis à côté d'elle de laisser sa place parce que
« Untel » allait venir. Or, à cinq reprises, la personne
désignée par la grand-mère décédait dans la soirée
ou dans la nuit même du rêve.

Comment Christian Charrière interprète-t-il un
tel rêve ?

« C'est un rêve typique de communication avec l'au-delà. C'est un privilège, car rares sont les personnes avec qui l'on communique de manière aussi directe, tout en étant, bien entendu, une source d'inquiétude ! »

Mme V..., avec qui j'ai entrepris un travail d'études sur les rêves prémonitoires, a bien voulu me communiquer ses rêves, parmi les centaines qu'elle a notés, qui ont un rapport avec la mort. La plupart peuvent être compris, si on les interprète symboliquement, comme une traduction en images du cheminement personnel de la rêveuse. Cependant, dans plusieurs de ces rêves figurent des détails précis, ignorés du sujet avant l'événement, qui laissent à penser qu'il peut s'agir de rêves prémonitoires. Dans la nuit du 7 septembre 1981, par exemple, Mme V... rêve des parents de son mari. Sa belle-mère, décédée en 1969, vient au-devant de son beau-père (encore vivant) et le prend par la main sans un mot. L'endroit est laiteux, plusieurs allées sont délimitées, chacun circule dans son allée et personne ne semble se connaître.

Quand Mme V... se réveille, elle raconte ce rêve à son époux. Deux jours plus tard, à 8 h 30, celui-ci, voulant aller déjeuner avec son père, l'appelle par téléphone. Personne ne répondant, il se rend chez lui vers 11 heures. Il sonne à la porte. Toujours pas de réponse. Il va chez le concierge chercher la clé et découvre son père en pyjama, mort, étendu entre l'armoire et le lit, alors que rien ne laissait prévoir ce décès.

On dit que le président Abraham Lincoln faisait de nombreux rêves prémonitoires, notamment avant chaque victoire de l'Union. Un matin, il raconta à sa femme le rêve qu'il venait de faire : il entrait dans une pièce de la Maison-Blanche où beaucoup de gens entouraient un cadavre. Il s'approcha pour demander le nom du défunt. On lui répondit... que c'était lui-même. Quelques jours plus tard, il mourut, assassiné par Booth, un esclavagiste.

Carl Gustav Jung a aussi raconté (dans *Ma vie*) un rêve qui l'impressionna fortement : « Je rêvai que le lit de ma femme était une fosse profonde aux parois maçonnées. C'était une tombe qui éveillait les souvenirs de l'Antiquité. J'entendis à ce moment un profond soupir, tel le dernier soupir de celui qui va rendre l'âme. Une forme qui ressemblait à ma femme se dressa dans la tombe et s'éleva dans les airs. Elle portait un vêtement blanc sur lequel étaient tissés de curieux signes noirs. Je me réveillai, réveillai aussi ma femme et regardai l'heure. Il était 3 heures du matin. Ce rêve était si étrange que je pensai aussitôt qu'il pouvait annoncer un décès. À 7 heures, la nouvelle nous parvint qu'une cousine de ma femme était morte. »

Rêve prémonitoire ou télépathique entre l'agonisante et le rêveur ? Il faut noter dans ce rêve que l'identité du mourant reste floue mais que la certitude de mort prochaine ne peut être mise en cause.

Louisa Rhine, l'épouse de J.-B. Rhine qui fut le premier chercheur à établir des statistiques pour démontrer les pouvoirs paranormaux, raconte dans *Les Voies secrètes de l'esprit*[1] un rêve prémonitoire à « longue échéance ». Un Américain rêve qu'une nuit, par temps de neige, il arrive en voiture au domicile de ses parents (il n'avait pas de voiture à cette époque). Il aperçoit son père assis près de la fenêtre. Il entre, voit plusieurs personnes dans la

1. Fayard, 1970.

salle de séjour mais ne reconnaît personne. Son père lui dit bonjour et le conduit dans la chambre de sa mère. Elle est morte.

Dix ans plus tard, ce même Américain reçoit en pleine nuit un coup de téléphone pour lui annoncer que sa mère vient de mourir. Il se rend alors en voiture chez ses parents (il en avait une), il faisait nuit et il neigeait Dehors, il voit son père s'approcher de la fenêtre et s'asseoir. À l'intérieur, il y a des parents et des amis. Son père lui dit bonjour et le conduit dans la chambre où sa mère est couchée, morte.

Étrange connaissance d'une réalité future grâce au rêve.

Jung remarquait : « J'ai souvent été en mesure de retrouver dans des rêves remontant à parfois plus de un an des prémonitions d'une mort menaçante même dans des cas où de telles pensées n'étaient pas suggérées par une situation particulière. On peut en déduire que la mort s'annonce longtemps à l'avance. »

Les rêves prémonitoires de mort sont-ils vérifiables scientifiquement ?

Les expériences menées par Vassili Kassatkine, neuropathologiste de Leningrad, qui a consacré quarante ans à l'étude des rêves, montrent qu'en se fondant sur les images rêvées on peut établir un diagnostic un mois, voire plusieurs années, avant que les symptômes ne se manifestent. Ce qui est valable pour certains types de maladie l'est aussi pour la mort. Kassatkine a étudié plus de vingt-deux mille récits de rêves de personnes malades ou saines, jeunes ou âgées, hommes et femmes de professions variées. Dans la majorité des cas, les visions oniriques (souvent désagréables) ont été des signes précurseurs de maladie ou d'un déséquilibre de l'organisme. Comment Kassatkine explique-t-il que les rêves puissent capter des informations de cette maladie future sans que celle-ci soit déclarée ou décelable physiologiquement ?

Parce que, explique-t-il, les signes de cette future maladie sont encore si faibles dans l'organisme qu'ils échappent aux récepteurs de douleur mais leur énergie suffit à atteindre la route du cerveau extrêmement sensible. L'excitation des cellules nerveuses se réalise alors en images.

Souvent, la même image indiquant la future maladie se répète (rêve récurrent). De ce fait, la fréquence et les particularités des rêves permettent de repérer la maladie, de préciser son foyer et même son stade d'évolution. Il est donc plausible qu'à l'approche de la mort, notre cerveau capte cette information au niveau du dysfonctionnement de nos cellules alors que rien ne nous laisse présager notre fin prochaine.

De ces analyses de rêves, Kassatkine a remarqué que les maladies du cœur, d'hypertension, de gastrite, des poumons, sont aisément diagnostiquées à l'avance. En revanche, les infections brutales ne sont pas décelables car le rêve intervient presque en même temps que la maladie elle-même.

Cependant, la méthode de diagnostic par les rêves n'est pas encore rigoureuse ; elle permet seulement de s'alarmer avant qu'il ne soit trop tard... tant il est vrai qu'on ne peut pas, en se fondant sur ses rêves, devenir son propre médecin...

L'information sur l'au-delà

Il faut souligner un fait constant : quand on voit un mort en rêve et que celui-ci parle, c'est toujours pour dire la même chose : « Ne t'inquiète pas, je suis vivant et je suis en paix. » Comme si les morts faisaient ainsi passer la seule information essentielle. Notons aussi que les morts vus en rêve apparaissent plus jeunes qu'au moment de leur décès. Il y a un léger décalage temporel. L'histoire de Mme D... est un exemple parmi d'autres de ce désir qu'auraient les morts de rassurer les vivants.

Mme D... eut la douleur de perdre son fils unique d'un accident de moto, à l'âge de dix-huit ans. Avant le « départ » de son fils, Mme D..., qui n'avait ni sentiments religieux ni aucun souci des questions spirituelles, ne vit dans ce drame qu'un châtiment de plus dans sa vie déjà accablée. Les rêves qu'elle fit alors suscitèrent son étonnement. Et comme elle s'en souvenait parfaitement au réveil, elle entreprit de les noter. Ils commencèrent à la mort de son fils. Pendant cinq ou six mois, elle fit chaque nuit le même rêve, où son fils lui apparaissait vivant. Puis, quand elle fut convaincue de cette survie, ce rêve devint moins fréquent et ses autres rêves lui indiquèrent plutôt que son fils subissait une évolution spirituelle.

Mme D... remarqua que ses rêves se répartissaient en trois « étapes » :
- — d'abord, sitôt après la mort, des rêves affirmant la survie;
- — puis des rêves d'enseignement où elle-même se revoyait élève avec son maître d'école et passant des examens;

— enfin, quelques rêves pour indiquer un éloi-
gnement, un « passage » dans une autre sphère
où la communication était moins facile.

Mme D... voulait avoir la confirmation que son
fils, mort jeune, récalcitrant à tout réveil religieux,
avait vraiment droit à la survie qu'il manifestait en
rêve. Elle fit alors un étrange rêve où apparaissaient
des cercueils :

« À l'intérieur d'une église, j'en vis une vingtaine
mais il n'y avait pas celui de mon fils. Je ressortis et,
au milieu d'autres cercueils dehors, je trouvai le
sien qui était le dernier et sur lequel était écrite en
gros caractères cette inscription : " prédestiné ". »

N'était-ce pas la réponse à son interrogation
inquiète ? Par ses rêves, Mme D... acquit la certitude
que c'était bien son fils qui lui parlait car il
employait un vocabulaire de « jeune » avec des mots
qu'elle-même n'employait pas.

Autre rêve significatif : « Je vois mon fils sur une
plage ; lorsque je m'approche de lui, il se relève ; il
porte sa tenue de charpentier (il était compagnon du
Devoir), je lui dis : " Mais je croyais que tu étais
mort après ton accident " et il répond : " Non
maman, ce n'était pas grave, tu vois, je suis
vivant ". »

Elle est en train de voler et aperçoit son fils. Elle
se pose près de lui et lui dit à nouveau : « Mais tu
n'es donc pas mort ? » et il répond : « Non, maman,
seulement à moitié. »

Ce mot de « moitié » frappe Mme D... car elle
reconnaît tout à fait la façon dont son fils se serait
exprimé, lui qui n'avait jamais entendu parler de
corps subtil ou spirituel ni de la notion de
« double ».

Dans ses rêves, Mme D... éprouve la sensation vraie de toucher la peau douce de son fils comme lorsqu'il était enfant, elle croit vraiment sentir son épaule contre la sienne lorsqu'elle est en train de lire. Le sentiment de réalité dans les rêves est si intense que les muscles eux-mêmes au réveil semblent avoir été sollicités.

L'interprétation des rêves de mort

Jacques de La Rocheterie, qui se situe dans la ligne de la psychologie jungienne pour l'interprétation des rêves, donne les indications suivantes [1] :

— *Le rêveur se voit mourir ou suit son propre enterrement :*

l'image est rarement négative bien qu'elle puisse signifier que le rêveur se laisse porter par la vie avec inertie, comme un cadavre. L'image est le plus souvent positive, elle indique « la mort à soi-même », « la mort de l'hégémonie du moi sur l'ensemble du psychisme », une mort nécessaire pour la renaissance spirituelle. Signalons que deux périodes de la vie sont particulièrement propices à ces rêves de mort : l'adolescence et la maturité (35-45 ans).

— *Le rêveur voit mourir un être humain :*

cet être humain symbolise pour le rêveur un contenu psychique qui reste à déterminer. Il se peut aussi qu'un aspect négatif du rêveur soit en train de disparaître pour donner naissance à un nouvel aspect plus favorable à son équilibre.

— *Le rêveur voit mourir son père ou sa mère :*

1. Jacques de la Rocheterie, *La Symbologie des rêves dans le corps humain* (Imago, 1984).

la puissance contraignante du complexe père ou
mère est en voie d'extinction. Le rêveur pourra
alors pleinement développer son énergie spirituelle
masculine *(animus)* ou féminine *(anima)*.

Cependant, tous les rêves de mort ne sont pas à
interpréter sur le plan symbolique. Jung lui-même
admettait que certains rêves devaient être compris
« objectivement », c'est-à-dire qu'ils ne reflétaient
pas tel ou tel symbole mais traduisaient bel et bien
un contact entre le mort et le vivant. Dans une
lettre, Jung précise sa pensée : « Il existe des expériences qui font penser que le mort s'enroule en
quelque sorte dans la physiologie (nerf sympa-
thique) du vivant[1]. »

Néanmoins, un mois avant sa mort, âgé de
quatre-vingt-six ans, Jung n'était pas encore définitivement sûr de sa position. Au cours d'un entretien
avec Miguel Serrano, il s'interroge :

« La question à formuler est celle-ci : y a-t-il une
raison de croire qu'il y a une vie après la mort ? »

« Y en a-t-il une ? »

« S'il était possible que l'esprit fonctionne en
marge du cerveau, il serait incorruptible. Des phénomènes parapsychologiques suggèrent que cela est
possible. J'ai moi-même expérimenté certaines
choses qui l'indiquent. »

Jung raconte alors comment, un jour qu'il était
gravement malade, presque dans le coma, il vécut
l'impression de flotter au-dessus de son corps. Il
ajoute qu'après la mort de son père, ce dernier lui
est apparu en rêve plusieurs fois.

« Ses apparitions, précise Jung, peuvent avoir été
des phénomènes entièrement subjectifs de ma part.

---

1. *Psychologie et Alchimie* (Buchet/Chastel, 1970).

— Mais, demande Miguel Serrano, n'est-il pas possible que toutes ces choses soient en fait externes et objectives et non pas seulement issues de l'esprit ? »

Jung raconte alors qu'il observa, pendant la guerre, des hommes blessés au cerveau, avec des lésions qui paralysaient les fonctions du cortex cérébral et les empêchaient d'avoir un sens du temps et de l'espace. Pourtant ils faisaient encore des rêves et certains eurent même des visions importantes. Les questions concernant le rêve restent alors entières : avec quelle partie du cerveau rêve-t-on ? Et surtout, y a-t-il une indication qui montre qu'effectivement l'esprit agit indépendamment du cerveau ?

Et cet esprit survit-il à la disparition du corps physique ?

Au seuil même de la mort, Jung cherchait encore et espérait, bien que son esprit scientifique lui interdise de se prononcer sur des données non expérimentales et démontrables [1].

Marie-Louise von Franz, la collaboratrice de Jung durant de nombreuses années, suivit avec lui son analyse et rendit compte de leurs communes recherches, en même temps qu'elle écrivait de nombreux ouvrages [2]. Elle a relaté en détail dans *Les Cahiers de psychologie jungienne* (n° 34) le rêve qu'elle fit trois semaines après la mort de son père, alors qu'elle se demandait si son père existait encore d'une façon ou d'une autre.

Voici son rêve et le commentaire que Jung et ellemême en donnent :

---

1. Propos rapportés dans *C. G. Jung parle* (Buchet/Chastel, 1984).
2. M.-L. von Franz a écrit, entre autres : *L'Interprétation des contes de fées. La Femme dans les contes de fées, Nombre et Temps, Aurora Consurgens* (tous aux éditions La Fontaine de pierre).

« Il était environ 10 heures du soir. J'ai entendu sonner à la porte et je " savais " que c'était mon père qui arrivait. J'ai ouvert la porte et il se trouvait là avec une petite valise. Je me suis souvenue (dans le rêve) que le *Livre des morts tibétain* dit que l'on doit informer de la réalité de leur mort les gens décédés brusquement. Mais avant que j'aie pu dire quelque chose mon père sourit et déclara : " Naturellement, je sais que je suis mort mais tout de même m'est-il permis de vous rendre visite ? " Moi : " Bien sur, entre donc. " Et ensuite j'ai demandé : " Comment vas-tu ? Que fais-tu à présent, es-tu heureux ? " Il me répondit : " Je dois réfléchir à ce que vous, les vivants, appelez heureux. Oui, tout de même, selon votre langage, je suis heureux. Je suis à Vienne (sa ville natale) et j'étudie à l'Académie de musique. " Puis il entra dans la maison et monta l'escalier. Je voulus l'accompagner jusqu'à la chambre des parents mais il fit signe que non et dit : " Non, maintenant je ne suis ici qu'un hôte " et il se dirigea vers la chambre d'ami. Là, il posa la valise sur la table et dit : " Il n'est bon ni pour les vivants ni pour les morts de rester trop longtemps ensemble. Va, maintenant, bonne nuit. " Par un geste, il me fit comprendre de ne pas l'embrasser, mais de partir. Je retournai dans ma chambre et je pensai que j'avais oublié de fermer le radiateur électrique. Je me suis réveillée avec une énorme sensation de chaleur et en sueur. »

Jung commenta ce rêve dans le sens d'un rêve « objectif » c'est-à-dire qu'il ne s'agissait pas de l'image du père en la rêveuse mais bien de son père *réel* qui lui était apparu. Marie-Louise von Franz elle-même avoue que si l'on interprète ce rêve d'une manière subjective (c'est-à-dire en expliquant à l'aide de l'archétype jungien que c'est son *animus*, son côté spirituel masculin, qui s'est manifesté sous les traits de son père), cela donne un résultat très pauvre comparé à l'impression de numinosité[1] qui lui est restée après ce rêve.

À propos de ce rêve, Marie-Louise von Franz souligne aussi plusieurs points qui méritent réflexion : dans ce rêve, son père travaille à son violon, ce qui voudrait signifier qu'au-delà de la mort une amélioration, un perfectionnement est toujours possible. Cela est en contradiction avec d'autres informations obtenues en rêve où le mourant fait nettement savoir qu'il faut dans la vie cultiver sa conscience car, dans l'au-delà, c'est trop tard. Elle remarque aussi que les morts semblent avides des nouvelles de la terre comme s'il existait une grande barrière entre les deux mondes. Quand son père, dans ce rêve, s'interroge sur l'expression « être heureux », cela tendrait à penser que les conditions d'existence des morts dans l'au-delà sont si différentes des nôtres qu'ils ne peuvent plus employer le même vocabulaire.

Marie-Louise von Franz, à la demande d'une autre psychothérapeute, contrôla un jour les rêves d'une jeune fille qui voyait apparaître régulièrement son fiancé mort dans un accident d'avion. La plupart de ses rêves pouvaient être interprétés sur le plan subjectif et symbolique sauf quelques-uns : six rêves particulièrement impressionnants pour lesquels cette interprétation était insuffisante. Jung à son tour étudia la totalité de ces rêves et mit de côté les six rêves en question en disant qu'il fallait les interpréter sur le plan « objectif ».

---

1. *Numinosité* : relation d'un être avec le sacré, le surnaturel. Ce terme a été remis en usage par l'historien des religions Rudolf Otto (1860-1937) : « L'impression spécifique produite par l'objet religieux, sentiment du mystère, du fascinant, du " tout autre "... »

On voit ici la difficulté d'interpréter des rêves de mort : est-ce le mort qui apparaît ou est-ce l'image intérieure que le rêveur a de lui qui se manifeste ? Les deux sont possibles.

Les rêves de Thérèse G..., qui ont souvent un caractère symbolique, prennent aussi la forme d'une communication directe. D'abord prémonitoires de la mort brutale de son compagnon, ils lui ont donné la certitude que celui-ci prolongeait sa vie d'une autre façon. Quelques jours avant le décès de son ami, elle rêve en effet d'un serpent noir. Le serpent qui, selon Freud, a une signification sexuelle, est, dans l'interprétation traditionnelle, un symbole de métamorphose et donc occasionnellement de mort.

Un autre témoin que j'ai interrogé et qui venait de perdre sa femme m'a également confirmé qu'il avait rêvé d'un serpent peu de jours avant la mort imprévisible de celle-ci. Le grand onirologue de l'Antiquité, Artémidore d'Éphèse (IIe siècle après J.-C.), qui passa sa vie à étudier et à interpréter les rêves, n'écrit-il pas : « Un homme rêva qu'il se dépouillait de son corps comme un serpent de sa vieille peau. Le lendemain, il mourut. C'est que l'âme, sur le point de quitter le corps, lui mettait en tête de telles imaginations [1]. »

Thérèse G... rêve ensuite de baignoires où elle-même ne trouve que des eaux polluées tandis que son ami a trouvé une baignoire d'eau pure. Ce qui signifie bien à l'évidence la supériorité de sa vie nouvelle sur la vie terrestre.

Puis elle se voit dans le cimetière où il est enterré. Il lui demande : « Que viens-tu faire ici ? Viens, je

---

1. Livre V, verset 40 de *La Clé des songes*, traduction Festugière (éd. Vrin).

t'emmène. Je ne suis pas ici. » Elle a ressenti au cours de ce rêve la sensation presque physique de la présence de son ami qui la secouait par les épaules en lui criant : « Tu ne peux pas croire, toi, que je suis mort. »

Il l'avertit en rêve de se méfier d'un de ses collègues de travail. Elle n'y prit garde que huit jours après lorsque ce collègue lui causa effectivement de gros ennuis. Le message s'effectuait par pensée directe et non par la voix.

Une seule fois, elle l'entendit lui parler en italien, car il était trilingue, et elle s'étonna de le comprendre. Il lui répondit : « Tu sais bien qu'on se comprendra toujours. »

Elle vit un chemin blanc, très dur à monter, très long à suivre, mais elle savait qu'elle devait l'emprunter. Elle vit que son ami l'attendait au bout de ce chemin.

Message exprimé par un mort à travers un langage symbolique ou présence effective du disparu capté par un système récepteur inconnu, le rêve signifie d'abord pour Thérèse que la vie n'est pas finie pour son ami, que la communication entre eux se poursuivra, rare, occasionnelle, mais toujours possible et que leur séparation se bornera à un bref temps terrestre.

Trois exemples d'interprétation symbolique

L'interprétation des rêves selon la tradition est très différente de celle des psychanalystes. Les récits des trois rêves rapportés ici, et les significations qui en ont été tirées en donnent un exemple.

Sur la plage, dans la lumière...

« Je rêve que mon père, récemment décédé, est étendu sur une surface de sable, une plage et que, paraissant endormi, ses bras sont dans une position de relaxation. Son corps se redresse légèrement et se repose ensuite, s'abandonnant au soleil. » La rêveuse précise qu'elle-même adore cette position quand elle est sur la plage et que, d'autre part, des travaux l'ayant obligée à faire rouvrir la tombe de son père, celui-ci, à sa grande surprise, lui a paru vivant. Cette jeune femme, très angoissée par ce rêve, craignait d'y voir un signe de folie.

Ce rêve est à interpréter comme une information sur la situation du défunt. Il fait savoir qu'il est bien : relaxé, au soleil sur une plage, images de bien-être et d'une paix profonde. Le soleil, dans les rêves, est toujours un bon signe car il témoigne d'une grande lumière. Ici, le mort a rencontré la lumière, il en est tout illuminé.

Plusieurs récits de rêves indiquent clairement que les morts vivent dans la lumière. Les témoignages des « rescapés » de la mort, ainsi que les récits des expériences mystiques, indiquent tous que la lumière est l'élément dans lequel vivent les morts dans l'au-delà.

Au téléphone, avec une autre femme...

« *J'ai rêvé que mon mari décédé se trouvait derrière la porte d'une cabine téléphonique, dans un bar. Je le voyais de dos, il embrassait une de mes amies sur la bouche, étroitement enlacés. J'ai entrouvert la porte, j'ai tiré mon mari par la manche, il est sorti de la cabine puis a disparu.* »

Elle indique que, dans un second rêve, elle a perdu son sac à main.

Ce rêve peut être également interprété comme une communication avec l'au-delà, le téléphone est, en effet, symboliquement une parole divine. Qu'un défunt s'y trouve associé connote l'existence de la relation avec l'autre monde. L'amie plus jeune vue par la rêveuse est en réalité une image d'elle-même au temps où elle était jeune fille. Du lieu insituable où il se trouve, son époux lui indique qu'il aimerait la voir dans les mêmes dispositions d'amour et de tendresse que jadis. Le fait que la scène se déroule dans un bar renvoie à toute la symbolique de la boisson rafraîchissante, la soif des joies simples qui désaltèrent. En réalité, la rêveuse souffre de quelque chose de vital qui lui manque : sa relation avec son âme. Celle-ci est étouffée par une vie sociale trop absorbante.

Dans le sac perdu du deuxième rêve, il y a les papiers d'identité, symbole de l'existence sociale. La rêveuse, trop soucieuse de paraître, ne parvient pas à entrer en relation profonde avec son âme. Son époux défunt lui fait parvenir en rêve un conseil essentiel, un message pour l'éveiller à la spiritualité.

La main sur l'épaule...

« *J'ai rêvé de mon mari décédé depuis sept ans et dont je n'avais pas rêvé depuis plusieurs années. Il était au mieux de sa forme, vêtu d'une gabardine et d'un chapeau. Il avait une main posée sur mon épaule et s'est arrêté pour regarder un étalage. Nous avons croisé un couple d'amis mais j'ai fait celle qui ne les connaissait pas.* »

Le défunt, encore une fois, informe de son état de bien-être (à remarquer que les morts ne disent jamais qu'ils sont dans un état terrible de malheur, de souffrance, etc.), il indique aussi qu'il est bien vivant. Il regarde un étalage : c'est une allusion aux nourritures subtiles et à la relation « nourrissante » que les deux époux entretenaient. Mais un problème éloigne l'épouse vivant de son mari défunt : une certaine attitude de repli égoïste sur soi, symbolisée dans ce rêve par ce couple d'amis qu'elle ne veut pas voir. Manque de générosité, manque de communication. Le défunt semble donner en rêve le message suivant : Je te protège, mais tu dois être plus ouverte, plus généreuse, plus attentive aux autres.

Autre réalité ou jeu de l'imaginaire ?

Ceux qui ne croient pas à la survie opposent à tout argument en sa faveur une objection majeure : tout n'est que produit de notre inconscient et jeu de notre cerveau [1]. En particulier les rêves. Ces rêves de contact avec les morts ne feraient que traduire notre désir de les retrouver sans prouver réellement qu'il existe une vie après la mort.

Mais ce désir, justement, est lui-même ambigu. Si l'on peut avoir le désir de voir apparaître en rêve l'image du mort, et en supposant que cela suffise à faire naître un tel rêve, nous ne pouvons pas contrôler l'information, le message, qui est donné dans le rêve.

Quand le rêveur entend nettement dans son rêve une voix lui dire : « Tu vas mourir », quand il reçoit des images dont le sens de mort prochaine est évident, peut-on toujours dire, comme les sceptiques, que ce rêve est la manifestation d'un désir ? Qui a le réel désir de mourir ?

Le rêve est un accès à d'autres plans d'existence, où l'espace et le temps ne sont plus les mêmes. Le rêve, qui franchit allègrement les barrières du temps, puise dans le réservoir des souvenirs du passé. Pourquoi ne puiserait-il pas aussi facilement dans le futur ? Ce qui confirmerait les rêves prémonitoires.

Mais l'on pourrait dire aussi que le rêve de mort est une compensation. D'abord parce que chaque individu proteste, crie, se révolte contre l'idée de la

---

1. H. Ey, dans son *Traité des hallucinations*, va même jusqu'à décrire les *dreamy states* (états de rêve) comme des épilepsies, c'est-à-dire des décharges électriques plus ou moins désynchronisées des cellules du cerveau.

mort-anéantissement et destruction totale. Ensuite, parce que la société dans laquelle nous vivons cache la mort, comme si elle était honteuse, scandaleuse, malpropre. Dans le sommeil, dans le rêve, l'homme est seul, abandonné à cette menace de la mort. Or, en rêve, on ne peut pas tricher, on ne peut rien se cacher. La mort existe : le rêve trame avec elle des histoires innombrables. Et il fait de même avec la survie. Tous ces rêves, où les morts apparaissent bien vivants, ne sont-ils pas un signe à défaut d'une preuve ?

Devenir un rêveur conscient

Dans l'Antiquité, les rêves représentaient un mode privilégié par lequel étaient reçues les inspirations et instructions divines.

Les visionnaires des traditions ésotériques, notamment les mystiques islamiques (Avicenne et Ibn Arabi, par exemple) acceptaient sans difficulté l'idée que l'âme parvenait dans les rêves à l'expérience spirituelle, qu'elle franchissait les degrés de sa perception.

La tradition indienne reconnaît le paradoxe de la « réalité » des rêves qui suit une voie parallèle à la « réalité » de la vie éveillée, mais elle les tient l'une et l'autre pour « illusion ». Celui qui cherche doit comprendre les illusions plus subtiles de l'état de rêve. Milarepa, l'un des grands fondateurs du bouddhisme tibétain, au XIIe siècle, écrit : « Pendant la nuit, dans mes rêves, je pouvais traverser l'univers sans empêchement dans chaque direction ; je distinguais chaque chose clairement pendant que je me mouvais ; je pouvais aussi en rêve me multiplier en centaines de personnages, tous doués du même pouvoir que moi. Chacune de mes formes pouvait traverser l'espace et se rendre en quelque demeure céleste du Bouddha... J'étais également capable de transformer mon corps physique en une masse flamboyante ou en une surface d'eau calme... »

Le yogi qui est capable d'accéder à une telle maîtrise de ses rêves a commencé à résoudre le problème de la réalité et de l'illusion. Lorsqu'il s'endort, « il prend avec lui toute la matière de ce monde qui contient tout, il l'attire à lui, il la construit et il rêve en fonction de son éclat personnel, de sa propre lumière. Cet homme devient alors auto-illuminé. Là, n'existent ni charrettes, ni ponts, ni routes mais il projette de lui-même charrettes, ponts et routes. Car il est créateur... un dieu ».

Ces propos ne rejoignent-ils pas ce que dit Jeanne Guesné de la pensée créatrice ? La réalité n'est plus extérieure, elle est créée par la pensée.

La technique yogique, qui a pour but de parvenir à la continuité de l'état de conscience tout en entrant dans l'état de rêve, qui enseigne, par le contrôle de la respiration, à conserver la vigilance de l'esprit et donc à être un rêveur conscient, lucide, éveillé, s'appelle *pranayama*.

De l'autre côté, en Amérique du Sud, le sorcier Yaqui Don Juan enseigne à Carlos Castaneda à « élaborer le rêve » : « Ici même je vais t'enseigner la première étape du pouvoir. Je vais t'enseigner à élaborer le rêve. » Il explique que cela signifie en avoir un contrôle précis et pragmatique : « Il faut commencer par quelque chose de très simple, dit-il, cette nuit, dans tes rêves, tu regarderas tes mains. » L'étape suivante est d'apprendre à voyager : « De la même manière que tu as appris à regarder tes mains, tu peux utiliser ta volonté pour te déplacer, aller ailleurs. En premier lieu, choisis l'endroit où tu veux aller. Puis aie la volonté d'y aller. » C'est ainsi que l'on rejoint les expériences de voyage hors du corps : voler hors du corps, se projeter dans l'astral, etc., autant de termes qui décrivent un mode universel d'existence dans les rêves conscients.

Pour reprendre les diverses terminologies utilisées : le soi, l'âme, le corps astral, le chasseur, l'initié devient capable de *percevoir une réalité autre* que la réalité matérielle des objets. La non-matérialité du monde des rêves ne signifie pas sa non-réalité. On sait d'ailleurs combien les physiciens actuels remettent en question ces notions de matérialité et de réalité.

Ces rêveurs conscients, ces explorateurs d'un monde non matériel, parlent souvent de la rencontre d'une lumière (rappelons que Jeanne Guesné en parle également) colorée ou d'une lumière « lumineuse ». Lahiji, un soufi du xve siècle, relate son expérience en ces termes : « Je vis que la totalité de l'univers, dans la structure qu'il présente, consiste en lumière. Je voulus m'envoler dans les airs mais je m'aperçus qu'il y avait à mon pied quelque chose comme une pièce de bois qui m'empêchait de prendre mon envol. Je frappai mon pied contre terre jusqu'à ce que la pièce se détachât... et je m'élevai en m'éloignant. »

Rapprochons ces propos mystiques des découvertes de la physique qui démontrent que le monde est formé de particules énergétiques...

Cette lumière, est-ce la même que celle qu'aperçoivent les mourants après avoir franchi une sorte de tunnel obscur ? On ne peut manquer, en lisant les témoignages des « rescapés » de la mort, de faire le rapprochement de ces expériences avec certains récits de rêveurs ou de mystiques.

Le rêve agit en médiateur entre les mondes de la matière et de l'esprit, entre l'observable et l'intangible, entre le temps et l'éternité. L'échelle de Jacob, rappelons-le, symbolise ce passage entre ces différents degrés de la réalité. Le temps est aboli. Passé et futur sont perçus simultanément. Le rêve, pour passer d'un monde à un autre, semble bien un outil privilégié, que toutes les traditions ésotériques et spirituelles utilisaient et... que nous avons perdu.

Rêves et réincarnation

Le rêve, intermédiaire entre les différents plans de l'existence, est très souvent témoin privilégié d'images suggérant la réincarnation.

De nombreux rêves font intervenir une personne décédée qui prévient le rêveur de sa prochaine réincarnation. Ou bien le rêveur se voit en images précises vivant en d'autres temps et lieu, comme s'il était réincarné.

G. Delanne, dans son ouvrage *Documents pour servir à l'étude de la réincarnation* (1924), rapporte le cas touchant d'une fillette de cinq ans, décédée, qui apparut en rêve à sa mère trois jours après sa mort. « Maman, disait-elle, ne pleure plus. Je ne t'ai pas quittée » et, ajoutait-elle, en lui faisant voir l'image d'un fœtus, « je reviendrai petite comme cela ». Elle précisait qu'elle serait de retour sur terre avant Noël. En effet, sa mère, qui ne s'était pas encore aperçue qu'elle était enceinte, donna naissance à une autre enfant peu avant cette date.

Ian Stevenson, l'auteur américain de *Vingt Cas de réincarnation*, a établi plus de mille cinq cents dossiers sur des cas éventuels de réincarnation, dont il présente les vingt cas les plus probants. Il a étudié un grand nombre de rêves suggérant la réincarnation. Selon les pays, les civilisations, les cultures, ces rêves sont différents. En Thaïlande, 34 % des cas de réincarnation étudiés par Stevenson sont assortis de rêves annonciateurs [1]. En Birmanie, sur deux cent trente cas, cent sept (47 %) comportent des rêves et la personne qui a rêvé est généralement la mère (70 % des cas), ou le père (11 %), voire les deux parents (7 %), ou un autre membre de la famille (6 %).

C'est souvent pendant la grossesse et avant la conception (54 %) que les rêves annonçant la réincarnation ont lieu. Avec des exceptions. Une femme a rêvé qu'un homme jeune et en bonne santé allait se réincarner. Cela semblait une impossibilité et pourtant cela devint une réalité car le jeune homme fut assassiné !

Tous ces rêves semblent, en tout cas, avoir un fort impact sur les rêveurs qui en restent profondément affectés.

Si l'on est convaincu, comme les spirites, que des esprits conscients et parfaitement au fait de leur état, peuvent annoncer en rêve à des vivants la date et les circonstances de leur prochaine réincarnation, de telles constatations ne posent pas de problèmes. Mais l'on peut évidemment penser, comme nous l'avons vu précédemment, que ce sont les rêveurs qui considèrent comme message de personnes

---

1. Jean-Louis Siémons, auteur d'un remarquable ouvrage consacré à la réincarnation, *Revivre nos vies antérieures* (Albin Michel, 1984), donne de plus amples détails à propos des recherches et observations de Ian Stevenson. On consultera son ouvrage avec grand intérêt.

décédées les images oniriques fabriquées par leur inconscient.

Mais le cerveau a des pouvoirs bien mystérieux... notamment celui de collecter des informations par télépathie ou par clairvoyance. Stevenson lui-même note que « les témoignages qui paraissent objectivement provenir de personnalités désincarnées pourraient en fait résulter de perceptions extra-sensorielles entre des personnes vivantes ».

Jean-Louis Siémons s'est lui aussi interrogé : « Si le pouvoir de précognition existe chez tout un chacun, même à l'état latent, faut-il faire intervenir des " esprits "dans ces rêves annonciateurs ? Le retour sur la terre d'une personnalité désincarnée n'est peut-être pas *aléatoire* : s'il répond à un programme (karmique ou autre), les grandes lignes de ce programme sont éventuellement tracées (dans la lumière astrale, la psychosphère ou le champ mental universel où interagissent toutes les énergies psychiques des êtres...) et il ne serait pas étonnant que les péripéties d'une grossesse soient réellement perceptibles longtemps à l'avance à l'" œil " du clairvoyant. »

La psyché du rêveur a incontestablement une part active dans les visions qu'il reçoit.

Rêve d'une vie antérieure

L'autre catégorie de rêve ayant trait à la réincarnation est celle où le rêveur voit sa vie antérieure. C'est une *anamnèse* (souvenir d'une vie antérieure) en état de rêve.

Jean-Louis Siémons rapporte les résultats des enquêtes de Frédéric Lenz[1], qui enseigne la méditation orientale à la New School for Social Research aux États-Unis et s'est beaucoup penché sur la réincarnation et sur le cas de ceux qui disent être réincarnés.

Sur cent vingt-sept cas de gens affirmant avoir vécu une autre vie dans d'autres lieux, dix-neuf disent avoir reçu cette révélation en rêve, le plus souvent par des rêves qui « reviennent », qu'on appelle rêves récurrents. Il faut noter que ces rêves-là ne s'évanouissent pas au réveil comme la plupart des autres rêves. Ils sont si intenses que le rêveur est certain d'avoir vécu une expérience unique dont il peut décrire les détails même après plusieurs années. Et le plus souvent le rêveur modifie sa façon d'appréhender la question de la mort. Il n'a plus peur. Nous retrouvons cette attitude de sérénité chez les « rescapés » de la mort.

Frédéric Lenz, comme le Dr Moody l'a fait pour les témoins de la pré-mort, a essayé d'établir un scénario type des cas de souvenirs de vies antérieures. Voici, dans les grandes lignes, les observations qu'il a notées et qui se résument, en fait, à un changement d'état de conscience :

— le sujet est déconnecté de son état habituel ;
— il entend des bruits insolites, semble flotter dans l'air, perçoit des phénomènes lumineux ;
— il est dans une ambiance d'harmonie, de bien-être et il est totalement conscient de lui-même. Il peut comprendre sans penser avec son

1. Lenz, *Life Time Accounts of Reincarnation*, New York, 1979. Siémons dans son ouvrage donne beaucoup plus de détails que ceux que je rapporte ici car je limite mes exemples à ce qui a trait aux rêves et à l'idée de réincarnation.

cerveau (ce détail est important car il rejoint les autres témoignages où l'on dit que la pensée est immédiatement créatrice. Ici, c'est l'intelligence, la fonction de connaissance, qui atteint un degré de perfection jamais atteint).

Puis Lenz rapporte que les personnes expérimentant leur réincarnation voient se dérouler le film de leur vie, entendent une voix qui les guide (certains l'appellent « la voix de l'âme »), perçoivent le temps d'une manière totalement inhabituelle (des siècles sont traversés en quelques secondes). Les changements de niveau de conscience sont marqués par le passage d'un tunnel obscur au bout duquel luit une lumière.

Enfin, quand le corps retrouve son incarnation actuelle, le sujet redevient lui-même en gardant le souvenir de son expérience profondément ancrée en lui, souvenir qui modifie toutes ses idées sur la vie et sur la mort.

Ainsi, il semble assez évident, à la lecture des rapports de Lenz, que les personnes ayant expérimenté en rêve les autres vies qu'elles ont pu connaître font état de particularités qui rejoignent de façon précise ce qui est dit dans les expériences hors du corps, dans les états de pré-mort ou dans les états de drogue.

Cependant, Jean-Louis Siémons fait remarquer que les enquêtes de Lenz, malgré leur intérêt, ne répondent pas aux critères d'enquête scientifique véritable et que ce scénario type du comportement des réincarnés est pour le moins discutable.

Parmi les récits reçus au *Bureau des rêves*, un rêve de réincarnation me paraît particulièrement intéressant.

Le rêveur avait l'habitude d'interpréter ses rêves par la méthode des associations libres. Il s'intéressait à la réincarnation et avait aussi tenté l'expérience de l'autosuggestion afin de remonter jusqu'à ses incarnations passées. L'une d'elles lui fut révélée en rêve :

« Une clairière dans laquelle se trouvent trois cabanes rondes en pierre, sans fenêtre, avec un toit en chaume de forme conique. Il y a également une autre cabane mais rectangulaire et plus spacieuse que les précédentes. Dans une seconde clairière contiguë, séparée d'elle par une rangée d'arbres, se trouve une cabane rectangulaire en pierre. À l'intérieur de cette cabane, il y a une table en bois, un lit et quelques outils. Un sentier part de cette clairière et descend vers la plaine. Les clairières sont situées sur un petit plateau rocheux. Dans la plaine, il y a un fleuve et des forêts. Les habitants du village portent des tuniques de cuir ou de peau au poil rasé, courtes et sans manches. Ils sont assemblés près du sentier et semblent converser, ils sont cinq ou six. Des légionnaires romains marchent sur le sentier, ils sont précédés par des joueurs de tambour. Les habitants prennent peur et s'enfuient vers la plaine dans les hautes herbes qui les cachent »

Autre rêve, même village, même décor. « Un homme vêtu d'une courte tunique de cuir, amputé d'une jambe et âgé, il a les cheveux blancs et assez longs, se traîne sur sa béquille dans la forêt et se dirige vers une fosse couverte de pierres, probablement une tombe. »

Troisième rêve, même village. « Un jeune homme, sans doute le vieillard du rêve précédent lorsqu'il était encore jeune, parle avec une jeune fille aux cheveux longs, d'un blond qui ne paraît pas naturel.

Ils sont assis près d'un feu, au pied du plateau rocheux où est situé le village. Le jeune homme a les cheveux noirs et il tient un arc très tendu dont la forme est presque un demi-cercle. »

« Quatrième rêve : même village. Dans la clairière aux trois colonnes, une scène de massacre. Un Romain qui semble avoir une cinquantaine d'années, grand et fort, avec un visage brutal, brandit un glaive et blesse un habitant qui gît sur le sol. Il est blessé à une jambe, sans doute est-ce le même vieillard amputé du rêve précédent. Les Romains portent des tuniques de différentes couleurs, brun, vert et rouge foncé. Ils ont des cuirasses brunâtres, en bronze ou en cuir renforcé de fer. Leurs tenues se ressemblent mais ne sont pas vraiment uniformes. Ils sont assez peu soignés et mal rasés. »

On ne peut manquer d'être étonnés de la précision des détails historiques de ces rêves. Ce rêveur a lui-même fait des recherches pour analyser les images de ses rêves. Il s'est référé à *La Guerre des Gaules* et à divers ouvrages sur la Gaule et les civilisations celtiques. Il en est arrivé à la conclusion que ces rêves sont des souvenirs d'une existence dans la Gaule pré-romaine, à l'époque de la conquête de César et plus précisément dans la province d'Aquitaine. En effet, les Aquitains étaient les seuls Gaulois à bâtir en pierre, les autres construisant plutôt en bois. Chez eux, les vêtements de couleur unie étaient plus répandus que chez les Gaulois de Belgique ou de la Gaule lyonnaise, qui portaient des vêtements bariolés.

Le rêveur ignorait tout de ces détails historiques avant d'analyser ses rêves. L'histoire rapportée est banale, il s'agit d'épisodes de la vie d'un Gaulois moyen, mais le récit semble totalement étranger à des manifestations de l'inconscient : désirs ou phantasmes.

« J'ai l'intime conviction que ces rêves sont des souvenirs d'une incarnation précédente », conclut le rêveur.

Rêves et « karma »

Les hindouistes et les bouddhistes s'accordent à penser que les rêves sont des actes responsables « portant du fruit » (le mot *karman* veut dire « acte » et « fruit de l'acte », le *karma* est donc le poids des actes accomplis dans les vies successives).

Le rêveur doit subir la conséquence de ses rêves comme s'il avait effectivement agi. Au Tibet, rapporte Alexandra David-Néel, les gens demeurent convaincus que les actes auxquels ils se livrent dans leurs rêves ont des effets matériels, une efficience, un résultat tangible. Elle raconte à ce sujet une étonnante histoire [1].

Un marchand du pays de Kham haïssait son frère. Il lui en voulait d'avoir pris sa fortune, sa future femme et sa place dans une riche caravane. Il en fut si empli de haine qu'il en tomba malade, puis en léthargie. On le tint pour mort. Deux lamas vinrent à son chevet lui lire *Le Livre des morts tibétain* en attendant les funérailles. Alors qu'il était transporté à l'écart sur une montagne pour que son squelette soit nettoyé par les vautours, il s'aperçut qu'il se levait, s'avançait et rejoignait la caravane où marchait son frère. Il se tint derrière son frère, un long bâton ferré de pèlerin à la main et, de toute sa force, le frappa dans le dos. Celui-ci s'écroula de son cheval et roula dans le fossé. Il vit ensuite plusieurs

1. Dans *Immortalité et réincarnation* (éd. du Rocher, 1978).

domestiques accourir et constater que le blessé ne bougeait plus. Il comprit que son frère était mort.

Il sortit alors de son état léthargique pour constater qu'il était allongé par terre, nu, à même le sol et qu'au-dessus de lui plusieurs vautours le regardaient... Il était physiquement à cet endroit de la montagne et avait donc rêvé qu'il rejoignait la caravane de son frère. Rentré chez lui, il essaya d'expliquer qu'il n'était pas mort mais qu'il était *desloq*, c'est-à-dire « revenu de l'au-delà » après une apparence de mort (léthargie).

Il était cependant convaincu d'avoir été le meurtrier de son frère. Et par la suite il apprit que son frère était effectivement mort en tombant de cheval et tué sur le coup car sa tête avait heurté des pierres du fossé.

Le second système

Le biologiste Lyall Watson, dans son *Histoire naturelle de la vie éternelle*, avance deux idées qui méritent de retenir notre attention.

Il remarque d'abord que, dans les situations de rêve, on trouve tout ce qui est nécessaire à une personnalité, à une individualité, pour qu'elle puisse continuer de vivre : les sensations physiques, conscientes, ainsi que la part inconsciente de nous-même dont les rêves sont le révélateur. En rêve, on vit des expériences cohérentes sans l'aide d'une stimulation externe. Le mécanisme du rêve « suffirait en lui-même à expliquer la survivance complète de la personnalité humaine après la mort clinique, si toutefois on pouvait démontrer qu'il est indépendant de la physiologie corporelle ». Tout le problème est là en effet. Sans le cerveau, et donc sans le corps, il n'y a pas de rêve. Alors que peut-il subsister des visions provoquées par le rêve ? Quel est leur degré de réalité ? Descartes a eu beau dire en parlant de ses rêves : « la même chose pourrait se produire si je n'avais pas de corps du tout », il n'en reste pas moins que les rêves sont une production du cerveau. Il faudrait pouvoir considérer que notre personnalité, composée, en partie du moins, par un ensemble individuel de souvenirs, puisse survivre au-delà de la mort du cerveau.

Les souvenirs en effet ont la vie dure, pour ne pas dire qu'ils sont indéracinables de notre mémoire. Le cerveau peut s'arrêter partiellement de fonctionner, par suite de l'ablation d'un lobe, par exemple, sans affecter la mémoire. Et donc sans que l'individu perde conscience de son identité propre. Il existe des cerveaux gravement endommagés par des blessures, des traumatismes, des tumeurs, etc., qui peuvent perdre la capacité de jugement ou d'acquisition de nouvelles connaissances sans qu'il y ait de graves défaillances de mémoire du passé (en revanche certaines opérations semblent endommager la mémoire à court terme). La leucotomie préfrontale qui sépare les lobes frontaux du reste du cerveau soulage les malades souffrant d'hallucinations ou d'obsessions, mais n'a aucun effet sur leurs souvenirs. L'ablation de certaines parties du cortex soulage les névrosés sans altérer leur mémoire. Il semble que le siège de la mémoire ne soit pas dans un endroit précis du cerveau, mais soit diffus dans plusieurs parties du corps. Les recherches sur la mémoire et sa localisation sont en cours et aucune certitude n'a pu jusqu'à présent être avancée.

Si une grande part de la personnalité est issue de l'expérience, de l'acquis (avec, bien entendu, une base biologique innée), cette expérience est stockée sous forme d'informations-souvenirs, de mémoire. Or les rêves ont la faculté privilégiée de faire vivre ce stock de mémoire indépendamment d'une « banque de mémoire » logée dans le cerveau. Les rêves n'assurent-ils pas la survie des « informations » qui constituent notre personnalité? Cette personnalité semble bien jouir, au moins la nuit, d'une existence indépendante...

« On ne peut comprendre la notion de survivance, dit Watson, qu'en postulant que chaque organisme capable de survivre après la mort est constitué d'au moins deux éléments, étroitement unis, l'un étant le corps ordinaire, de tous les jours, et l'autre quelque chose de très différent inaccessible à l'observation courante. » Cette hypothèse de l'existence d'un « second système », pourrait être démontrée par l'état de rêve, qui mettrait notre corps physique en contact avec une autre forme de corps, un autre nous-même inconnu de nous.

Seconde hypothèse intéressante de Watson : les rêves lucides et prélucides. Dans ce type de rêve, le rêveur se rend compte qu'il est en état de rêve, il est conscient qu'il est en train de rêver. Or que disent les rêveurs lucides? Comment expriment-ils leur expérience? Ils affirment qu'ils ressentent deux états totalement distincts : celui de leur corps physique qui dort et celui de leur « second corps » qui rêve... Leur personnalité peut aller de l'un à l'autre. Il y a une foule d'histoires, de témoignages et d'anecdotes de rêves au cours desquels les rêveurs ont acquis des informations qu'ils n'auraient jamais pu avoir autrement.

Les deux grands spécialistes mondiaux de l'étude du sommeil et du rêve, Stanley Krippner et

Montague Ullman, au laboratoire du Maimonides de New York, ont tenté d'analyser objectivement cet aspect du rêve : il donne accès à des informations impossibles à connaître autrement. Procédant d'une façon qui est devenue habituelle, ils branchent sur leurs sujets endormis des électroencéphalographes, ils les réveillent dès que la phase de rêve est passée et leur font raconter le rêve. Pendant que se déroule cette expérience, une autre personne, dans une pièce éloignée, se concentre toute la nuit sur un tableau choisi au hasard. Le matin, on présente au rêveur toute une série de tableaux et on lui demande lequel a été vu dans ses rêves. Le rêveur ne rêve pas du tableau lui-même mais des éléments qui le composent : une montagne, une foule en colère, un ciel ou un avion, par exemple. Or ces éléments sont dans le tableau. On peut donc penser soit que le « second système » du rêveur s'est déplacé et est allé faire un tour dans la pièce éloignée en question pour y capter les informations, soit que ce « second système » est capable de capter ces mêmes informations par télépathie.

Une autre expérience, tentée dans ce même laboratoire avec le concours du jeune médium britannique Malcolm Bessent fournit une réponse. Il rêva de « coupe de fruits » alors que le tableau qui était enfermé dans la pièce voisine représentait une nature morte de fruits et fleurs. Il rêva également de « mares peu profondes » et de « collages » alors que le tableau était un collage intitulé « Soupe populaire ». Seulement, le plus intéressant de cette seconde expérience, c'est qu'il n'y avait personne dans la pièce pour se concentrer sur les tableaux. L'hypothèse d'une télépathie ne put être accréditée. Le « second système » du jeune médium se serait déplacé et aurait quitté son corps endormi. Bessent affirme d'ailleurs être non seulement capable dans ses rêves de se rendre dans un endroit différent de celui où il dort, mais également de réaliser une séparation dans le temps. Demeurant parfaitement lucide dans ses rêves, il peut contrôler sa volonté et opérer ce dédoublement. Bien entendu, les recherches concernant l'état de rêve se poursuivent.

Faut-il en déduire que « le second système » en état de rêve est capable de se détacher du corps ? Les expériences devront se poursuivre mais d'ores et déjà on peut affirmer qu'il y a là une piste intéressante à suivre pour démontrer l'existence d'un autre « corps », parallèle en quelque sorte à notre enveloppe physique. Ce second corps, dont actuellement on ne peut que postuler l'existence, pourrait-il conserver sa forme typique, individuelle ?

En tout cas, si l'on pouvait déjà prouver que ces deux corps-systèmes peuvent, en certains états comme le rêve, se séparer dans l'espace, on pourrait alors sans difficulté affirmer qu'ils peuvent aussi se séparer dans le temps. Et exister indépendamment l'un de l'autre. La mort de l'un ne signifierait plus la mort de l'autre... même s'il semble probable que cet autre corps ne puisse avoir une survie indéfinie...

Les barrières de l'espace-temps

Pendant le rêve, l'esprit semble vivre d'une manière presque autonome... À l'état d'éveil, notre conscience de la réalité nous parvient par l'intermédiaire de nos sens. À l'état de rêve, où nous avons également une sensation de réalité, les sens ne sont plus les transmetteurs de cette réalité. Les rêves nous procurent l'occasion d'une étonnante expérience : nous ne sommes pas obligés de passer par les sens pour percevoir une réalité. Nous ne sommes pas soumis à la perception exclusive des cinq sens.

Le rêve franchit les barrières de l'espace-temps. Nous avons tous fait l'expérience : le temps du rêve n'est pas le même que celui de l'éveil. En rêve, des événements se déroulent en quelques secondes alors qu'il faudrait des heures à l'état de veille pour vivre les mêmes situations. On peut parler d'un temps psychique[1] différent du temps « solaire » par lequel nous mesurons la vie en état de veille. Ce temps-là est en relation avec la rotation de la Terre autour du Soleil. C'est l'idée que nous nous faisons du passé, du présent et du futur, du moment qui succède à un autre moment, qui constitue notre expérience de ce temps « solaire ». Le temps du rêve n'a rien à voir avec ces données. Le rêve nous apporte la preuve que le temps est très relatif, qu'il n'a pas en lui-même d'existence.

Ainsi, le temps comme l'espace apparaissent être des constructions mentales de même que ce que nous ressentons en rêve comme des réalités ne sont que des constructions mentales.

Ainsi, le monde éveillé et le monde rêvé ne sont ni l'un ni l'autre l'ultime réalité. Chacun d'eux n'est qu'un état de l'esprit qui les fabrique.

C'est le même esprit qui est présent quand nous sommes éveillés et quand nous rêvons. L'esprit crée la réalité.

Le rêve nous permet de comprendre que les spectacles, les objets, les personnages construits ne sont que des apparences. C'est l'esprit qui leur donne un

---

1. Ce terme a été employé par certains physiciens contemporains.

aspect de réalité ; de même, la vie éveillée nous offre un spectacle construit mentalement et dont la réalité n'est qu'une apparence.

D'où l'on est autorisé à conclure que l'esprit, étant dépendant du cerveau, meurt avec celui-ci. Mais l'homme n'est pas seulement corps et esprit ; il a aussi une « âme » c'est-à-dire une part de lui-même qui garde son identité, une mémoire de son individualité, qui conserve notamment les milliards d'informations accumulées au cours de l'existence terrestre. La nouvelle vie de l'âme après la mort ne serait-elle pas semblable à celle d'un rêve prolongé, comme le croient les aborigènes ? Et l'âme d'un défunt initié ne retournerait-elle pas dans « le Temps du Rêve » ! Les aborigènes australiens croient que tout être humain possède deux âmes : la première, celle qui accède à l'être en même temps que l'embryon, est mortelle ; la seconde, qui est une particule de la vie de l'Ancêtre, est immortelle car elle conserve la totalité de la mémoire de l'individualité.

Le mystérieux troisième œil

Les expériences scientifiques sur le rêve et le sommeil ont abouti à des conclusions qui rejoignent des affirmations spirituelles millénaires. En 1977, l'équipe du Pr Guido Schoenenberger de Bâle a pu identifier la substance provoquant le sommeil comme étant une petite protéine composée de neuf éléments (acides aminés) appelée peptide D.S.I.P., c'est-à-dire Delta-Sleep-Inducing-Peptide puisque cette peptide induit le sommeil à ondes très lentes delta.

La preuve a été faite à l'Institut de physiologie de Bâle que les tissus nerveux vivants possèdent ce qu'on nomme des récepteurs ou points d'attache pour le D.S.I.P. Cette peptide D.S.I.P. a été injectée à des patients souffrant d'insomnie. Qu'a-t-on constaté? Dans tous les cas, une amélioration significative de la capacité d'attention, de concentration et de coordination psychomotrice *.

Or, dans la tradition hindoue, on sait que la concentration en méditation se fait sur un point précis du corps, appelé le troisième œil et qui correspond à l'emplacement de la glande pinéale. Cette glande (découverte par les anatomistes occidentaux en 1886) est à moitié cachée au centre du crâne juste à la hauteur d'entre les deux yeux, là exactement où apparaît l'œil de l'illumination des hindous.

Cette glande pinéale n'est pas, comme on le pensait jusqu'à présent, un vestige inutile datant de l'époque reptilienne avant l'évolution humaine. Cette glande a un rôle précis : celui de fabriquer des hormones (travaux du Dr Aaron Lerner de l'université Yale) et notamment la mélatonine. Cette hormone mélatonine est fabriquée à partir de la sérotonine qui – et c'est là que nous retrouvons les recherches sur le rêve et le sommeil – joue un rôle très important dans les cycles du sommeil. La sérotonine est l'un des neurotransmetteurs qui jouent un rôle dans l'éveil cortical. Si on inhibe la sérotonine, on provoque une insomnie. À l'inverse, si on injecte de la séro-tonine (par l'un de ses composés), on rétablit sur un sujet un sommeil paradoxal normal (je résume ici très brièvement certains aspects des travaux du Pr Jouvet de Lyon et du Dr Dément de Stanford, qui sont, on s'en doute, beaucoup plus complexes).

L'effet le plus durable de la privation de séroto-nine est une disparition de la barrière entre le sommeil paradoxal et l'éveil. Autrement dit, privé de sérotonine, le dormeur devient un rêveur éveillé.

On peut donc en conclure que le troisième œil joue un rôle physiologique dans les rêves. Et comme, par ailleurs, cette glande pinéale est extrêmement sensible à la lumière, on peut penser que toute expérience d'illumination ou toute vision de lumière (en état de rêve, de pré-mort ou de transe, hors du corps) dépend de l'activité de la sérotonine et de la glande pinéale.

Lyall Watson le confirme : « Il est probable que, s'il existe une possibilité biologique que la personnalité ou l'esprit ou l'âme ou le second sys-tème puisse être séparé du corps, le point de rup-ture doit se trouver dans la glande pinéale. À la lumière des preuves déjà accumulées, il devient de plus en plus difficile de nier la réalité de ce phénomène. »

---

* Si on prive un sujet de son sommeil paradoxal, en le réveil-lant toutes les 90 minutes, par exemple, il devient peu à peu agressif, halluciné, et surtout incapable d'une coordination psy-chomotrice (voir les travaux de Kleitman et de Dement).

Les Ancêtres totémiques, héros civilisateurs, Êtres primordiaux, après avoir modelé la terre, créé l'homme et les animaux, enseigné à l'homme les bases de la civilisation, sont remontés au ciel, ont retrouvé leur état d'éternité. Cette période fabuleuse, cet âge d'or, les aborigènes le nomment « Temps du Rêve ». Ce n'est que par la mort que l'homme parvient à son statut de perfection qui est de redevenir un être purement spirituel. La mort est le passage obligé d'un univers profane à un univers sacré et l'état de rêve, le maillon reliant le monde de la matière, périssable, au monde de l'esprit, immortel. Le rêve est le médiateur entre le possible vécu et le possible invisible. Par le rêve, l'invisible se manifeste...

Les communications avec l'au-delà

Elle est historienne, chercheur au C.N.R.S., et a écrit sous son vrai nom plusieurs livres d'histoire. Clémence Amiel est le pseudonyme qu'elle a choisi pour écrire un ouvrage, *Communiquer avec l'invisible* [1], qui m'a donné l'envie de rencontrer son auteur. Sa démarche est originale car elle ne se considère pas comme une médium au sens habituel du mot, c'est-à-dire comme un intermédiaire entre une personne vivante et une personne décédée (encore qu'elle puisse le faire), mais parce qu'elle a développé sa médiumnité au point d'être fréquemment en contact avec des êtres de l'autre monde qui lui parlent.

Sa médiumnité est liée à son histoire personnelle : un événement tragique dans sa vie a servi de révélateur. Il est vrai, d'autres médiums le confirment, que la médiumnité se développe sous la pression de certains faits, extérieurs ou intérieurs, comme une maladie, un accident, une frustration affective, une période d'isolement, etc. Pour Clémence Amiel, ce fut la mort de son mari, alors qu'ils étaient jeunes mariés.

Néanmoins, cette médiumnité était latente depuis l'enfance, que Clémence a d'ailleurs vécue de manière inhabituelle, en retrait dans une maison très isolée, au sein d'un monde clos, en ne

1. Philippe Lebaud éditeur.

fréquentant pas l'école avant l'âge de quinze ans.
Elle était déjà sujette à des phénomènes de clairvoyance : tout d'un coup, elle « savait », d'une certitude absolue, ce qui allait arriver. Ainsi, un jour,
elle se souvient avoir affirmé à sa mère : « Je me
marierai et mon mari mourra d'une encéphalite. »
(Comment une enfant connaissait-elle ce mot?)
Pendant toute son adolescence, elle avait de tels
« flashes ». Elle se rendait compte qu'elle était
capable de toutes sortes d'intrusion dans la vie des
gens, qu'elle perçait leurs secrets de famille,
connaissait leurs pensées et pouvait même les
influencer... À l'école, elle « voyait », sur le tableau,
le professeur écrire les sujets de l'examen du lendemain... À tel point que, cette faculté devenant
gênante, difficile à vivre, elle décida « de tout fermer » et de refuser le don. Sa médiumnité s'est alors
développée vers un autre mode. Elle s'est mise à
voir des présences de gens décédés inconnus, et cela
de façon si intense qu'elle les croyait réels. Elle les
interrogeait, s'étonnait de les trouver dans sa maison, quelquefois s'en amusait avec eux. La vision
durait un moment puis disparaissait. Plus tard, son
mari avait fini par ne plus s'étonner de la voir parler
avec des présences qu'elle seule captait... « Fermant
la porte de la clairvoyance, s'est ouverte en moi celle
des présences, dit-elle ; je n'ai jamais cherché à les
susciter, je les vivais, c'est tout. »
Brutalement, après six années de mariage, son
mari meurt, comme elle en avait été « informée »,
d'une encéphalite foudroyante. Tandis qu'il était
hospitalisé, son père, son frère, le médecin, tous la
rassuraient. Mais elle savait qu'il mourrait comme
elle l'avait vu étant enfant. La dernière nuit, près de
lui, elle décela, derrière la porte fermée, une présence qui lui confirma la probabilité de sa dispari-

tion. Elle refusa de toutes ses forces de croire à cette manifestation, mais, au matin, son mari mourait.

« À partir de là, j'ai compris, explique Clémence, que je ne pouvais plus éluder une question devenue vitale pour moi. Il fallait que je sache s'il y avait une vie après la mort. Les présences que je voyais ou ressentais ne constituaient pas une preuve suffisante. J'étais désespérée et je pensais mettre fin à mes jours. J'ai voulu alors recevoir un signe sans équivoque. S'il me parvenait, sous quelque forme que ce soit, je croirais et je renoncerais à mon projet néfaste. Je voulais être certaine que mon mari était vivant et heureux. » Vivant et heureux, ce sont ces mots mêmes qui s'imposaient à son esprit.

Son mari était mort en juillet. En octobre, sa mère l'appela et, avec embarras, lui demanda de recevoir une femme inconnue d'elle jusque-là et qui insistait pour parler à Clémence. Elle affirmait avoir « vu » son mari à plusieurs reprises et voulait lui transmettre un message de celui-ci. Clémence la reçut. Le message de son mari, court et clair, était exactement celui qu'elle attendait : « Je suis vivant et je suis heureux. »

À partir de là, Clémence se plonge dans les ouvrages traitant de la vie après la mort et rencontre Hélène Bouvier, médium célèbre, dont les dons ont toujours été incontestables. Hélène Bouvier lui révèle : « Quelque chose va vous arriver, en rapport avec votre médiumnité, mais attendez, ne faites rien. » Un autre médium lui tient le même langage. Mais cette éventualité dont on lui fait part, Clémence ne veut pas en tenir compte. Elle décide de reprendre une vie normale et s'investit dans son travail. Elle revoit ses amis... et ne demande plus rien ni aux présences qu'elle ne perçoit plus, ni à son mari défunt, ni à personne.

Le temps passe. Sa mère, à son tour, meurt. Une nuit, la veille du jour anniversaire du décès de sa mère, Clémence fait un rêve : « J'ai vu ma mère dans une lumière extraordinaire, elle m'appelait, je montais avec elle vers le ciel, dominant la terre qui était superbe. Ma mère me dit : " Si tu veux, un cadeau va t'être fait. " Et j'ai compris alors que ma vie allait basculer. " Veux-tu tout risquer pour accepter ? " Ma mère me regardait de façon intense et j'ai dit " oui " sans hésiter. " Alors, attends, m'a-t-elle dit, quelque chose va se passer. " » Trois semaines après ce grand rêve, qu'on peut qualifier de « songe initiatique », Clémence entend une voix qui la réveille : « Tu vas entrer en relation avec l'au-delà dès demain. »

Après la mort de son mari, Clémence souffrait de vives douleurs dans la nuque et les épaules. Une façon de « somatiser » son chagrin. Elle avait l'impression qu'on lui enfonçait des aiguilles dans le haut des épaules. La « présence » qu'elle ressentait près d'elle lui expliqua que ce n'était pas un hasard mais une façon d'entrer en contact avec elle. Clémence commença alors à considérer ses douleurs comme s'il s'agissait d'un langage codé : un coup à droite pour oui, un coup à gauche pour non. Elle posa une question : les petits chocs douloureux lui répondirent. Clémence concentra toute son attention sur cette forme de dialogue intérieur. Au début, elle n'obtint que des bribes fragmentaires, incompréhensibles. Il fallut de la persévérance, et, sans doute, de la foi, pour continuer. Peu à peu, Clémence cessa de voir des présences mais commença à capter des messages : « L'abolition du sens visuel permit une intense concentration de l'oreille. La présence m'importait beaucoup moins que ce que j'entendais. »

Qui sont les personnes qui communiquent avec elle ? Des membres de sa famille qui la réconfortent, dont la présence est nette mais brève ; des « inconnus de passage » auxquels elle demande de s'en aller (Clémence met en garde : « On peut être englué, il peut passer n'importe qui ; cela est stérile, il faut les éconduire ; de plus, les entités bonnes existent mais les autres aussi... ») ; et enfin, un groupe de gens avec lesquels les relations sont privilégiées.

Habituellement, Clémence transcrit les messages reçus en écrivant. Parfois, elle fait appel au procédé de l'écriture automatique (« mais on ne sait pas qui vient, dit-elle, et il m'est arrivé un " accident médiumnique ", j'ai été envahie par des êtres négatifs, j'ai cru que j'allais y rester »). Pendant deux ans, assise à sa table ou vaquant dans la maison, dans un grand silence, elle a écouté : le contact était fragile, il fallait sans cesse le reprendre au prix d'un intense effort de concentration très fatigant. « Il y a beaucoup de risques, explique-t-elle, il est impératif de continuer à s'ancrer dans la réalité quotidienne sous peine de perdre son équilibre. » Elle reconnaît avoir noté de prétendus messages qui n'étaient que des erreurs d'interprétation. Et qui ne servaient à rien... Quand elle avait mal capté, on lui demandait de recommencer... Puis, après ces deux années d'entraînement et d'apprentissage, les messages ont commencé à avoir un sens. Elle interrogeait ces êtres sur des questions d'ordre spirituel, pour qu'ils la guident dans ses choix de vie, pour qu'ils lui expliquent son « extrasensorialité », pour qu'ils lui donnent des précisions au sujet d'une personne pour laquelle elle s'inquiétait, etc.

Clémence Amiel ne reçoit pas chez elle comme médium. Tout en sachant mieux que personne la détresse dans laquelle on se trouve quand on perd un être aimé, elle sait, cependant, que l'aide à autrui par la communication avec l'au-delà n'est pas sa vocation et que, de toute manière, chacun peut avoir la même expérience qu'elle.

Alors que je lui faisais remarquer que de nombreuses personnes ne parvenaient pas, à leur grand désespoir, à recevoir le moindre signe, elle me répondit : « On peut rester des années sans signe et il ne faut surtout pas faire croire qu'il est aisé d'en obtenir. C'est au contraire extrêmement difficile. Certains contacts entre les deux mondes sont possibles mais il n'empêche que ces deux mondes sont séparés par une frontière quasi infranchissable, sauf cas exceptionnel. »

Faut-il chercher à communiquer avec un défunt proche ? « Il faut rester ouvert, être en relation de cœur avec lui, visualiser son visage le mieux possible mais ne pas chercher trop vite à interpréter ce que l'on voit. L'illusion nous guette, il faut en être bien conscient. » Clémence Amiel nous rappelle que si nous pouvons obtenir des preuves merveilleuses de l'après-vie, il ne faut pas occulter la difficulté. Ni le danger d'y perdre son équilibre car nous ne sommes pas « conçus », « fabriqués dans ce corps » pour rester en contact avec un monde différent pour lequel nous ne sommes pas adaptés.

Le spiritisme

Des milliers d'ouvrages[1] ont été consacrés au spiritisme. Rappelons tout d'abord sa définition telle que la donnait Gabriel Delanne dans son ouvrage célèbre, *Le Phénomène spirite*, paru en 1897 : « Le spiritisme est une science qui a pour objet la démonstration expérimentale de l'existence de l'âme et de son immortalité, au moyen de communications avec ceux qu'on a improprement appelés les morts... Le spiritisme reste toujours aux yeux du grand public la farce des tables tournantes. Cependant, le temps a fait son œuvre et cette doctrine présente aujourd'hui, à l'examinateur impartial, une série d'expériences rigoureuses, méthodiquement conduites, qui prouvent d'une manière certaine que le moi humain survit à la désagrégation corporelle... »

---

1. On peut, pour commencer, lire *Le Spiritisme* (« Que sais-je ? », PUF) par Y. Castellan. Et les ouvrages de G. Delanne, *Le Spiritisme devant la science, Recherches sur la médiumnité* ; ceux de Léon Denis : *Dans l'invisible, Après la mort* ; ceux de Kardec : *Le Livre des esprits, Le Livre des médiums*, etc. (tous ces ouvrages ont été publiés par un spirite convaincu, Jean Meyer) et, pour contrebalancer, on peut lire celui de René Guénon, *L'Erreur spirite* (éd. Traditionnelles). Guénon a particulièrement développé sa pensée sur l'après-vie dans *L'Homme et son devenir selon le Védanta*. Il admet la persistance d'un magma psychique résiduel après la mort de l'individualité, mais ce magma n'est qu'un vestige de forces subtiles qui ne reflètent en rien l'ancienne personnalité. Ce qui n'empêche pas ces forces de se manifester.

Gabriel Delanne[1] fut, avec Kardec, l'un des piliers du spiritisme mais, comme on le voit, à tendance scientifique. Il tenta d'établir à partir de considérations physiologiques et biologiques, l'existence du *périsprit*. On désigne par ce mot une enveloppe, sorte de corps fluidique, vaporeux, diaphane, invisible à l'état normal mais qui, dans certains cas et par une espèce de condensation ou de disposition moléculaire, peut devenir visible ou tangible. Cette enveloppe existe pendant la vie du corps : c'est le lien entre l'esprit et la matière. À la mort du corps, l'âme ne se dépouille que de son enveloppe grossière conservant cette seconde enveloppe, le périsprit, dont elle ne se débarrasse d'ailleurs que progressivement. On comprend ainsi la structure humaine selon les théories spirites :

— le corps, fabriqué avec des composés du carbone,
— l'âme, principe de nature divine, immortelle,
— le périsprit, lien entre les deux premiers, enveloppe semi-matérielle.

Léon Denis, autre grande figure du spiritisme, avance une explication étonnamment « moderne » :
« Notre connaissance de l'univers se restreint ou s'élargit selon le nombre et la finesse de nos sens... Si, par suite du développement organique de certains êtres dans leurs divers milieux appropriés, leurs moyens de perception leur permettaient

1. Pour montrer que les recherches sur la survie ne sont pas nouvelles, citons quelques-uns des titres de Gabriel Delanne : *Réincarnation, Recherches sur la médiumnité, L'âme est immortelle, Apparitions matérialisées des vivants et des morts...*, tous parus avant 1900 ! Et précisons aussi que Delanne, mort en 1901, est lui aussi, comme Kardec dont la tombe est la plus fleurie du cimetière, enterré au Père-Lachaise à Paris.

d'entrer en relation avec ceux dont l'organisation est différente, il n'y aurait là rien de surnaturel ni de miraculeux mais simplement un ensemble de phénomènes naturels soumis à des lois encore ignorées. Or c'est précisément ce qui se produit dans nos rapports avec les esprits des hommes décédés, dans tous les cas où un médium peut servir d'intermédiaire entre les deux " humanités ", la visible et l'invisible. Dans les phénomènes spirites, deux mondes dont l'organisation et les lois reconnues sont différentes, entrent en contact et sur cette ligne, sur cette frontière qui les sépare mais qui s'efface, le penseur voit s'ouvrir des perspectives infinies. Il voit se dessiner les éléments d'une science de l'univers beaucoup plus vaste et plus complète que celle du passé quoiqu'elle en soit le prolongement logique. Et cette science ne vient pas détruire la notion des lois actuellement connues, mais l'élargit à de vastes proportions [1]. »

Cette vision d'une science unifiée, unifiante, de l'univers, conçue aux environs de 1900, est bien la même, reconnaissons-le, que celle des plus avancés des scientifiques actuels... qui admettent tous que la matière ne se limite pas à ce que nous en voyons, savons ou pouvons capter par des instruments par nous fabriqués. De là à admettre qu'il y a réellement un monde invisible, il n'y a qu'un pas...

Car ce que capte le médium pourrait bien être une forme d'énergie. Ce qui impliquerait d'admettre que la survivance se ferait sous forme énergétique, sous une forme ou sous une autre (lumineuse, calorifique ?). On sait que l'énergie se conserve ; on peut

---

1. De la même façon que les théories de la relativité n'ont pas réduit à néant celles de la physique classique fondée sur l'espace euclidien (toujours valable à notre échelle) mais les ont élargies, étendues et appropriées à une échelle beaucoup plus vaste.

aussi démontrer que l'énergie conserve des informations. On peut donc envisager qu'elle puisse être le support matériel de ce qui a fait un individu, de la somme des informations qui ont constitué son individualité. On ne voit pas dans ce cas ce qui empêcherait une énergie de se manifester, grâce aux facultés d'un médium ou directement dans des objets...

L'état de médium

« Toute personne, écrit Allan Kardec[1], le père du spiritisme, qui, soit dans l'état normal, soit dans l'état d'extase, reçoit par la pensée des communications étrangères à ses idées préconçues, peut être rangée dans la catégorie des médiums inspirés. »

Le père Biondi, spécialiste catholique des questions de spiritisme et de parapsychologie, donne, quant à lui, cette définition[2] : « Le médium est un être dont la synthèse de la structure physique, mentale et spirituelle présente une anomalie, voire une morbidité : celle de pouvoir, soit accidentellement, soit volontairement, modifier (et débrayer) son unité psychique. Il peut projeter sa conscience à un niveau différent de celui du commun des mortels. Le jargon des spirites et médiums qualifie cet état

1. De son vrai nom Dr Hippolyte-Léon Rivail, qui se croyait la réincarnation d'un druide du nom d'Allan Kardec qui guérit le fils de Rolon, premier duc des Normands.
2. Préface d'Humbert Biondi au livre de Jeanne Decroix, *L'Amour par-delà la mort* (éd. Sand et Tchou, 1983). Cet ouvrage relate les communications du médium Pauline Decroix qui, avec ses filles, étaient en relation avec des « guides » de l'au-delà.

d'âme d'accession à la sphère du double ou de l'astral. Cet état de conscience particulier peut être induit par le magnétisme d'un autre praticien, par la prière d'un groupe ou même par la relaxation complète... »

Cette définition est intéressante car elle situe la médiumnité au même plan que les expériences de dédoublement, celles de la pré-mort ou même celles du rêve. Nous pouvons donc étudier l'état de médium[1] comme un état de conscience différent. Cet état permettrait donc de se « brancher » sur un mode de dialogue autre que celui qui nous est familier. Le médium est celui qui est capable de percevoir des images ou des paroles d'un défunt ayant déjà accédé à un autre plan d'existence, ou bien il est celui qui est « incorporé » par un défunt pour transmettre un message. Le médium n'est alors qu'un haut-parleur-transmetteur, une bouche qui parle pour un autre. Là encore, la question se pose de savoir si toutes ces images ou paroles ne sont pas nées du psychisme du médium, mais les exemples sont si nombreux et parfois si probants qu'on ne peut nier un contact avec une réalité autre, différente de celle du psychisme du médium.

1. Pour connaître l'histoire des plus étonnants médiums, lire l'ouvrage de Robert Amadou, *Les Grands Médiums* (Denoël).

Les neuf types de médium
selon Allan Kardec

Les médiums à effets physiques, ceux qui produisent des effets matériels tels que bruits, mouvements, etc.;

Les médiums « sensitifs », susceptibles de ressentir la présence des esprits (ce qui n'a rien à voir avec l'hypersensibilité, précise Kardec);

Les médiums auditifs, qui entendent la voix des esprits qui peut s'élever intérieurement ou extérieurement;

Les médiums parlants, qui s'expriment généralement sans avoir conscience de ce qu'ils disent;

Les médiums voyants, qui voient les esprits soit en état normal éveillé, soit en état de somnambulisme;

Les médiums somnambules, qui agissent sous l'influence de leur propre esprit en même temps que sous l'influence d'un esprit défunt;

Les médiums guérisseurs, capables de guérir par simple regard ou geste, sans médication (et sans être magnétiseur);

Les médiums pneumatographes, qui sont aptes à l'écriture directe;

Les médiums écrivains, qui écrivent sous la dictée de l'esprit en utilisant un objet, table, planchette, corbeille ou crayon.

Médiums sous surveillance

La médiumnité, dès son apparition, a prêté à suspicion. Et d'autant plus que, permettant facilement l'imposture, elle était devenue, pour les charlatans, un moyen commode d'exploiter les naïfs. Aussi les personnalités qui se sont intéressées à ce phénomène l'ont-elles fait avec circonspection, essayant de s'entourer de toutes les garanties possibles pour que leurs constatations puissent avoir valeur de preuves. Parmi ces témoignages, quatre m'ont paru offrir l'intérêt de confronter des personnalités célèbres à des médiums qui ne l'étaient pas moins et de présenter des phénomènes dont le caractère étrange est incontestable.

Il s'agit chaque fois de médiums à effets physiques. Il n'y a donc pas, comme dans le cas de Clémence Amiel, de réception de la parole ou de la pensée du défunt, mais sa matérialisation suscitée par le médium. À moins que l'énergie ainsi créée, physiquement ressentie ou visualisée, ne soit pas extérieure au médium, mais développée par lui, comme le pense Thomas Mann à propos de Willi Schneider.

Eusapia Palladino

Le premier grand médium connu en Europe fut découvert par un médecin criminologiste italien, le Dr Lombroso (1835-1909). Elle s'appelait Eusapia. Née dans les Abruzzes en 1854, pauvre et sans la moindre instruction, elle avait perdu sa mère, morte en couches, et vu des brigands assassiner son père. Maltraitée par sa grand-mère, sujette aux « hallucinations », elle avait été placée à quinze ans comme lingère. L'un de ses clients, le Pr Damiani, adepte du spiritisme, remarqua qu'elle était douée de dons médiumniques exceptionnels. Il organisa pour elle de nombreuses séances où elle put montrer ses étranges pouvoirs. Sa renommée parvint jusqu'au Dr Lombroso, puis, à Paris, jusqu'à l'Institut métapsychique international où, entre 1904 et 1908, les plus grands savants (Pierre et Marie Curie, Charles Richet, Henri Bergson, Camille Flammarion, Édouard Branly...) assistèrent à des expériences avec elle.

Eusapia, qui s'habituait fort bien à être entourée, considérée et traitée avec égards, fit une longue carrière dans les salons européens de métapsychistes distingués allant même jusqu'à New York et en Russie. Elle se conduisit parfois comme une cabotine... et trichait quand cela l'arrangeait ! On la surprit un jour en train d'agir sur un plateau de pèse-lettres avec l'aide d'un cheveu ! Après sa ménopause, Eusapia perdit ses dons. Malgré quelques fraudes grossières, ses dons avaient été reconnus comme extraordinaires.

Camille Flammarion[1] réalisa plusieurs expériences avec Eusapia, dans le salon de son appartement parisien. Il admettait que les médiums puissent quelquefois tricher mais, précisait-il, « ils ne trichent pas toujours et possèdent des facultés réelles absolument certaines ».

« Pendant nos expériences, raconte-t-il, tandis que nous sommes quatre assis autour d'une table,

---

1. Camille Flammarion, *Les Forces naturelles inconnues* (Flammarion).

demandant une communication qui n'aboutit pas, un fauteuil situé à environ 60 cm du pied du médium (sur lequel j'ai posé mon pied pour être sûr qu'il ne peut s'en servir), un fauteuil, dis-je, se déplace et arrive en glissant jusqu'à nous. Je le repousse. Il revient. Ce fauteuil est un pouf très lourd mais pouvant facilement glisser sur le parquet. Ce fait s'est produit le 29 mars dernier et de nouveau le 5 avril. Des rideaux dont le médium est voisin mais avec lesquels il ne peut être en contact, ni avec la main ni avec les pieds, se gonflent dans toute leur longueur, comme soufflés par un vent de tempête. Je les ai vus, plusieurs fois, se lancer sur la tête des spectateurs et encapuchonner ces têtes. »

Ces manifestations, Flammarion les juge incontestables pour tout homme de bonne foi et pour tout observateur. Il ne fut pas le seul : tous les savants qui examinèrent, pendant trois années de suite, Eusapia Palladino rédigèrent, après d'âpres discussions, un rapport significatif dont on peut tirer les observations suivantes :

— les déplacements et les soulèvements de certains objets pesants au voisinage d'Eusapia sont prouvés par des enregistrements ;
— certains mouvements semblent se produire au simple contact des mains et même sans contact ;
— le médium contracte puissamment ses muscles mais il ne semble pas y avoir d'action directe de ses efforts sur les objets soulevés ;
— le médium produit à distance, dans les objets, des vibrations moléculaires (coups frappés, vibrations sonores...) ;

— dans son voisinage, on constate des phénomènes lumineux, des formes d'apparence
humaine, les assistants ont des sensations de
contact;
— Eusapia entre dans un état second et ne se
souvient pas des phénomènes des séances.

Ce document, publié, eut un retentissement mon-
dial. Puis on découvrit que Eusapia, malgré ses
dons, fraudait parfois. On douta de Flammarion, on
trouva les autres observateurs crédules ou suspects.
Les photographies prises par Flammarion témoi-
gnèrent de sa sincérité. Si leurs causes n'étaient pas
définies, les phénomènes constatés existaient bel et
bien.

Daniel Douglas Home

Contrairement à Eusapia Palladino, on ne décela
jamais chez Home la moindre tentative de fraude.
Cet homme hors du commun, né en 1833 en
Écosse, fut, très jeune, « handicapé » par ses pouvoirs. Il déclenchait autour de lui des bruits insolites, des déplacements de meubles, des bris de
glaces, etc. Sa tante, qui l'avait emmené avec elle en
Amérique, le confia à des médecins de l'université
Harvard pour le faire soigner : ils s'avouèrent
impuissants à le guérir !
Home acceptait de bonne grâce tous les contrôles.
Sir William Crookes, professeur au collège royal de
chimie de Londres, découvreur du thallium, inven-
teur du radiomètre et des fameux « tubes de
Crookes », le fit venir chez lui, dans son laboratoire où il put se livrer à de nombreuses
expérimentations.

« De toutes les personnes douées du pouvoir de développer une force psychique et qu'on a appelées médiums, écrit Crookes, M. Home est le plus remarquable. » Parmi les phénomènes produits par Home, le plus étonnant est certainement l'exécution d'un morceau de musique sur un instrument (généralement un accordéon à cause de sa facilité de transport), sans intervention directe et dans des conditions qui rendent impossibles tout contact ou tout maniement des clefs.

Crookes ne croyait pas aux fantômes mais, au cours de ses travaux, il a soupçonné l'existence d'une force mystérieuse, invisible, dont la physique et la chimie ne pourraient expliquer la présence et qui serait douée d'une certaine intelligence.

Les réunions eurent lieu chez Crookes, le soir, dans une grande salle bien éclairée au gaz. Home fut fouillé et examiné. L'accordéon fut placé dans une sorte de cage fabriquée dans le laboratoire du savant et construite avec des lattes de bois recouvertes d'un entrelacement de fils de cuivre. Après qu'on y eut placé l'accordéon, la cage fut poussée sous la table qui, ainsi, lui servait de couvercle. L'instrument était complètement isolé, aucun objet ne pouvant le toucher.

Le médium, pendant ce temps, était dans la pièce voisine et ne connaissait pas la nature de l'expérience. On le fit venir. Il s'assit sur une chaise près de la table et posa sa main sur celle-ci. Avec l'autre main, il réussit à toucher l'accordéon en la glissant sous la table. À cette époque, les accordéons n'avaient de clé que d'un côté et c'est justement sur le côté sans clé que Home posait sa main. Les clés de l'instrument lui demeuraient donc inaccessibles.

Crookes surveillait la main posée sur la table, les assistants mettaient chacun un pied sur ceux du médium. Le contrôle était ininterrompu... Au bout de quelques minutes, on vit l'accordéon se balancer d'une manière curieuse. Des sons se firent entendre : l'instrument se mit à jouer tout seul une mélodie bien connue, exécutée parfaitement.

Crookes demanda alors au médium de retirer sa main posée sur l'accordéon et de la mettre sur une planche. L'instrument continua de jouer... sans aucun contact physique avec le médium. Crookes conclut alors à l'existence d'une « force psychique » incontestable.

On dit que Home pouvait aussi, devant des assistants suffoqués, faire surgir à volonté des fantômes qui avaient la consistance d'une fumée ou qui se matérialisaient complètement. On voyait des mains apparaître en l'air, on entendait des sons étranges sans cause apparente.

Douglas Home [1] fut le médium le plus célèbre du second Empire. À la cour de Napoléon III, on le vit même faire apparaître une main qui vint nouer le mouchoir de l'impératrice Eugénie...

Marthe Béraud

À Alger, en 1905, chez le général Noël, dans une villa magnifique, une dizaine de personnes se réunirent dont deux invités de marque : Gabriel Delanne, le fondateur de l'Union spirite, et le professeur agrégé de médecine, Charles Richet, membre de l'Institut, futur prix Nobel.

Ils étaient venus spécialement de Paris pour assister aux étranges phénomènes produits par une

---

1. William Crookes, *Recherches sur les phénomènes du spiritualisme* (Leymarie).

jeune fille médium, Marthe Béraud. Avant la séance, Richet demanda à visiter la villa « Carmen » en détail, de la cave au grenier. Il scruta les murs et les plafonds, vérifia les recoins du salon, nota tout avec soin. Il se méfiait. Mais il ne découvrit rien de suspect.

Marthe, née en 1886, petite, jolie, enjouée, ne présentait aucun signe de maladie physique ou mentale. On disait qu'elle pouvait faire apparaître des revenants et matérialiser des ectoplasmes. Ce qu'elle fit ce soir-là.

Pendant plus d'une demi-heure, elle se concentra. De temps en temps elle se redressait, exhalait un long soupir. Puis, se levant tranquillement, elle passa du salon dans le cabinet attenant, derrière un rideau rouge. Soudain, le rideau s'entrouvrit : une sorte de fumée apparut, s'enroula, virevolta, bondit et se figea dans une forme qui s'épaissit et se matérialisa. Devant les yeux de célèbres médecins, surgit alors la tête d'une princesse égyptienne : belle, blonde, les cheveux soyeux enserrés dans un diadème. Puis le corps entier se dévoila... On imagine le trouble des membres de l'assistance... Ils furent invités à vérifier l'existence réelle de la princesse. Chacun put la caresser, constater la douceur de sa peau. La princesse alors commença à disparaître, ne laissant près du rideau que sa tête flotter. « Elle ne voulut plus reparaître, écrira Richet ; alors le général me dit : " Mettez la main derrière le rideau et vous toucherez ses cheveux. " Ce que je fis. » Richet coupa une mèche de 15 cm. « Et comme j'étais un peu long peut-être dans cette opération, elle dit à voix basse : vite ! vite ! puis elle disparut. Il semble que le but de cette princesse était de me faire couper une mèche de ses cheveux car à partir de ce moment je ne la revis plus. J'ai conservé cette mèche de cheveux fins, soyeux, non teints, que l'analyse microscopique a montré être des cheveux véritables. » Évidemment, l'affaire fit grand bruit. On prétendit que c'était Marthe Béraud, qui, derrière le rideau, se mettait nue... mais elle était petite et brune alors que la princesse était grande et blonde. Richet poursuivit d'autres expériences avec Marthe Béraud [1], il vit de ses yeux d'autres fantômes, d'autres matérialisations. Quant à Marthe, elle « monta » à Paris où, sous le nom d'Éva Carrière, elle fit les beaux jours des salons spirites... Elle acceptait volontiers les contrôles, se déshabillait sans histoire, se laissait enserrer dans un maillot cousu qui la ligotait de la tête aux pieds et se laissait même surveiller par la police. Personne ne découvrit de truquages. Le mystère reste encore entier.

Willi Schneider

C'est dans le salon du baron de Schrenck-Notzing, médecin allemand, que Thomas Mann, le célèbre auteur de *Mort à Venise* et de *La Montagne magique*, fut invité à venir découvrir les étonnants pouvoirs d'un médium munichois, Willi Schneider, mécanicien dentiste de son état. Il apparut à Thomas Mann comme un jeune homme timide, de dix-huit ans environ, petit, brun et point antipathique, sans signe distinctif et certainement d'origine modeste.

Willi devait, pour la séance médiumnique, revêtir un maillot noir et, par-dessus, une vieille robe de chambre ouatée, sur laquelle le baron avait cousu

---

1. Charles Richet, *Traité de métapsychique* (Alcan).

des rubans lumineux de sa fabrication. Ceux-ci brillaient dans l'obscurité et permettaient de surveiller la silhouette de Willi. Thomas Mann était le « contrôleur » de la séance. Rapprochant sa chaise de celle du médium, il lui enserra les deux genoux avec ses mains pendant qu'une autre personne lui tenait les poignets.

Willi entra en transe au bout de quelques minutes et commença à trembler. Il avait l'habitude de faire apparaître une forme matérialisée qu'on appelait Minna... mais ce soir-là, elle se fit attendre. Au bout de trois quarts d'heure, il ne s'était toujours rien passé. Willi dut prendre du repos. On ralluma la lumière. On fuma une cigarette. Puis la séance reprit. Un autre assistant, M. von K..., prit alors la place de contrôleur car il savait parler à Minna : il lui enjoignit plusieurs fois gentiment mais fermement de se manifester. C'est alors que le médium murmura : « Le mouchoir. » Le baron tira de sa poche un grand mouchoir blanc et le laissa tomber par terre près du guéridon. Le médium demanda qu'il y eût une bonne distance entre le mouchoir et le guéridon. « Le mouchoir, soudain, s'était soulevé du plancher, raconte Thomas Mann, et était monté en l'air... Il fut pris et soulevé, une préhension active était dans ce mouchoir, de l'intérieur, une force vivante le manipulait, lui fit changer de forme en le secouant ou en le pressant, durant deux ou trois secondes, puis, en un mouvement aussi calme et assuré, il retourna au sol. C'était impossible – et pourtant vrai. M'écrase la foudre si je mens. »

Après le mouchoir, ce fut une clochette qui fut enlevée d'une corbeille où elle était posée, puis un timbre de sonnette qui fut actionné comme s'il était pressé d'en haut, un anneau souple fut jeté au visage de l'écrivain, une boîte à musique se mit en marche et, enfin, une machine à écrire se mit à taper toute seule (Thomas Mann, après la séance, retira la feuille sur laquelle deux lignes avaient été tapées, lettres frappées au hasard sans signification).

Tous ces exploits étaient dus à Minna, la matérialisation du médium Willi. Minna, docile, exécutait tout ce que les assistants lui demandaient. Mais Thomas Mann[1], qui était venu sans parti pris pour voir ce qu'il y aurait à voir ni plus ni moins, sceptique « positif » comme il se qualifie lui-même, écrit : « Ce que j'ai vu, c'étaient des phénomènes de " mouvements à distance " que précisément ce médium, le jeune Willi, est particulièrement apte à susciter et qui se trouvent en étroite relation de cause avec le phénomène occulte de la matérialisation, c'est-à-dire de l'organisation passagère de l'énergie en dehors de l'organisme du médium, par conséquent de l'extériorisation de l'ectoplasme. Il est entendu, entre personnes compétentes, que l'agent qui exécute les badinages décrits, agite la sonnette, soulève le mouchoir, se sert de la machine à écrire, n'est pas un quelconque esprit spirite nommé Minna, mais le médium lui-même qui s'est partiellement extériorisé. Sauf que, ce disant, on n'a guère rendu le problème plus accessible rationnellement, au contraire... »

Le problème n'est pas simple, en effet. Comment expliquer, par exemple, que l'énergie extériorisée par le médium puisse reproduire la forme humaine avec réalisme ?

Bien entendu, ce ne sont pas les apparitions que nous visons ici – on peut toujours les apparenter à

1. Thomas Mann, *Mario et le magicien* (Grasset).

des illusions –, mais les matérialisations invisibles dont on a pu exécuter les moulages.

Les moulages du Dr Geley

Ces expériences extraordinaires ont été réalisées par le Dr Geley, à l'Institut métapsychique international, en 1920. Il entreprit, avec le grand médium polonais Franek Kluski, de constater la matérialisation de membres humains par des moulages dans la paraffine. « L'entité » matérialisée obtenue par le médium était priée de plonger une main (ou un pied, ou le visage) à plusieurs reprises dans un baquet contenant de la paraffine fondue flottant sur de l'eau chaude. Il se formait presque aussitôt un moule qui durcissait à l'air. On pouvait alors y couler un plâtre.

Par cette méthode de contrôle, il obtint neuf moules, sept de mains, un de pied et un de bas de visage. Les membres apparaissent normaux mais de taille enfantine, comme s'il s'agissait de membres adultes au format réduit.

« Au bout d'un quart d'heure, on perçoit distinctement un clapotis dans le récipient de paraffine, écrit le Dr Geley. Les mains de l'entité se portent pleines de paraffine chaude sur les mains des contrôleurs. Avant la séance, le Pr Richet et moi nous avions ajouté un colorant bleu à la paraffine qui avait, en masse, une teinte bleutée. Cela avait été fait dans le plus grand secret pour pouvoir affirmer que les moules étaient bien constitués par la paraffine du baquet et n'étaient pas des moules faits d'avance, apportés par Franek ou toute autre personne, et posés sur la table par un tour de passe-passe, en dépit du contrôle. »

L'opération durait généralement deux minutes. Les moules obtenus étaient bien du même bleu que la paraffine du baquet. D'ailleurs, les contrôleurs avaient également de la paraffine bleue sur leurs vêtements ainsi que les mains du médium, que les mains des contrôleurs n'avaient pourtant pas quittées. On retrouva aussi de la paraffine sur le parquet très loin du médium.

La finesse et la vérité des détails anatomiques, lignes de la main, formes parfaites, ongles, sillons de la peau, saillies des os, veinules, etc., se révélèrent stupéfiantes. « Ce sont, de toute évidence, des *mains vivantes* qui ont servi à ces moulages », affirment des experts mouleurs.

Le Dr Geley certifie : « Nous avons pu obtenir une preuve objective formelle avec garanties absolues de la matérialisation de membres humains par ce procédé [1]. »

Il restait à tester la possibilité, pour les médiums, de communiquer avec les morts. De nombreux savants s'y employèrent.

J.-B. Rhine et J.-C.-Pratt, de l'université américaine Duke, testèrent le médium Mrs. Garett pour saisir, dans la somme des informations qu'elle fournissait sur les morts, le nombre de renseignements exacts. L'expérience se déroulait ainsi [2] : dans la pièce voisine de celle où se tenait Mrs. Garett, on introduisait des personnes parfaitement inconnues d'elles, une par une. Aucun contact n'était possible entre le médium et les « visiteurs ». À la fin de la séance, les visiteurs recevaient la copie dactylographiée de tout ce que le médium avait dit les

---

1. Procédé expérimenté plusieurs années auparavant par Aksakof, *Animisme et spiritisme*, et par Delanne, *Les Apparitions matérialisées*.
2. Son ouvrage est publié en français sous le titre *Expérience d'un psychiste* (Payot, 1972).

concernant ou concernant leurs défunts. Ils devaient cocher les détails justes. Ce type d'expériences statistiques a démontré que ceux-ci dépassaient notablement le hasard.

Leonor Piper

William James [1], professeur de psychologie à Harvard et vice-président de la Society for Psychical Research, ainsi qu'une trentaine d'autres éminents chercheurs anglais et américains, testèrent le médium Mrs. Leonor Piper. C'était en 1885. William James reconnut, après plusieurs séances médiumniques, que Mrs. Piper lui avait donné des renseignements sur son père décédé mais il ne put préciser si elle avait puisé ces renseignements dans son propre cerveau (télépathie) ou si elle communiquait réellement avec un esprit.

Pendant plusieurs années, James nota le compte rendu de toutes les séances médiumniques. Un esprit, « Phinuit », se manifestait quand Mrs. Piper était en transe. Il donnait des renseignements sur des êtres morts ou vivants connus des personnes présentes dans l'assistance. La voix et le comportement de Mrs. Piper se modifiaient quand Phinuit parlait par son intermédiaire (ces deux détails tendraient à prouver que la télépathie n'est en effet pas à exclure ou même un phénomène de possession ou de dédoublement de personnalité).

Le Dr Hodgson, qui était connu pour avoir démasqué plusieurs faux médiums, prit la suite de

1. Rapportée par Louisa Rhine, *Initiation à la parapsychologie* (Presses de la Renaissance, 1977).

James pour étudier Mrs. Piper. Il commença par la faire suivre par un détective, par l'isoler, puis lui présenta des visiteurs déguisés sous de faux noms qu'elle identifiait cependant.

Le Pr James Hyslop, à son tour, se pencha sur les mystérieux talents de Mrs. Piper. Le médium lui révéla tant de détails sur ses parents et sa maison d'enfance qu'il reconnut être tenté de croire à la survie et à l'existence de la pérennité de la personnalité après la mort.

Mrs. Piper fut ensuite testée en Angleterre par Frederic Myers et sir Oliver Lodge : elle donna de très nombreux renseignements qui furent, après vérification, reconnus exacts.

Bien entendu, il fut impossible de prouver que Mrs. Piper tenait ses informations de personnes décédées. Cependant, les parapsychologues reconnaissent que, dans la grande majorité des cas, quand les informations fournies par le médium sont d'origine parapsychologique (clairvoyance, télépathie, etc.), les détails sont rarement précis. Or, dans les communications de Mrs. Piper, les détails étaient d'une grande précision.

Les facultés parapsychiques ne suffisent donc pas à expliquer les sources d'information de Mrs. Piper.

Hodgson, en 1898, après des années de scepticisme, écrivit qu'il était certain que les esprits étaient bien ce qu'ils prétendent avoir été de leur vivant : « Après avoir, pendant des années, essayé d'attribuer ce genre de communications à la télépathie entre différents êtres vivants, je n'hésite pas aujourd'hui à dire, car j'en suis absolument certain, que l'hypothèse des esprits est la seule confirmée par les résultats obtenus au cours des expériences et que celle de la télépathie ne l'est pas[1]. »

Malgré ces expériences scientifiques – et leur compte rendu minutieux, pour ne pas dire fastidieux à lire –, le problème de l'existence des esprits se manifestant à travers les dons d'un médium n'est pas démontré de façon irréfutable. Encore faut-il noter que ces recherches datent de plusieurs dizaines d'années et qu'aujourd'hui rien n'est venu infirmer ou confirmer l'hypothèse spirite.

Communiquer avec les morts

Si la transe médiumnique est l'un des moyens employés pour communiquer avec les disparus, l'écriture automatique (« intuitive » serait un mot plus juste) en est un autre. Nombreux sont les médiums qui ont employé ce moyen de communication avec les défunts et qui ont fait le récit de leurs expériences. Marcelle de Jouvenel a écrit sous la dictée intérieure de son jeune fils Roland, mort d'une maladie non identifiée : *Au diapason du ciel, Quand les sources chantent, La Seconde Vie*, etc. (éd. La Colombe). Mme Monnier a reçu les messages « télépathiques » de son fils Pierre, tué au front en 1915. Elle les a transcrits dans *Lettres de Pierre* (éd. Fischbascher). Mme Yvonne Godefroy et d'autres amis relatent les messages inspirés par Paqui, morte à dix-huit ans : *Le Missel de Paqui, Entretiens célestes* (Les amis de Paqui, 3, cours de Verdun à Dax).

1. *Proceedings of S.P.R.* rapportés par Alain Sotto, *Au-delà de la mort* (Presses de la Renaissance, 1978).

Antoinette Pauchard, la sœur d'Albert Pauchard (1870-1934), président de la Société d'études psychiques de Genève, a écrit deux livres où elle raconte ses « contacts » avec son frère : *L'Autre Monde* et *Sur le chemin* (éd. Meyer). Jeanne Morrannier dialogue avec son fils, Georges, grand chercheur spirituel qui se suicida en 1973 : *La mort est un réveil, On nous parle depuis l'autre monde, Au seuil de la vérité* (éd. Lanore). Mme Quélavoine écoute, puis décide de transcrire les voix de son fils Jean. Belline, le célèbre voyant, entre en communication avec son fils Richard, tué dans un accident de voiture : *La Troisième Oreille* (éd. R. Laffont)[1].

Tous ces « témoins de l'invisible », pour reprendre l'expression de Jean Prieur[2], tiennent pour eux-mêmes et pour les milliers de lecteurs qu'ils ont convaincus, la preuve de la survie.

On remarque d'emblée que ces disparus sont souvent des jeunes brutalement décédés, n'ayant pas eu l'opportunité de mener leur vie jusqu'à son terme. Faut-il en déduire que ces « messages » ne sont que les compensations psychologiques de mères ou de parents inconsolés ? Bien entendu, les sceptiques et les incrédules n'ont pas manqué de dire que tous ces messages n'étaient que pure invention de l'inconscient ou du subconscient. Sur ce point précis, Jean Prieur écrit : « Les messages de l'au-delà passent par le subconscient du scripteur, mais ils n'expriment pas ce subconscient. Ils le traversent à la façon de la lumière qui traverse le fil électrique. Le fil transporte la lumière mais il n'est

---

1. Il faudrait aussi citer les « messagers » britanniques : miss Mortley, Elsa Backer, lord Dowding, Ruth Mary Tristram, Eira Conacher et le célèbre évêque américain James Pike (dont le livre, *Dialogue avec l'au-delà*, est paru chez Laffont).
2. Titre de son ouvrage paru au Livre de poche, n° 6804.

pas la lumière. Comme Roland, comme Pierre, Albert Pauchard ne nie pas l'intervention du subconscient dans la transmission des messages mais précise qu'il n'est jamais qu'un outil. *Le subconscient n'est pas la cause, il n'est que le moyen*[1]. »

Comme le doute, le scepticisme, le sarcasme ne sont pas des outils fructueux pour faire avancer une recherche, choisissons plutôt le postulat : ces messages viennent bel et bien des disparus. On ne peut en effet manquer d'être frappé par la concordance des informations fournies, par leur similitude.

Que disent donc ces défunts ?

Avant tout, ils interviennent pour convaincre de leur existence dans l'autre monde : « Je suis vivant » est leur toute première déclaration.

« C'est toi, Pierre ? » demande Mme Monnier, bouleversée, la première fois qu'elle s'entendit appeler par la voix de son fils.

« Mais oui, maman ! Ne crains rien, je suis vivant ! »

Puis il se produit comme une sorte de double évolution, une évolution en parallèle :

Le vivant est éduqué, instruit par les messages du disparu.

« Tous les deux nous devons faire un grand travail pour les vivants, dit Roland à sa mère. Tu dois te détacher de plus en plus... Plus tu t'allégeras de la matière, plus vite tu viendras ici... » Et il ajoute : « Admettons que le corps soit un diamant ; et ses reflets, l'âme. Tu comprends, la première chose est concrète, et la seconde, abstraite, impalpable. Pourtant elle est fournie par de la matière. Voilà pourquoi tout ce que tu es a une importance, tes teintes sont essentielles et n'oublie jamais qu'elles partent

---

1. Jean Prieur, *Les Témoins de l'invisible*, pp. 120 et 121.

de ta chair. Cela est la raison pour laquelle je te répète sans cesse de te clarifier, car tes irradiations doivent avoir des feux purs. »

Gabriel Marcel était d'ailleurs frappé de cette « pédagogie » de la mère par l'enfant. Comme si, en une sorte de gestation inversée, c'était l'enfant qui, à son tour, enfantait, spirituellement, celle qui lui avait donné le jour.

Le défunt est lui-même à l'école de sa nouvelle vie, il est en apprentissage, en stage. « Je suis au cœur d'une grande action, dit Roland, j'évolue, je m'allège. La perfection naît des efforts que nous nous imposons pour nous élever. »

Ils affirment également qu'ils sont dans un état de grand bien-être. Il est curieux de constater qu'aucun des défunts entrant en communication avec des vivants ne dit qu'il souffre, qu'il est dans un état d'angoisse ou autre « punition »...

Ils sont unanimes à répéter que les prières leur font du bien, qu'elles leur sont nécessaires comme si la mémoire des vivants donnait vie aux morts.

Ils décrivent les « lieux » où ils vivent comme étant d'une grande beauté, ils insistent surtout sur l'aspect lumineux de tout ce qui les entoure. Enfin, ils affirment retrouver leurs parents disparus, leurs êtres chers.

Les communications avec l'au-delà peuvent avoir une influence décisive sur la vie de ceux qui les reçoivent. Ainsi en a-t-il été pour Maguy Lebrun.

Celle-ci est bien connue pour avoir recueilli et adopté une bonne quarantaine d'enfants. Elle est l'initiatrice de plus de trois cents groupes d'accompagnement qui soignent des malades et des mourants. Or, elle doit cette vie de dévouement à un conseil donné de l'au-delà par un « guide » spirituel qui s'adressa à elle une nuit, par la voix de son mari médium qui dormait près d'elle. Il parla cette nuit-là avec une voix de femme. Et cette voix lui annonça qu'elle avait été « choisie » pour aider les autres et les soigner. Pendant près de dix ans, la voix lui prodigua un enseignement spirituel sur les problèmes de la vie, de la mort, des épreuves, de l'évolution. Elle l'incita à faire un don total d'elle-même et de sa vie aux autres. Puis, un jour, elle lui annonça qu'elle ne pouvait poursuivre le dialogue avec Maguy mais qu'elle allait être remplacée par un autre guide de l'au-delà. Celui-ci, toujours avec une voix de femme, lui dit que, de son vivant, elle avait été une résistante dans le Vercors, infirmière et assistante sociale. Elle avait travaillé au tribunal de Valence et avait souhaité consacrer sa vie aux enfants en difficulté. Elle avait été déportée à Ravensbrück et brûlée au four crématoire. Elle demanda alors à Maguy de ne pas prononcer son nom dans ses livres ou dans ses conférences. Maguy put vérifier l'authenticité de ce qui lui était confié. Elle a rencontré la famille de son guide. Tout ce qui lui avait été dit était vrai dans les moindres détails. La voix qui s'était adressée à elle avait appartenu à une héroïne de la Résistance fort connue.

Maguy Lebrun semble être un exemple type de ces gens qui sont choisis par l'au-delà pour être des « canaux » et diffuser un enseignement spirituel sur terre[1].

On pourrait penser que ces entités qui se manifestent à travers les « canaux » travaillent dans l'au-delà à aider ceux qui sont encore sur la terre et,

---

1. Voir les deux ouvrages de Maguy Lebrun parus aux Éditions Robert Laffont : *Médecins du ciel, médecins de la terre* (1987) et *L'Amour en partage* (1992).

pour cela, choisissent comme intermédiaires des
gens qui ont des dons médiumniques afin de faciliter la communication entre les deux mondes. Dans
le cas de Maguy, elle a été choisie pour ses pouvoirs
de guérison et son charisme, mais c'est son mari
qui, grâce à ses dons de médium, la met en rapport
avec ceux de l'au-delà qui la guident journellement.

Allan Kardec écrit : « On dit que des êtres invisibles communiquent ; et pourquoi pas ? Avant
l'invention du microscope, soupçonnait-on l'existence de ces milliards d'animalcules qui causent tant
de ravages dans l'économie ? Où est l'impossibilité
matérielle qu'il y ait dans l'espace des êtres qui
échappent à nos sens ? Aurions-nous par hasard la
ridicule prétention de tout savoir et de dire à Dieu
qu'il ne peut pas nous en apprendre davantage ? Si
ces êtres invisibles qui nous entourent sont intelli-
gents, pourquoi ne se communiqueraient-ils pas à
nous ? S'ils sont en relation avec les hommes, ils
doivent jouer un rôle dans la destinée, dans les événements. Qui sait ? C'est peut-être une des puis-
sances de la Nature. La découverte de mondes
invisibles... quel horizon cela ouvrirait à la pensée !... Ceux qui y croient sont tournés en ridicule
mais qu'est-ce que cela prouve ?... »

De pareilles découvertes valent bien en effet la
peine d'être approfondies.

L'écriture automatique

En Italie, le président de l'académie des études
juridiques et économiques de Trieste, avocat à la
Cour de cassation, Lino Sardos Albertini, reçoit par
l'intermédiaire d'un médium des messages de son

fils assassiné, Andréa. Auteur de nombreux ouvrages à caractère juridique, civique et européen[1], l'avocat avait, plus que d'autres, une méfiance particulière pour tout ce qui se situait en dehors du rationnel et du raisonnable.

Anita, la femme médium qu'il rencontra et qui ne faisait nullement commerce de son don, suscita son intérêt non seulement par la qualité de ses révélations mais par la technique qu'elle employait pour transcrire les messages reçus. Il s'agissait en effet du procédé de l'écriture automatique – la main transcrivant ce que le défunt lui dictait – mais d'une manière tout à fait particulière : Anita écrivait sur la feuille de papier de haut en bas et dans l'incapacité de savoir ce qu'elle écrivait. Les précisions qu'elle donnait à propos d'Andréa étaient d'autant plus surprenantes qu'elles comportaient des faits qu'Anita ne pouvait connaître et la teneur intellectuelle du propos était bien au-delà du niveau socio-culturel d'Anita.

L'avocat fut très vite convaincu qu'il n'y avait pas supercherie mais qu'une véritable communication s'était établie avec son fils. Il a relaté cette expérience dans trois ouvrages.

Andréa continue à dialoguer avec son père par l'entremise du médium. Il lui donne souvent des messages venant de disparus et destinés à leur famille. Des personnes dont l'avocat ignore l'existence. Andréa lui indique les noms exacts des gens avec qui il doit prendre contact, qui existent bel et bien et qui ont perdu un être cher peu de temps auparavant.

---

1. *L'Au-delà existe* (Filipacchi, 1991) ; *Au-delà de la foi* (Filipacchi, 1992) ; et *Indices et preuves de l'existence de l'au-delà* (Filipacchi, 1993).

L'écriture automatique n'est que l'un des moyens choisis par les disparus pour dialoguer avec ceux qu'ils ont laissés sur terre. Le téléphone – aussi extraordinaire que cela paraisse – est un autre moyen de communiquer souvent utilisé.

En 1976, Anthony Burgess, auteur anglais du best-seller *Orange mécanique*, publia un roman dans lequel son héros était confronté à des appels téléphoniques de son épouse défunte. Ce roman était plus ou moins autobiographique : son auteur en effet avait reçu de nombreux appels en provenance de l'au-delà. Burgess ne semble pas être un cas isolé. De nombreuses personnes témoignent avoir reçu des appels téléphoniques de disparus.

Un parapsychologue américain, D. Scott Rogo, a étudié de très nombreux faits similaires tout comme son ami et collègue Raymond Bayless. En France, le père François Brune, lui aussi, a mené une étude parallèle. Il a déduit que la plupart du temps les appels viennent de parents ou amis, mais rarement de conjoints. Le délai entre la mort et la communication semble être variable. Souvent, il suit le décès de quelques minutes ou de quelques heures, et le décédé semble alors ignorer qu'il n'est plus de ce monde. Lorsque le délai est plus long, le disparu s'exprime avec plus de clarté et plus longtemps. Il existe différentes hypothèses quant au mécanisme de ces appels. Il semblerait que, seule, la sonnerie passe par la voie normale des communications.

En Allemagne, depuis 1981, Manfred Boden dit avoir reçu des milliers d'appels téléphoniques de l'au-delà. Enregistrés, ils remplissent des classeurs entiers de cassettes. Au début, il a demandé à des techniciens de venir vérifier sa ligne téléphonique. Ces spécialistes expérimentés conclurent qu'il fallait exclure des agissements de mauvais plaisants, et ces mystérieux appels furent considérés comme inexplicables. De nombreuses communications provenaient d'un ancien ami de Boden, Otto Mutz, décédé. Il s'exprimait en dialecte badois et sa voix put être aisément identifiée. Lorsque Boden demandait comment ses interlocuteurs pouvaient composer son numéro, ils répondaient : par transfert d'énergie. Ils parlaient toutes sortes de langues courantes et les voix étaient aussi bien masculines que féminines.

Aux États-Unis, un autre couple, des Américains cette fois, reçurent un coup de fil d'une amie perdue de vue, dans des circonstances si étranges qu'ils en firent le récit détaillé devant notaire. Elle les avait appelés d'une voix jeune, claire, qu'elle n'avait plus eue depuis longtemps, étant devenue âgée et malade. Elle disait qu'elle était heureuse, bien soignée dans un hôpital de Tucson. Le téléphone n'était pas près de son lit mais elle pouvait se déplacer très facilement. Mrs. Mac Connell et son amie bavardèrent pendant près d'une demi-heure. Mr. Mac Connell écoutait la conversation sur un autre poste de la maison. Plus tard, la même semaine, voulant joindre leur amie, ils apprirent par la standardiste de l'hôpital qu'elle était morte quelques heures avant de leur avoir téléphoné le dimanche précédent.

Une supercherie de ce couple respectable étant impossible à envisager, le phénomène ne pouvait être expliqué qu'en se référant au paranormal.

Dans son ouvrage *En direct de l'au-delà*, écrit en collaboration avec Rémy Chauvin[1], le père Brune reprend des cas cités et étudiés par D. Scott Rogo

---

1. Éthologue, professeur honoraire à la Sorbonne.

dans *Appels téléphoniques de l'outre-tombe*. D'après ces études, il semblerait que certains appels viennent de loin et sont normalement acheminés par les réseaux téléphoniques. En effet, il arrive que tous les postes téléphoniques d'une maison sonnent en même temps, ce qui exclut l'intervention de la force P. K.[1]. À la fin d'une communication, quand un interlocuteur raccroche, on entend un déclic, puis le son de la ligne qui est rouverte. Certains témoignages mentionnent ce déclic, d'autres pas. Lorsque ce bruit est perçu, il semble que l'appel passe par les circuits normaux. Mais plus récemment, Rogo a étudié des appels précédés d'une sonnerie anormale, ce qui suggère un effet local. Le professeur Hans Bender, de l'université de Fribourg-en-Brisgau, rapporte un cas où un homme et sa femme ont tous deux entendu une sonnerie bizarre au point qu'ils se demandèrent si c'était un appel ou non. L'homme décrocha et entendit la voix de son père, mort quatre ans auparavant : « Je suis là... Ici papa... Comment va maman ? » Sur quoi la communication s'interrompit brusquement.

Un témoin raconte que sa grand-mère avait fait couper le téléphone, trop de gens l'utilisant sans sa permission. Cependant, le téléphone sonna. Une amie de la famille, qui vivait en Virginie appelait pour dire qu'elle allait bien, qu'elle partait en voyage et qu'elle donnerait bientôt d'autres nouvelles. La grand-mère, très surprise, se plaignit à la compagnie de téléphone, l'accusant de n'avoir pas coupé la ligne comme elle l'avait demandé. Le technicien vint le jour même et montra à la grand-mère le câble qui entourait le poteau et qui n'était pas

---

1. Selon Mario Varvoglio, *Influence mentale directe d'une personne sur un système physique extérieur.*

branché, puis le fil du téléphone également débranché. Quelques jours plus tard, la grand-mère apprit que l'amie qui avait téléphoné était morte au moment même où elle avait reçu l'appel.

Une habitante de Turin reçut ainsi un appel fantôme de son mari mort trois heures plus tôt. La voix était claire, s'exprimait normalement, et son identité ne faisait aucun doute.

Ceci pour ne citer que quelques cas parmi d'autres.

La transcommunication instrumentale

Ce fut dès 1915 que certains spécialistes émirent l'idée qu'il devait être possible de capter la voix de décédés au moyen d'ondes électromagnétiques. Le journal anglais *Ligth* publia même un reportage sur ce sujet.

Mais il fallut attendre la fin des années cinquante pour que les progrès des appareils de communication puissent le permettre. L'Allemagne et les États-Unis ont été des pays précurseurs en ce domaine, mais à présent, partout dans le monde, des chercheurs tentent de capter des messages venant d'ailleurs.

Friedrich Jürgenson, chanteur d'opéra, peintre et cinéaste d'origine ukrainienne, peut être considéré comme un pionnier en la matière. Dans son livre *Les morts nous parlent*, François Brune raconte comment Jürgenson se trouva soudain devant un phénomène extraordinaire et inexplicable.

C'était le 12 juin 1959.

« Jürgenson avait entrepris d'enregistrer des cris d'oiseaux. Quelle ne fut pas sa surprise, quand il voulut écouter la bande, d'entendre tout à coup un solo de trompette qui se terminait dans une sorte de fanfare. Puis, une voix d'homme, en norvégien, lui parlait de cris d'oiseaux de nuit. Enfin, il crut même reconnaître le cri d'un butor.

« Il pensa d'abord à un déréglage de son appareil. Il se demanda si, dans des circonstances particulières, un magnétophone ne peut pas capter certaines émissions comme un récepteur radio. Il fit donc réviser son appareil, mais demeurait tout de même très intrigué. La coïncidence était de toute façon troublante.

« Un mois plus tard, alors qu'il travaillait pour la radio à une émission sur la grande Anastasie, une voix lui parla de la Russie, en allemand, en l'appelant par son prénom. D'autres fois en italien : " Federico. " Ces voix lui disaient aussi : " Tu es observé, chaque soir cherche la vérité... " Chaque fois ces voix étaient inaudibles lors de l'enregistrement. À l'audition, elles n'étaient qu'un léger murmure. Jürgenson dut même entraîner son oreille à les percevoir.

« La fatigue l'emportant sur la curiosité, il voulut abandonner ces essais. On était à l'automne de 1959. Il fut alors en proie à des sortes d'hallucinations auditives. Son oreille, sensibilisée, croyait discerner des paroles ou des bribes de phrases dans les bruits les plus divers : crépitement de la pluie, froissement de papier, etc. Et toujours les mêmes mots apparaissaient : " Écouter, maintenir le contact, écouter. "

« Jürgenson reprit ses essais. Mais il n'obtenait que des messages étranges et sans suite. Il crut un temps avoir affaire à des extraterrestres. Mais comme rien ne venait le confirmer, n'y comprenant plus rien, il était prêt à abandonner. C'est alors que, le doigt déjà sur le bouton d'arrêt, il capta dans ses écouteurs : " S'il te plaît, attendre, attendre, écoute-nous ! "

« Ces quelques mots changèrent toute sa vie. À partir de ce moment-là, il ne cessa plus ses recherches dans ce domaine et s'y consacra tout entier. Bientôt, il reconnut parmi les voix celle de sa mère, morte quatre ans auparavant. Toutes les hypothèses pour trouver une autre explication tombaient les unes après les autres. Peu à peu l'évidence s'imposait : il recevait bien, en direct, des messages de l'au-delà [1]. »

« Ce qui se produisait ici se répétait quotidiennement et se précisait lentement, écrit Jürgenson, avait la force explosive de la pure vérité qui s'appuie sur des faits. C'était la vérité, la réalité qui allait peut-être déchirer en mille lambeaux le rideau de l'au-delà et du même coup réconcilier ce monde-ci avec l'autre en jetant un pont au-dessus de l'abîme. Il ne s'agissait en aucun cas de sensationnel. J'étais seulement chargé de cette tâche, grande mais difficile, de la construction de ce pont entre l'ici-bas et l'au-delà. Si je me montrais à la hauteur, alors, peut-être, l'énigme de la mort serait résolue, par la technique et la physique [2]. »

En 1963, il réunit des journalistes du monde entier pour leur faire part de ses travaux et de ses certitudes et, à partir de 1970, il se consacra entièrement à l'étude de ces phénomènes.

Constantin Raudive, philosophe et écrivain letton qui vécut en Allemagne, était comme Jürgenson

---

1. François Brune, *Les morts nous parlent*, Éditions du Félin, Paris, 1995.
2. *Sprechfunk mit Verstorbenen : Communication radio avec les morts* (éd. Hermann Bauer, Fribourg-en-Brisgau, 1967).

polyglotte, ce qui lui fut utile pour ses enregistrements de voix « paranormales » qui s'expriment souvent dans des langues diverses. Comme Jürgenson, il consacra la fin de sa vie à l'étude de la transcommunication et fit des conférences à travers le monde. Il a également laissé un grand nombre de bandes enregistrées que l'on peut consulter en Angleterre ou au lycée letton de Münster en Westphalie.

Ces précurseurs sont fort connus, mais il semble cependant que les premières personnes à avoir enregistré des voix venant de l'au-delà soient deux physiciens italiens qui gardèrent leur expérience secrète pendant des années avant d'oser en parler au public. Cela se passait en 1952, dans le laboratoire de physique de l'université catholique de Milan. Le père Agostino Gemelli[1] et le père Pellegrino Ernetti, tous deux physiciens, essayaient de filtrer des chants grégoriens sur un magnétophone à fil. Ce fil se rompant très souvent, le père Gemelli s'était écrié, comme cela lui arrivait parfois depuis la mort de son père : « Papa, aide-moi ! » Plus tard, en écoutant l'enregistrement, les deux religieux purent entendre : « Mais bien sûr que je t'aide, je suis toujours près de toi ! » Plus que surpris, les deux prêtres firent un nouvel essai et le père d'Agostino Gemelli se manifesta une nouvelle fois, utilisant les termes affectueux qu'il employait de son vivant.

Considérant la nature exceptionnelle de ce phénomène, les deux prêtres décidèrent d'aller en parler au pape qui était, à cette époque, Pie XII. Le Saint-Père demanda à Agostino Gemelli de s'assurer que le fait n'avait rien à voir avec le spiritisme, et qu'il était strictement scientifique. L'appareil enre-

---

1. Président de l'Académie pontificale.

gistreur étant forcément objectif, on ne pouvait le suggestionner; il captait seulement les vibrations sonores, quelle que soit leur origine. Le pape pensait que cette expérience pourrait marquer le début d'une nouvelle approche scientifique pour confirmer la foi dans l'au-delà. Le père Ernetti a fait personnellement le récit de cette audience au père Brune.

Hildegard Schäffer a fait connaître les travaux des Allemands dans le domaine de la transcommunication en publiant un livre capital qui raconte, depuis ses débuts, l'histoire de ce phénomène [1]. La mort prématurée de sa fille, âgée de vingt-trois ans, lui suggéra de vérifier elle-même la véracité des messages de l'au-delà, dont on parlait beaucoup en Allemagne depuis 1959. Durant ses recherches, elle reçut des communications qui ne pouvaient émaner que de sa fille. Mais elle reçut aussi d'innombrables messages sur bandes magnétiques de provenances différentes, de gens dont elle ignorait tout. Depuis la parution de son livre, de nombreuses personnes, suivant ses instructions, tentent de communiquer avec des disparus.

D'après Hildegard Schäffer, des milliers de gens désespérés par la perte d'un être cher ont retrouvé le goût de vivre et la foi grâce à des contacts avec l'au-delà. Il semblerait que certains dons médiumniques faciliteraient les contacts, mais ceux qui ne possèdent pas de dons exceptionnels obtiendraient cependant des résultats satisfaisants. À présent, quelques chercheurs de formation plus scientifique utilisent ces techniques, non par besoin de contacts

---

1. *Théorie et pratique de la transcommunication* (Robert Laffont, 1992).

personnels, mais pour approfondir les recherches dans ce domaine.

Ainsi, Hans Otto Köning, spécialiste allemand de l'électronique, conçut-il un générateur à ultrasons afin d'établir des communications à partir de fréquences ultrasoniques. En janvier 1983, Köning présenta son appareil à Radio-Luxembourg. Les auditeurs posaient des questions et les réponses leur parvenaient presque instantanément. On aurait pu croire que les voix venaient de la salle elle-même. Cette émission déclencha une telle avalanche de courrier que R.T.L. recommença l'expérience à diverses reprises. Depuis cette époque, la communication établie à l'aide de cet appareil fonctionne en permanence. Les messages sont presque tous d'une grande rigueur spirituelle. Ils insistent sur la force de l'amour, que l'esprit n'est pas périssable, que les morts cherchent à entrer en communication avec notre monde, surtout pour nous aider à comprendre que la mort n'existe pas, que la vie continue dans un autre monde, plus belle qu'ici-bas.

En 1982, une équipe de chercheurs américains, dirigée par George W. Meek, président de la Metascience Foundation à Franklin, obtint des résultats exceptionnels dans les contacts avec l'au-delà. Elle s'efforça d'entrer en relation avec des physiciens ou des scientifiques décédés. Le temps consacré à ces échanges est exceptionnellement long par rapport aux communications habituelles. L'un des membres de l'équipe de Meek, un ingénieur radio-électronicien spécialiste en ondes courtes, monta une installation acoustique et électromagnétique appelée Spiricom (Spiritual Communication) qui fut présentée au public américain pendant une conférence au National Press Club de Washington D.C. Cet appareil permit d'entrer en contact avec un ingénieur électronicien mort en 1967, George G. Mueller. Au cours de ces conversations, le défunt fournit de nombreuses indications sur sa vie, aussi bien privée que professionnelle, dont l'authenticité fut attestée après des vérifications sérieuses. G. Mueller confirmait que la sensation terrestre d'écoulement du temps n'existait plus dans son univers et il démontrait qu'il pouvait « voir » tout ce qui se passait dans le laboratoire de George Meek. Un jour, il demanda de rechercher un petit livre intitulé *Introduction to Electronics* qu'il avait rédigé en 1947. Un livre ignoré de l'équipe de chercheurs. L'ouvrage fut retrouvé à la Société historique du Wisconsin, État où était né Mueller. Un jour, Mueller annonça que les contacts établis avec lui touchaient à leur fin. Les enregistrements devinrent de plus en plus faibles et brefs. Puis il fut impossible de joindre le physicien disparu. Meek pensa qu'il était passé dans une sphère d'existence supérieure, impossible à contacter.

On peut évidemment se demander si ces communications sont favorisées par les dons de médiums des manipulateurs des appareils ou par leur personnalité propre. Dans le cas de l'équipe Meek, la transmission n'était possible qu'en présence de l'ingénieur O'Neill. En son absence, les contacts cessaient.

Des images de l'au-delà

On franchit un pas de plus dans l'incroyable quand on aborde le cas de Klaus Schreiber qui, en septembre 1985, enregistre des images de défunts apparaissant sur un écran de télévision. Il est sans conteste le premier à avoir réussi cet exploit. Étant entré en contact, grâce au magnétophone, avec des membres de sa famille décédés, il reçut de leur part l'étrange conseil de poursuivre leur dialogue par l'entremise de... la télévision en utilisant un canal encore disponible.

Il obéit aux conseils donnés et, dès sa première tentative, il put voir, émergeant d'une sorte de brume, le visage de sa fille Karine, morte à l'âge de dix-huit ans. Il enregistra la scène sur son magnétoscope puis confia la bande vidéo à des techniciens qui ne purent trouver aucune explication rationnelle à l'apparition enregistrée.

Klaus Schreiber, après sa disparition en 1988, s'est manifesté lui-même sur plusieurs magnétophones de ses amis, mais non sur leur télévision. En revanche, le 1er juillet de la même année, Constantin Raudive apparaissait à Luxembourg sur un écran de télévision tandis que sa voix se faisait entendre.

Depuis, les apparitions télévisées des trépassés semblent se multiplier. On a même vu surgir inopinément Romy Schneider et Curd Jürgens. Le fait que Romy Schneider soit apparue selon la version donnée dans son film *La Jeune Fille et le Commissaire*, et que, lors d'une autre tentative, l'image d'une jeune fille sortant de l'eau ait correspondu très exactement à celle d'un film intitulé *Bikini Story* serait de nature à discréditer l'expérience tout entière en faisant passer les témoins de ces « apparitions » pour de doux ingénus. Mais bien des cas sont beaucoup plus troublants et vraiment inexplicables.

Le père François Brune, qui s'est consacré de nombreuses années à l'étude du phénomène de la transcommunication, admet qu'il est impossible de savoir comment de tels phénomènes peuvent se produire. Mais il les a constatés lui-même : « Lors de trois visites différentes à Luxembourg, j'ai vu se former des images sur l'écran du téléviseur, tandis qu'une voix, en même temps, se faisait entendre. » Il a rassemblé et comparé des milliers d'informations sur ce sujet.

En France, Monique Simonet a consacré sa vie aux communications avec les défunts après être entrée en contact avec son père en avril 1979, dès sa première tentative.

Mais l'une des expériences les plus célèbres est celle de Raffaela Gremese recevant sur sa radio le message suivant : « Raffaela, papa t'attend à la télévision », et voyant quelques jours plus tard apparaître sur l'écran la silhouette de son père. Une expérience bouleversante qui l'incita à tenter d'autres contacts et à effectuer de nombreux enregistrements.

Les images filmées par Raffaela Gremese ont été analysées par différents spécialistes. Ceux-ci ont déclaré qu'il s'agissait, sans aucun doute possible, de silhouettes humaines qui semblaient glisser entre les éléments d'ameublement de la maison. Les centaines de photos qu'elle a prises excluent l'éventualité d'une impression par réflexion lumineuse ou autre illusion d'optique.

En octobre 1987, Raffaela Gremese expliqua son procédé au cours du Congrès sur les enregistrements de voix qui se déroula à Udine en octobre 1987. Des experts et des spécialistes de cette recherche s'étaient rencontrés pour comparer leurs expériences et leurs résultats. Les orateurs étaient des médecins, des chimistes, des ingénieurs, tous très spécialisés et qualifiés.

En octobre 1987, pendant l'enterrement du précurseur de la recherche sur les enregistrements de voix, Friedrich Jürgenson, celui-ci apparut sur l'écran de télévision de ses amis et collègues, Claude et Ellen Thorlin, d'Eskilstuna, en Suède. Il s'est donc manifesté sur l'écran au moment même de son enterrement. La ressemblance entre ce cliché et sa photo, prise de son vivant, est remarquable. Des années avant sa mort, Jürgenson avait affirmé que l'on verrait un jour les disparus sur les écrans de télévision. Il avait reçu, sur bandes magnétiques, des messages d'amis de l'au-delà qui confirmaient sa certitude. Il ne vécut pas assez longtemps pour voir ses espoirs réalisés, mais il réussit à se manifester lors de son départ de la terre.

Ce genre de manifestation qui est comme un adieu à la terre se retrouve dans le cas d'une photo officielle prise après la Seconde Guerre mondiale, représentant toute l'escadrille du vice-maréchal de la Royal Air Force, sir Victor Goddard. On distingue sur cette photo le visage du mécanicien Freddy Jackson, qui est le seul à ne pas être en uniforme. Or, Jackson venait d'être tué dans un accident et l'escadrille rentrait de ses funérailles lorsque la photo fut prise.

Il est intéressant de noter que tous les expérimentateurs ont constaté une grande fatigue consécutive aux enregistrements, qui ne peut être due à la seule attention ou concentration exigée par ce travail. On pourrait penser que les « chers disparus » utilisent notre énergie pour se manifester. Cette supposition pourrait être confirmée par le constat du professeur S. Darnell que les plantes se fanent très vite dans les lieux où arrivent les communications de l'au-delà.

Le professeur Ernst Senkowski, physicien à Mayence, s'est longuement penché sur l'étude de ces phénomènes. C'est lui qui a élaboré le concept de « transcommunication ». « Les résultats obtenus indépendamment les uns des autres dans les différents pays se confortent mutuellement dit-il. Ils confirment et complètent la vision spiritualiste du monde et de l'homme à laquelle les bons médiums nous avaient habitués depuis longtemps et, en dépit de nombreuses contradictions de détail, " démontrent " de manière globalement unitaire la réalité fondamentale de l'existence active d'un Moi humain après la mort terrestre. La " preuve " – si tant est que l'on veuille employer ce terme – repose désormais sur l'objectivité de ces phénomènes et sur le contenu des messages qu'ils transmettent. » Pour le professeur Senkowski, l'explication « animiste » ne résiste pas face aux phénomènes sonores qui accompagnent les émissions provenant du domaine de l'au-delà par transcommunication et que nous ne pouvons interpréter dans notre système que par les lois de la physique et de la technique. Il se demande comment le subconscient des techniciens novices, ignorant la plupart du temps les données pratiques ou théoriques, pourrait reproduire des bruits d'échos, de transmission de sons et d'autres spécificités sonores. « Nous sommes vraisemblablement témoins ici de nouvelles connexions psychotechniques qui seront accessibles à l'humanité du " nouvel âge " si elle remplit certaines conditions de nature spirituelle. »

Pour certains chercheurs, il s'agirait de « projections psychocinétiques de l'inconscient de l'expérimentateur », insuffisantes à « prouver » la survie après la mort. Mais cette explication s'oppose

formellement aux innombrables déclarations des
« voix » qui ne cessent de répéter, en donnant leur
identité, qu'elles sont des individus décédés qui
cherchent à faire connaître la réalité de leur nouvelle existence. Et ces messages apportent souvent
plus d'apaisement à ceux qui les écoutent que
l'espoir prodigué par les religions. Ils tiennent ces
voix qu'ils reconnaissent comme authentiques pour
des preuves irréfutables d'une vie après la mort.

Un chercheur italien de Rome, Felice Masi, a sou-
ligné, à propos des images enregistrées à partir d'un
film et reprojetées avec arrêt sur l'image, que les
déformations paranormales formant de nouvelles
images continuaient alors à évoluer. Il en concluait
que, probablement, ces images se formaient aussi
bien au moment de la projection qu'au moment de
l'enregistrement. Il ajoutait alors qu'il en était peut-
être bien de même pour les voix. Or, cette hypothèse semble étayée par plusieurs autres constatations. D'abord le fait, souvent signalé, qu'en
écoutant un enregistrement ancien, pourtant bien
connu, on peut avoir une nouvelle voix qui
s'est donc ajoutée sans passer par l'opération
d'enregistrement.

François Brune distingue deux types de communications avec l'au-delà [1]. D'abord les messages personnels, qu'il compare à de simples cartes postales
envoyées à la famille ou aux amis. Il s'agit seulement, pour le trépassé, de rassurer ses proches, de
leur dire qu'il continue à les aimer, qu'il est près
d'eux, même s'ils ne peuvent le voir. Puis il y a les
messages qui veulent manifestement renseigner sur
ce qui se passe après la mort.

---

1. *Les morts nous parlent, op. cit.; En direct de l'au-delà* (Robert
Laffont, 1993).

Redécouverte du *psychomanteum* antique

Le docteur Raymond Moody, psychiatre américain, pionnier des études sur les états proches de la mort, continue d'explorer la vie après la vie[1] d'une façon originale. Se rappelant ses premières amours de professeur de philosophie, la Grèce antique, il a redécouvert une technique très ancienne, mise au point par les Grecs : le *psychomanteum*. C'était à l'époque une sorte de caverne dans laquelle, grâce à des jeux de surfaces réfléchissantes, on permettait aux postulants à l'initiation de voir apparaître les esprits des défunts et de converser avec eux. Il a donc reconstitué une sorte de *psychomanteum* dans sa maison de l'Alabama et a constaté avec stupeur que le mécanisme fonctionnait toujours aussi bien ! Il l'a d'abord expérimenté lui-même, puis a ouvert ses portes à ses amis et à ceux qui désiraient entrer en contact avec des disparus bien-aimés. Dans la grande majorité des cas, ceux qui sont entrés dans cet endroit ont bien vu apparaître certains de leurs défunts et leur ont parlé. Cette expérience a permis à de nombreuses personnes de reprendre espoir, persuadées de la réalité d'une vie après la mort.

Raymond Moody avait sélectionné ses premiers sujets sur des critères précis. Ces gens devaient jouir d'un équilibre psychologique et émotionnel parfait, ne devaient pas s'adonner à des pratiques occultes ou magiques, ne pas boire d'alcool ou d'excitants avant les séances.

Les résultats ont été différents de ce qu'il attendait. En effet, nombre de sujets ont vu apparaître une personne autre que celle espérée. Dans environ

1. *Rencontres* (Robert Laffont, 1994).

10 % des cas, les apparitions sont « sorties » du miroir, se mouvant dans l'espace environnant. Les participants ont raconté que l'apparition les avaient touchés ou bien qu'ils l'avaient sentie d'une manière presque palpable. Un sujet, venu pour essayer de « voir » son père, raconte : « J'ai sursauté quand j'ai reconnu mon ancien associé... Il est sorti du miroir... Il était là, bien entier et nullement transparent. Il se déplaçait et je pouvais alors voir sa tête et ses bras bouger, en trois dimensions. »

Cet homme a insisté sur le fait que ce qu'il a vu dans la pièce n'était pas une apparition. « C'était bel et bien mon associé qui a répondu à mes questions. »

Ces rencontres sont en général vécues comme si elles étaient réelles et ne relevant ni du rêve ni de l'imaginaire. La quasi-totalité des sujets ont jusqu'à présent affirmé qu'ils avaient été en présence de ceux qui les avaient quittés.

Le docteur Moody pense que les modifications qui se produisent sur le sujet qui fait l'expérience du miroir sont similaires à celles qui se produisent sur un sujet qui fait l'expérience du coma dépassé. Dans un état comme dans l'autre, le sujet devient meilleur, plus aimant et compréhensif, et redoute moins la mort.

« Je suis certaine que j'étais dans une autre dimension. J'étais entourée de lumière », déclare une femme de vingt-six ans.

« Sa voix était différente de celle que nous avons quand nous parlons, vous et moi. Tenez, voici la meilleure façon de vous faire comprendre : je travaille depuis des années en tant qu'opératrice de téléphone sur l'étranger. Quand nous avons commencé à passer par satellite, la qualité du son a changé. C'était pareil. »

Il faut noter que la plupart des sujets choisis par Moody, surtout au début de ses expériences, furent des avocats, des médecins, des psychologues, des universitaires, donc des gens habitués à réfléchir et à analyser un phénomène. Nous ne pouvons que croire sur parole cette mère qui raconte : « Je n'arrivais pas à réaliser que c'était lui, alors je lui ai demandé si je pouvais le toucher. Sans hésiter une seconde, l'apparition de mon fils s'est avancée vers moi et m'a prise dans ses bras. Puis il m'a soulevée de terre. Ce qui s'est passé était aussi réel que s'il avait été ici. »

C'est encouragé par ce genre de confidences que le docteur Moody poursuit ses recherches.

Les tables tournantes

Je vous propose un petit test : vous connaissez sûrement, autour de vous, des personnes ayant assisté ou participé à des séances de tables tournantes (j'en ai moi-même interrogé des dizaines, y compris l'un des membres éminents de cette sérieuse assemblée, l'Académie française !).

Demandez-leur de vous raconter leur histoire, puis questionnez-les sur les explications qu'ils proposent à ce phénomène.

Ensuite, posez-leur franchement la question : « Croyez-vous que ce soit l'esprit d'un défunt qui se soit manifesté lors de cette séance ? »

Vous constaterez alors que si les histoires, les anecdotes de tables tournantes sont toutes extraordinaires, fascinantes, troublantes, elles restent aussi sans explication rationnelle.

Tous les conteurs vous diront avoir été les premiers étonnés des phénomènes constatés, mais ne vous proposeront pas d'autre réponse que : «Je ne sais pas, mais avouez que c'est tout de même étrange... » Aucun d'eux ne fera l'effort de chercher une explication. Aucun d'eux n'osera formellement affirmer la présence d'un défunt et encore moins avouer être convaincu, après la séance, de la survie.

C'est ce dernier point qui me semble le plus intéressant.

Pourquoi les tables tournantes ne sont-elles pas tenues, ou plus tenues, pour des preuves de survie ?

Elles ne sont tenues pour preuves que par ceux qui y croient déjà. Ceux qui sont sceptiques ne seront jamais convaincus par ce procédé.

Il n'y a d'ailleurs qu'à se souvenir de l'engouement du XIXe siècle [1] pour le phénomène et de constater qu'un siècle plus tard, non seulement la mode en est passée, mais que la thèse de l'après-vie n'y a rien gagné. On imagine mal aujourd'hui l'ampleur de cet engouement ; tous les grands noms du XIXe siècle croyaient en la métempsycose : Nerval, Dumas, Sue, Quinet... ; les écrivains aussi : Hugo faisait tourner les tables à Jersey et Guernesey, persuadé que sa fille Léopoldine, morte noyée, lui parlait quand ce n'était pas Galilée, Mahomet, Dante ou Molière. Michelet s'acharnait à montrer que les morts revivent parmi nous. Flaubert était sensible à cette question : ses héros Bouvard et Pécuchet interrogent les tables...

Aujourd'hui, les faits constatés sont classés parmi les manifestations parapsychologiques. On estime

---

1. La volumineuse étude de Philippe Muray, *Le XIXe siècle à travers les âges* (Denoël, 1984), offre une analyse détaillée de la fascination des grands hommes de ce siècle pour l'occultisme, le spiritisme et la nécromancie.

que si les tables bougent, s'il y a mouvement, c'est de la psychocinèse (mouvement produit sans cause connue apparente). Et que si les tables « transmettent » un message, c'est qu'il s'agit de télépathie entre personnes présentes et vivantes.

Aucune étude sérieuse n'a été entreprise de nos jours sur ce problème. Plus personne ne se préoccupe des tables tournantes. Mais certains instituts, comme le Stanford Research Institute, étudiant la parapsychologie en général, pourront sans doute un jour fournir des réponses satisfaisantes.

Si on accepte l'hypothèse spirite, il y a en effet un phénomène de télépathie mais pas seulement entre personnes vivantes : le médium est en communication télépathique avec l'esprit d'une personne décédée.

Les lieux hantés

Interviewé par Dominique Eudes dans *Paris-Match* en octobre 1983, l'acteur Jean Le Poulain a raconté une histoire surprenante. Il habitait rue Saint-Honoré et, une nuit, il entendit des bruits insolites. Il crut d'abord qu'il avait oublié d'éteindre son poste de radio mais, en se levant, il put constater que ces bruits – grincements de roues de chariot et roulements de tambours – venaient de la rue. Il se pencha alors à la fenêtre et vit passer le cortège qui conduisait la reine Marie-Antoinette à l'échafaud. Il pensa alors que l'on tournait une scène d'un film. Lorsqu'il descendit dans la rue, il ne vit rien. Il crut à une hallucination. Ce n'est que plus tard qu'il se rendit compte qu'il avait vu cette scène le jour anniversaire de l'exécution de la reine, qui était passée là, cent cinquante ans plus tôt pour être conduite à la guillotine.

Ce cas ressemble beaucoup au récit de Gabriel Delanne[1]. Il connaissait une femme, qui redoutait de passer par la rue Saint-Honoré. Un jour qu'elle dormait dans un hôtel situé dans cette rue, elle avait entendu « les sauvages hurlements de la populace » et, regardant par la fenêtre, elle avait vu Marie-Antoinette dans la charrette et elle-même dans la foule, luttant frénétiquement pour se frayer un chemin.

Certains lieux semblent ainsi imprégnés par des souvenirs marquants qui laissent des traces indélébiles. On retrouve là la théorie des « champs morphiques » du biologiste Rupert Sheldrake, champs qui persisteraient après la disparition de ceux qui les ont créés.

Cette conservation d'une information peut aussi bien concerner les images que les sons. Ainsi, dans la principauté d'Andorre, se trouve un ermitage en ruine où des chercheurs qui enregistraient des bruits ambiants ont capté la récitation du rosaire. Plusieurs mois plus tard, un autre groupe enregistra, au même endroit, la même récitation sur un fond de chant grégorien[2]. Ayant recommencé ces enregistrements, les mêmes groupes ont obtenu les mêmes résultats. Toujours dans les Pyrénées, au milieu des ruines d'une maison abandonnée, on a pu enregistrer les lamentations d'une femme qui ne cessait de demander pardon. Dès qu'on s'éloignait

1. Cité par Jean-Louis Siémons dans *Revivre nos vies antérieures* (Albin Michel, 1984).
2. Sinesio Darnell, *El misterio de la psicofonia*. Exemples repris par François Brune dans *En direct de l'au-delà, op. cit.*

de quelques centaines de mètres, ces gémissements n'étaient plus perceptibles, mais dès que l'on se rapprochait, ils reprenaient.

Le père Brune, qui relate ces cas, pense qu'il pourrait s'agir d'ondes rémanentes qui continueraient d'exister aux alentours d'un lieu.

Ces histoires évoquent les voix qu'a captées le professeur Hans Bender en Forêt-Noire et qui utilisaient un langage du Moyen Âge, complètement abandonné de nos jours.

Les fantômes

Parce qu'il m'avait écrit dans sa lettre : « J'ai eu le privilège – et même le triste privilège – d'avoir des preuves *concrètes et irréfutables* de la vie après la mort terrestre. Mais je n'en parle jamais, le sujet est beaucoup trop délicat... », j'ai rencontré ce monsieur, dont je tairai le nom par discrétion mais dont le moins qu'on puisse dire est qu'il est tout à fait sérieux, directeur d'une agence de marketing, chargé de cours dans une école de publicité, membre de plusieurs clubs qui sélectionnent soigneusement leurs adhérents.

Dans leur appartement parisien ancien, il passe une soirée bien tranquille avec son épouse. Tous deux lisent au lit. Soudain, ils perçoivent un halètement, une respiration essoufflée, qui semblait venir de derrière eux, de la tête du lit. Ce soir-là, surpris mais non inquiets, ils n'y prêtent guère attention. Mais ce halètement se renouvelle chaque soir. Pas longtemps mais assez pour être perçu distinctement.

L'épouse, mal à l'aise, interroge son mari qui la rassure en plaisantant : « Ne t'inquiète pas, c'est notre fantôme. »

Il ne croyait pas si bien dire... et s'il l'avait su, il se serait sûrement abstenu de cette remarque.

Le « fantôme », en effet, allait manifester sa présence jusqu'à l'agressivité, et la peur, peu à peu, allait s'installer dans cette famille.

Un soir, à dîner, la jeune femme ose confier à sa belle-mère qu'elle est inquiète de ce halètement inexplicable. Bien entendu, sa belle-mère (qui ne croit pas aux fantômes) la rassure gentiment. Elles desservent la table, ne laissant plus, sur un napperon de dentelle, qu'une grosse coupe en cristal, un cadeau de mariage, puis elles passent au salon. À peine ont-elles pris place sur le canapé qu'un bruit de verre cassé à la salle à manger les fait sursauter : la coupe a explosé. Elle n'était ni fêlée ni spécialement fragile. Elle est en miettes, par terre, comme si elle avait été violemment jetée.

Un après-midi, dans le salon, prenant un apéritif, le mari et sa femme entendent nettement des pas sur le parquet. « Ça » passe et repasse devant eux sans qu'ils puissent voir quoi que ce soit.

À la cuisine, l'essoreuse du linge, indépendante de la machine à laver, se met en marche toute seule. Quant à la pendule électrique qui avait toujours très bien fonctionné, elle devient capricieuse, s'arrête et repart sans raison.

Une nuit, on sonne à la porte. M. X... va ouvrir. Personne. Il croit à une farce. Il regagne son lit quand il entend de nouveau sonner avec insistance. De nouveau personne. Au bout de quatre déplacements, irrité, il bloque la sonnette avec un bout d'allumette. La sonnette sonne toujours comme si

un doigt invisible appuyait dessus sans disconti-
nuer. Il doit la débrancher.

Ce ne sont là que quelques-uns des événements
racontés par M. X... Ceux-ci étaient si nombreux
qu'ils ont rendu l'atmosphère de la maison lourde,
inquiète, tendue. Trop de « hasards » auxquels on
finit par ne plus croire.

Un dernier événement va complètement trauma-
tiser ce couple. Un matin, M. X... arrive à l'heure
habituelle à son travail. Son directeur exigeait une
ponctualité rigoureuse. À peine est-il installé à son
bureau qu'une angoisse le pousse à retourner chez
lui. Il prétexte des papiers oubliés. Quand il arrive
dans son salon, il constate le drame : un très lourd
secrétaire à abattant a été renversé (par qui ?) et a
sectionné un doigt d'une de ses filles. Affolement.
Hôpital. Détail horrible mais salvateur : le père
retrouve dans l'abattant du secrétaire le morceau de
doigt manquant. Une greffe peut être immédiatement pratiquée et sauve la main de sa fille.

Ce terrible accident fait prendre au père les
choses au sérieux. Bien sûr, au début, il ne croyait
pas à ce « fantôme », mais puisque celui-ci met en
péril la vie de ses enfants, il faut bien « faire quelque
chose ». Mais quoi ?

M. X... décide de se confier à son médecin de
famille. Le seul homme qui, le connaissant depuis
son enfance, ne le prendrait pas pour un fou. Le
médecin, ahuri, ne sait pas, lui non plus, que faire.
Ce genre d'histoire ne rentre pas dans ses compé-
tences. Cependant, il donne à son client une carte
de visite qu'il vient de recevoir. Cette carte émane
d'un de ses anciens compagnons de la Résistance
qui ne lui avait pas donné signe de vie depuis des
années et qui écrivait seulement sur sa carte : « Tu

donneras mon nom à quelqu'un qui en aura besoin. » Le médecin ne voit pas bien le rapport entre ces deux hommes qui ne se connaissent pas, mais il tend tout de même la carte à son client.

M. X... prend alors contact avec l'auteur de la carte. Ce dernier vient le voir chez lui. Ce n'est pas un personnage commun et pour cause... son histoire à lui aussi est tout à fait extraordinaire.

Pendant la Résistance, il avait été arrêté par les Allemands, torturé et envoyé au peloton d'exécution. Tandis que les soldats ajustaient leur tir, au moment précis du feu, une voix intérieure lui avait brusquement ordonné de se baisser. Il avait échappé aux balles et, à quatre pattes, était parvenu à s'enfuir et à éviter les patrouilles qui le poursuivaient. Il s'agissait donc d'un miraculé et qui, depuis ce miracle, était devenu médium.

Dès qu'il pénètre dans l'appartement, il confirme la présence d'un « esprit » et il affirme : « Il y a ici une chaise cassée. Je la vois passer en image devant mes yeux. » M. X... lui explique que c'est tout à fait impossible : il est lui-même de formation ébéniste (il a fait l'école Boulle), il n'y a pas de chaise cassée chez lui. Et pourtant le médium insiste. Si bien que M. X... finit par en être agacé.

Le médium revient plusieurs fois dans l'appartement et à sa dernière visite, il trace mentalement et avec ses bras, en répétant le geste plusieurs fois, un chemin de lumière pour « l'esprit » tourmenté. Il croit en effet que cet esprit n'a pas trouvé la route pour mener dans l'au-delà une vie heureuse et paisible et que ces manifestations sont des appels au secours. Après cette dernière visite, la nuit se passe calmement. Le « fantôme » ne se manifeste plus. Il semble bien avoir quitté l'appartement.

Mais l'histoire ne s'arrête pas là car il faut bien trouver une explication à ce « fantôme ».

Le lendemain matin, après cette visite ultime, entrant dans la chambre de ses enfants [1] non encore éclairée, M. X... heurte un meuble ou un jouet. Il allume la lumière : c'est une petite chaise d'enfant *dont le pied est cassé.*

Or cette petite chaise avait une histoire très curieuse.

Elle avait été donnée aux enfants de M. X... par leur grand-mère maternelle. La famille de Mme X... habitait, dans le Nord, une ville côtière. Or, juste après la guerre, comme on le sait, des repris de justice étaient employés à déminer les plages. La sœur de Mme X..., jeune fille assez jolie, tomba amoureuse de l'un d'eux. Il était algérien. Il demanda la main de la jeune fille, ce que la famille refusa tout d'abord, puis accepta, le condamné ayant obtenu une remise de peine pour bonne conduite. La jeune Française accompagna son mari en Algérie et découvrit sur place que la vie ne serait pas conforme à son rêve : un village isolé et très pauvre, d'autres épouses à partager, aucun espoir de revenir en France. La jeune femme attendit son premier enfant. Pendant sa grossesse, la future grand-mère acheta pour son petit-enfant une chaise en rotin et la garda chez elle de côté. La jeune femme mourut en couches sans avoir revu ses parents et la grand-mère ne connut jamais son petit-fils qui resta en Algérie. Un jour, elle décida de donner cette petite chaise aux enfants de son autre fille, la femme de M. X...

---

1. Précisons que ce sont des enfants en bas âge et non des adolescents.

Cette petite chaise est, à l'évidence, l'objet qui avait « introduit » la jeune morte malheureuse dans cet appartement parisien.

Dans cette histoire, le fantôme n'est pas visible. Mais des histoires d'apparitions qui se manifestent visiblement il y en a dans toutes les familles... et pas seulement en Grande-Bretagne. Je puis citer deux cas parmi d'autres qui m'ont été racontés récemment en garantissant le sérieux et l'équilibre de mes interlocuteurs.

M. B..., sous-préfet d'une commune des Charentes, arrivait, de nuit, en voiture, à un passage à niveau non gardé (en 1937, c'était fréquent). Soudain, juste au moment de franchir les rails, il vit devant ses phares la silhouette de son père qu'il chérissait et qui était mort peu de temps auparavant. Son père, mystérieusement matérialisé, debout, les bras levés, pour l'empêcher de passer. Il freina et à ce moment-là, le train surgit sur la voie, devant lui. À la place où il aurait dû être.

M. Raymond C... habitait Rochefort tandis que sa sœur, mariée à un Américain, résidait aux États-Unis. Malgré la tendresse qui les liait, le frère et la sœur se voyaient peu souvent du fait de la distance.

Un jour de beau temps, Raymond C... et sa femme déjeunaient au rez-de-chaussée de leur maison, la fenêtre ouverte sur leur petit jardin. Soudain, il se leva d'un bond, criant le prénom de sa sœur, car il venait de la voir qui regardait par la fenêtre. Il se précipita dehors mais il n'y avait personne. Il revint tout chaviré, se croyant fou. Le soir, un télégramme lui apprit le décès brutal de sa sœur au moment même où il l'avait aperçue.

De telles histoires laissent songeur...

La main brune

Une des meilleures histoires d'apparition que je connaisse est celle racontée par Conan Doyle dans *Histoires et messages de l'au-delà*.

À Peshawar, en Inde, un médecin anglais soignant un pauvre hindou pour une tumeur à un poignet se voit dans l'obligation de l'amputer de la main. Il conserve celle-ci dans un bocal ajouté à sa collection anatomique qui réunit divers organes malades intéressants du point de vue pathologique.

Un incendie détruit sa maison de Bombay et la plus grande partie de cette curieuse collection. En Angleterre, quelques années plus tard, il est réveillé régulièrement par un fantôme auquel il manque une main. C'est l'hindou qui, mort, désire l'intégralité de son corps afin d'avoir une habitation parfaite pour son esprit. Il cherche sa main parmi les bocaux ignorant qu'elle a disparu dans les flammes.

Un ami du médecin propose alors une ruse : il va à la morgue, où un hindou vient de mourir et lui coupe une main qu'il dépose dans un bocal près des autres bocaux de la collection. Il passe la nuit dans le salon. Il voit alors surgir le fantôme qui s'approche des bocaux, prend la main mais, furieux, la jette par terre : c'est une main gauche alors que lui, a perdu la droite ! Qu'à cela ne tienne, l'ami retourne à la morgue et coupe l'autre main du malheureux cadavre hindou. Le fantôme, la nuit suivante, s'empare de la main. Cette fois, c'est la bonne et, satisfait, il disparaît pour toujours...

Conan Doyle, le père de Sherlock Holmes, était un fervent adepte du spiritisme. Dans un article de la revue *Light*, il déclarait que, par déduction logique, on pouvait conclure à la communication possible avec les esprits des morts. Il avait d'abord adhéré à la théosophie, puis s'était livré à des recherches sur les phénomènes du spiritisme, entrant à la Société de recherches psychiques de Londres en 1891. Il embrassa cette cause avec passion et mit à son service son immense fortune.

Mais il n'y avait pas que les hommes de lettres pour s'intéresser aux fantômes et aux matérialisations d'esprits : les hommes de science aussi, comme on l'a vu dans leurs expérimentations avec les médiums célèbres, et les hommes politiques également comme Jaurès...

Le fantôme de Jung

Carl-Gustav Jung raconte dans *Ma vie* une histoire de « fantôme » qui lui est arrivée et propose une explication.

Il était en train d'écrire *les Sept Sermons aux morts* (plaquette dont il n'existe qu'une version en allemand). « Il y avait une atmosphère singulièrement pesante autour de moi et je sentais comme si, à l'entour, l'air était empli d'entités fantomatiques. Puis, on se serait cru dans une maison hantée : ma fille aînée vit dans la nuit une forme blanche qui traversait sa chambre. Mon autre fille raconta – indépendamment de la première – que, dans la nuit, par deux fois, la couverture de son lit lui avait été arrachée. » Jung poursuit en racontant que son fils fit des cauchemars et qu'il les dessina. Puis, le dimanche dans l'après-midi, la sonnette de la porte d'entrée sonna à toute volée. Comme il se

trouvait près de la porte, Jung l'entendit et vit nettement le mouvement du battant de la clochette.
« Tous, nous courûmes aussitôt à la porte pour voir
qui était là, mais il n'y avait personne ! Nous nous
sommes tous regardés, pantois ! L'atmosphère était à
couper au couteau. Je me rendis compte qu'il fallait
que quelque chose se passât. La maison entière était
comme emplie par la foule, elle était comme pleine
d'esprits ! Ils se tenaient partout, jusque sous la
porte, et on avait le sentiment de pouvoir à peine
respirer. »

Bien entendu, Jung se demandait ce qui pouvait
être la cause de la mise en mouvement de la sonnette. Alors, dit-il, il y eut comme une réponse en
chœur : « Nous nous en revenons de Jérusalem où
nous n'avons pas trouvé ce que nous cherchions. »
Ces mots correspondent aux premières lignes des
Sept Sermons aux morts.

Après cet après-midi surprenant, Jung se mit à
écrire son texte avec une grande facilité. « À peine
avais-je commencé à écrire que toute la cohorte
d'esprits s'évanouit. La fantasmagorie était terminée. La pièce fut à nouveau tranquille et l'atmosphère pure jusqu'au lendemain soir, où la tension
revint un peu. »

Jung donne de cette « manifestation d'esprits »
l'explication suivante : selon lui, elle est liée à son
état d'émotion et à la tension due à son désir
d'écrire. Cet état favorise les phénomènes parapsychologiques. « Il s'agissait d'une constellation
inconsciente et je connaissais bien l'atmosphère sin-
gulière d'une telle constellation en tant que *numen*
d'un archétype : " Signes avant-coureurs, apparitions, avertissements s'amoncellent ! [1] " ». Peu avant

---

1. Cette citation que fait Jung est tirée du *Second Faust* de Goethe.

cet épisode, j'avais noté le phantasme que mon âme m'avait été ravie et s'était envolée. Or l'âme, l'*anima* (selon l'expression jungienne), crée la relation à l'inconscient. Ce qui, dans un certain sens, est aussi une relation à l'égard de la collectivité des morts. « Car l'inconscient correspond au mythique pays des morts, le pays des ancêtres. De sorte que si, dans un phantasme, l'âme disparaît, cela veut dire qu'elle s'est retirée dans l'inconscient ou dans le pays des morts. Cela équivaut à ce qu'on appelle la perte de l'âme, un phénomène que l'on rencontre relativement souvent chez les primitifs. »

Pour Jung, les esprits ne sont donc qu'une appellation de l'inconscient collectif où chacun de nous peut puiser et l'hypothèse spirite concernant les fantômes n'est pas démontrable, ce qui ne prouve pas qu'elle soit fausse. Il se contente d'admettre qu'il existe une structure psychique universelle, qui commande les phénomènes et les expériences spirites, de même que les organes du corps ne sont pas tous semblables mais au contraire sont des machineries complexes, dynamiques et différenciées, de même les archétypes, ces grandes images de l'inconscient collectif, ne sont pas passifs, mais bien actifs. Ces organes psychiques, si l'on peut employer cette expression, sont des structures qui déterminent toute la vie psychique. « Ces structures fondamentales archétypiques, précise Jung[1], sont héréditaires (car Jung ne croit pas qu'il y ait une hérédité possible des souvenirs prénatals individuels) mais dépourvues de contenu, étant donné

1. Jung, qui écrit : « Nous savons désespérément très peu de choses quant à une éventuelle survie de la psyché individuelle après la mort », se livre tout de même à un commentaire très passionnant du *Bardo Thôdol*, livre des morts tibétain, dans son ouvrage *Psychologie et Orientalisme* (Albin Michel, 1985).

qu'elles ne contiennent pas, initialement, d'expériences vécues subjectives. Elles ne deviennent conscientes que lorsque des expériences personnelles les ont rendues perceptibles. »

Comme les Tibétains, Jung ne croit qu'à la réalité des données psychiques. Il n'y a pas de réalités physiques ni métaphysiques, rien que des créations de l'inconscient. « Le monde des dieux et des esprits n'est rien d'autre que l'inconscient collectif *en moi.* » Mais il ajoute qu'on pourrait aussi bien renverser cette phrase et dire : « L'inconscient est le monde des dieux et des esprits *à l'extérieur de moi.* » Ainsi la réalité des esprits ne serait-elle plus mise en doute... Et Jung d'ajouter que pour trancher cette question, une vie humaine ne suffit pas !

Les déplacements d'objets

Dans l'histoire du fantôme attaché à la petite chaise cassée, on ne peut apporter la preuve que c'est bien l'esprit de la jeune sœur éprouvée qui provoquait tous ces phénomènes et même toute cette agressivité (les deux sœurs d'ailleurs ne s'entendaient pas très bien dans leur jeunesse et se jalousaient). Cependant, cette explication est fort plausible. Elle permet aussi d'étudier quelques points intéressants.

Selon les théories du spiritisme, on peut expliquer les bruits, les craquements, les coups comme des « manifestations spontanées » des esprits (malveillants dans certains cas comme dans la célèbre affaire de la rue des Noyers à Paris, où des pierres étaient jetées de l'extérieur sur une maison et retombaient dans les pièces comme si les murs et les fenêtres n'avaient pas existé : interrogé par les spirites, l'esprit perturbateur avoua qu'il voulait jouer un mauvais tour aux habitants de la maison uniquement pour se distraire...). De même pour les « apports ». L'esprit fait preuve de bienveillance envers ceux qui le sollicitent en leur offrant des fleurs, des fruits, ou des petits cadeaux. Jeanne Decroix en donne de nombreux exemples en racontant la vie de sa mère, « un médium étonnant, une mère très particulière ». Leur « guide », nommé Rateau, suggérait aux gens d'offrir à Mme Decroix du beurre pendant l'Occupation, de rapporter une enveloppe perdue contenant les billets du salaire de Jeanne, de glisser, mine de rien, un diamant égaré dans la boîte à boutons, etc. Kardec, lui-même, a interrogé l'esprit Éraste (compagnon de saint Paul) avec lequel il communiquait pour comprendre comment il se procurait ces « objets tombés du ciel » ; réponse de l'esprit : « Je ne lèse personne puisque personne ne s'en aperçoit... »

L'explication des spirites est valable si l'on adhère à leur croyance concernant la présence réelle des esprits. Mais on peut chercher d'autres types d'explication.

Selon les observations des parapsychologues – et en particulier celles du professeur Hans Bender de Fribourg-en-Brisgau, qui étudia pendant de nombreuses années, les phénomènes de *poltergeist*[1] –

1. *Poltergeist :* déplacement d'objets sans raison apparente. La gendarmerie française a recensé 200 cas environ de *poltergeist* et le commandant Tizané a noté : « J'ai découvert dans les dossiers de hantise de nombreux cas où les phénomènes se manifestaient après la mon d'un proche... Après quarante-sept ans d'enquêtes et de réflexion, j'ai constaté qu'il y a souvent un lien entre ces phénomènes

c'est plutôt du côté des facultés psi, ignorées souvent par ceux qui les possèdent, qu'il faut fonder des hypothèses.

Parmi les surprenants phénomènes de *poltergeist* (mot où la racine « esprit » en allemand est évidente), on a pu observer des déplacements de lits, de tableaux ou d'armoires, des jets de pierres, des vols d'ustensiles de cuisine, des bris de lampes et même des « valses » de mortiers[1]... On a généralement attribué ces phénomènes à la présence d'un enfant proche de l'âge de la puberté. Ce qui signifie que l'énergie mise en jeu pour déplacer ces objets serait assimilable à de l'énergie sexuelle non utilisée mais condensée par l'adolescent (qui jouerait alors le rôle d'un condensateur d'énergie). Les explications pour le moment en restent là, mais elles se révèlent peu satisfaisantes, l'appel à une notion d'énergie mal utilisée n'étant guère convaincant.

La synchronicité

Après le spiritisme, après la parapsychologie, on peut proposer un troisième type d'explications.

et un décès récent » (récent signifiant moins d'un mois). Flammarion notait déjà : « Ces lancements bizarres d'objets ont été observés des centaines de milliers de fois. La cause est consciente et invisible ; elle a été fréquemment associée à des actes possibles de décédés mais pas toujours » (cités par Fernand Clerc).

1. Fernand Clerc, dans *L'Hypothèse Dieu dans la science* (Sand, 1985), raconte qu'à Saint-Georges-de-Vièvres on a vu valser des mortiers de laboratoire, qu'à Jarny on a entendu des coups à plus de 200 mètres à la ronde, qu'à Rosenheim (où d'ailleurs se trouvait le Pr Hans Bender) l'horloge parlante, cadran bloqué, a été appelée six fois par minute inlassablement...

Dans ces cas de manifestations inexpliquées d'objets qui se déplacent, de bruits étranges ou d'apparitions fantomatiques, il n'y a pas moyen de dire : tel effet est produit par telle cause. Ce raisonnement, qui est celui de la physique classique, ne peut, dans ces cas-là, convenir. Les lois du temps, de l'espace et de la causalité n'interviennent plus. Il semble en effet que des explications fondées sur la causalité ne puissent pas suffire. C'est pourquoi l'on est autorisé à introduire l'idée de la synchronicité[1] ou de l'acausalité.

Voici un exemple de synchronicité[2] : une dame se souvient que lorsque sa mère et sa grand-mère sont mortes, un grand nombre d'oiseaux se sont assemblés devant la fenêtre de la chambre mortuaire. Un jour, le mari de cette dame, souffrant du cœur, se rend chez son médecin. Tandis que cet homme s'affaisse dans la rue, terrassé par une crise cardiaque, sa femme voit un essaim d'oiseaux sur le toit de leur maison... Elle donne alors un sens à ce phénomène et éprouve une terrible angoisse alors qu'elle ignorait la crise de son mari.

Entre ces deux événements, les oiseaux de la mort, il n'y a objectivement aucun lien de causalité. Mais il y a une signification entre ces deux événements pour cette dame et pour elle seulement. C'est ce que l'on appelle un phénomène de synchronicité.

---

1. Jung a choisi le mot synchronicité pour décrire des événements que l'on ne peut expliquer par le jeu des causes et des effets mais qui ont cependant un « sens » reconnu par l'observateur. C'est, dans notre vie quotidienne, la rencontre entre un événement extérieur physique et un état intérieur psychique, rencontre qui n'a de sens que pour celui qui la vit et qui n'a aucune raison causale pour un observateur non concerné.

2. Exemple cité par Jung dans *Synchronicity*, repris par Michel Cazenave dans *La Synchronicité, l'Âme et la Science* (éd. Poiesis, diff. Pavot, 1984).

Il y a une coïncidence entre l'état physique objectif et l'état psychique de cette dame, mais il n'y a aucune relation causale mutuelle.

Cela prouve qu'il existe bel et bien des phénomènes dont la cause ne peut être étudiée sans faire appel à un autre cadre de raisonnement. Tous les phénomènes rattachés au spiritisme pourraient entrer dans cette catégorie. Inutile de chercher des causes. On constate l'effet, on ignore la cause.

Comme dans les histoires de tableaux qui se décrochent tout seuls : une jeune femme de mes amies m'a raconté qu'elle avait dans sa maison d'enfance un tableau que lui avait offert une grand-mère qu'elle adorait. Tableau assez banal au demeurant, trois roses sur un tapis, mais c'était la valeur sentimentale qui donnait du prix à cette peinture. Le cadre avait été réparé par un artisan sérieux, une cordelette solide fixait le tableau au mur du salon. Mais, sans cause apparente, un 22 septembre, le tableau s'est retrouvé par terre, le cadre brisé. Le clou était resté dans le mur et la corde y était accrochée, intacte, pendant lamentablement. La jeune femme vit dans cet événement une « synchronicité » : elle pensa à la grand-mère qui était âgée de quatre-vingt-deux ans. Elle eut peur pour elle, et pour se rassurer, téléphona à sa sœur : depuis le matin de ce 22 septembre, sa grand-mère était dans le coma et elle mourut dans la soirée...

On a, par ailleurs, remarqué que les spectateurs des tables tournantes ne donnent jamais d'explications aux phénomènes dont ils sont les témoins. Tout simplement parce qu'il n'y a pas de relation entre la cause et l'effet.

Toute la physique nous apprend que la cause précède l'effet et que l'effet est postérieur à la cause. Ce qui implique un léger décalage entre les deux puisque aucun phénomène ne peut se produire à une vitesse supérieure à celle de la lumière. Si nous croyons que certains événements ont lieu en *même temps* que d'autres apparemment sans rapport, nous supprimons l'idée d'un décalage spatio-temporel, nous supprimons l'idée de causalité, chère à la physique traditionnelle (car en physique quantique et nucléaire apparaissent au contraire des événements qui semblent être reliés mais dont la relation défie toute explication en termes ordinaires).

Ce qui empêche de trouver une preuve objective, car pour avoir une preuve, il faut pouvoir affirmer que l'on connaît la cause d'un effet et pouvoir le reproduire à volonté.

Or ces phénomènes sont imprévisibles, irréguliers et ne se produisent pas sur commande (les médiums sont unanimes à le dire : on ne peut appeler les esprits sur commande...). Il est donc impossible d'établir des preuves au sens scientifique de ce mot. Ces phénomènes se soustraient aux statistiques, aux calculs de fréquence, aux probabilités. C'est en cela d'ailleurs qu'on ne peut trouver d'autres preuves que des preuves subjectives. Celui qui aura, une seule fois dans sa vie, vu en apparition son père décédé, tiendra pour lui la preuve que ce dernier est bien vivant dans un autre plan d'existence.

Conclusion

De ce voyage vers l'au-delà nous aurions aimé tirer une conclusion où serait nettement apparu ce qui est prouvé et ce qui ne l'est pas.

Malheureusement, dans la connaissance de ce problème essentiel, les preuves, en définitive, se révèlent comme des interrogations mieux formulées. La prudence conduit donc à examiner plutôt ce qui, dans les recherches scientifiques et les expériences individuelles, plaide en faveur de l'après-vie.

Ce n'est évidemment pas par hasard que nous avons choisi ces deux mots pour titre de cet ouvrage. Ils contiennent à eux seuls la totalité de la réflexion qui peut être portée sur la probabilité de la vie après la mort. Réfléchir sur l'après-vie, c'est d'abord réfléchir sur la vie.

La VIE, si on la considère avec l'œil froid du physicien, c'est d'abord de la MATIÈRE organisée.

À tous les niveaux, macrophysique et microphysique, la vie est une organisation d'atomes, de molécules, de cellules. Cette organisation, qui va du simple au complexe, n'est maintenue que par la nécessité d'un dynamisme. Il n'y a pas de matière inerte. Les éléments atomiques sont soumis à des forces, à des mouvements, à des attractions et des répulsions, etc., bref à une ÉNERGIE incessante.

Notre corps lui-même est constitué de cette matière merveilleusement agencée. Mais nous ne sommes pas (faut-il insister ?) réductibles à cet ensemble matériel. Notre être n'est pas constitué que de matière. Il convient d'ajouter à celle-ci un autre élément capital que l'on pourrait appeler l'INFORMATION.

Cette information est triple : information générique d'abord, nous appartenons à la race humaine, nous possédons en nous un « programme » (au sens informatique du mot) général humain. Information particulière ensuite, qui fait que nous sommes tel individu et non tel autre, un « programme » biologique contenu dans l'A.D.N., notre héritage génétique. Enfin, une troisième sorte d'information : la mémoire de tout ce que nous avons vécu, la totalisation des expériences qui nous ont façonnés, le « programme » de notre identité. Cette identité qui constitue notre conscience et notre liberté, ce qui subsiste de nous alors que, dans notre corps, les atomes qui nous composent ne cessent de changer, d'être renouvelés. Ce qui perdure malgré cet incessant changement pourrait bien être – pourquoi pas ? – une « substance » qui transcenderait la multiplicité matérielle.

La MORT est la cessation de la vie, donc la cessation de la matière et de l'information dont nous sommes constitués. Destruction définitive en apparence.

Mais l'APRÈS-VIE peut, à l'inverse, être considérée comme la conservation de la vie, conservation de la matière sous quelque forme que ce soit *et* conservation de l'information puisque nous voulons que notre identité individuelle soit conservée.

Pour affirmer qu'il y a une APRÈS-VIE, il apparaît donc indispensable de pouvoir affirmer que MATIÈRE et INFORMATION peuvent se conserver.

Or la MATIÈRE n'est rien d'autre que de l'ÉNERGIE qui, selon le principe de la thermodynamique et dans un système parfait, se conserve sous des formes différentes : nucléaire, thermique, électrique, etc. On a trop tendance à imaginer que l'énergie existe « dans l'air », d'une manière abstraite, alors qu'elle se manifeste toujours sous une forme ou sous une autre. Sans contredire aux lois de la physique, on peut donc affirmer que la MATIÈRE est « conservable » sous forme énergétique.

Quant à l'information, ces « programmes » qui font de nous ce que nous sommes [1], tout le problème est de la stocker..., ce qui est impossible sans support matériel. De même qu'une chanson n'existe que si elle est enregistrée sur une cassette, un disque, un livret (qu'importe la forme) qui permettent de l'écouter. De même que la pièce où je travaille est parcourue d'ondes qui n'« existent » que si un appareil approprié est capable de les capter. Sans support matériel, l'information ne peut se conserver. Or ce support de matière, nous l'avons : c'est l'ÉNERGIE.

Cela conduit tout naturellement à une affirmation : MATIÈRE CONSERVÉE (sous forme énergétique) + INFORMATION CONSERVÉE = APRÈS-VIE.

Ainsi, si l'on est bien d'accord que l'après-vie ne peut pas être « prouvée », avec des expériences de type scientifique, on peut admettre qu'elle soit « démontrable » avec un raisonnement de type

---

1. Ce qui n'empêche nullement notre liberté, notre libre arbitre ; il ne faut pas prendre le mot « programme » au sens déterministe mais au sens informatique de « message ».

mathématique. Il y a d'ailleurs des exemples fameux de réalités qui ont été démontrées et prévues par des constructions de raisonnement mathématique avant d'avoir été observés : les quarks en mécanique quantique, les mésons, les corps simples du tableau de Mendeleev, etc.

Matériel et immatériel ne sont pas synonymes de visible et d'invisible. Tous les témoins de réalités, invisibles pour un observateur mais réelles pour eux-mêmes l'ont affirmé.

D'autres pistes de réflexion nous confortent dans ce raisonnement : la MATIÈRE, après la mort du corps, ne se conserve pas sous la même forme que celle de la vie. Ce qui revient à dire que, dans la vie *post mortem*, la matière serait soit différente au niveau atomique ou subatomique dans ses arrangements moléculaires, soit possédera des propriétés différentes de celle qui nous compose actuellement.

Or est-il vraiment si inconcevable de postuler que les arrangements moléculaires tels que nous les connaissons ne sont pas les seuls possibles et que, grâce aux milliards de possibilités d'agencement, une autre matière peut exister ?

Et donc une autre forme de vie ?

Si l'être dans sa vie posthume est composé d'une autre matérialité, rien ne l'empêcherait alors de réaliser ce qui, sous la forme humaine, est impossible : passer au travers des murs, se manifester sous forme lumineuse...

Or l'existence de cette autre matérialité est attestée, nous l'avons vu, par un certain nombre d'individus en état hors du corps, en état de rêve, en état d'agonie ou de médiumnité.

Et sans même imaginer des arrangements moléculaires différents, il ne paraît pas non plus impensable de postuler que la matière telle que nous la connaissons puisse obéir à des lois physiques différentes (elle pourrait, par exemple, ne plus être soumise à la loi de la gravitation, ce qui expliquerait la possibilité de se trouver à deux endroits à la fois...).

Le corps humain, comme l'ont prouvé les recherches sur le corps bioplasmique, engendre une énergie, émet un rayonnement sur une longueur d'ondes qui échappe à la vision normale. De notre vivant, nous sommes possesseur d'un « second système », pour reprendre l'expression de Watson, qui est de nature énergétique.

Si l'on peut concevoir que ce corps énergétique, subtil, puisse se détacher du corps physique en certaines circonstances – et notamment dans les états de conscience modifiés et au moment de l'agonie –, on éprouve quelques difficultés à affirmer qu'il puisse survivre à la destruction de sa source, le corps vivant. La réalité de ce double est éprouvée par des individus de bonne foi, mais ils sont vivants. Néanmoins, toujours en vertu du principe de la conservation de l'énergie, il ne semble pas impossible que ce double énergétique puisse se conserver. Encore faudrait-il que cette énergie trouve une « forme ».

La lumière revient si souvent dans les visions d'agonisants, dans les expériences mystiques, dans les apparitions religieuses ou fantomatiques qu'on est tenté d'imaginer que cette forme d'énergie serait lumineuse... Ondes et particules, les deux formes de la lumière, composeraient alors la masse énergétique qui servirait de support matériel au « programme » qui nous individualise. Car il est gênant de se contenter d'assimiler cette masse énergétique à un double de nous-mêmes, à un corps subtil, sans postuler que notre identité se soit, elle aussi, conservée. Il ne suffit pas que l'énergie se conserve anonymement pour justifier une après-vie individuelle.

Et c'est sur cette conservation de l'individualité, de l'identité, que l'on peut encore approfondir la réflexion.

La biologie fondamentale, qui est une science expérimentale, est, elle aussi, éclairante pour cette réflexion sur la matière, la vie et l'après-vie.

Elle nous affirme que nous sommes un être unique, c'est-à-dire une « combinaison » moléculaire qui n'a aucune chance d'avoir existé avant nous ni de se reproduire après nous. L'être humain est d'une complexité et d'une perfection telles que des biologistes éminents, ainsi que me l'a confirmé le professeur Rabischong de Montpellier, ne peuvent plus croire qu'il soit le fruit du hasard, de même que les physiciens ne croient plus que l'univers soit né d'un hasard d'agencement moléculaire, hasard de mutations fortuites ou même d'erreurs de copie.

Qui peut affirmer que la genèse de l'information qui a commandé à la construction d'un être au cerveau pourvu de cent milliards de neurones avec leurs interconnexions possibles soit due au simple hasard ? Autant dire, en lisant Goethe ou Baudelaire, que leur texte est dû à l'assemblage hasardeux de caractères d'imprimerie... Or qui dit information intelligente dit constructeur intelligent... Toute création d'être vivant nouveau dans la nature, quelle qu'en soit l'espèce, provient et procède d'un nouveau message génétique. La combinaison de deux messages génétiques donne un nouveau message inédit et unique. « L'information initiale est inscrite dans des molécules géantes, écrit Claude

Tresmontant[1], dont la masse physique est de quelques millionièmes de milligramme : de l'information à l'état pur, quasiment. Et, chose plus étonnante encore, découverte par les généticiens, dans cette molécule géante qui est comme une bibliothèque et qui contient toutes les informations requises, toutes les instructions pour construire un être vivant nouveau, les atomes entrent et sortent. Il y a *renouvellement constant et incessant de la matière. Seul le message subsiste.* »

Ainsi la biologie confirme-t-elle l'idée qu'une conservation de l'information est probable. Il y a au niveau de l'homme, comme au niveau de l'univers, un « programme » (au sens informatique) invariable et indestructible.

À quoi servirait d'avoir construit le « programme » homme, machinerie si complexe et si parfaite, si c'est pour le laisser vivre quelques années seulement (quatre-vingt-dix ans, c'est bien bref... et même si on allongeait la vie à cent dix ou cent trente ans...) ? Quelle serait l'utilité d'une machine aussi perfectionnée si sa destinée était d'être entièrement détruite ?

Le « programme » homme comme le « programme » univers implique une *continuation*... et donc une finalité. Que la formulation de celle-ci nous soit encore impossible n'autorise pas à dire qu'elle est nulle. Qui nous empêchera, en effet, de donner à ce stock d'informations qui nous constitue le nom employé par toutes les traditions : âme? L'âme conçue comme une « carte à mémoire »[2]... Avec ces mots, âme, finalité, nous réintroduisons la

1. Tresmontant, *L'Histoire de l'univers et le sens de la création* (éd. Œil, 1985).
2. Teilhard de Chardin disait, en parlant de la résurrection, qu'il ne s'agissait pas de résurrection de la chair mais *de la mémoire*...

métaphysique. Bien entendu, ce n'est pas le propos des sciences physiques que de se prononcer sur des questions métaphysiques. L'astrophysique qui étudie la formation et la constitution de l'univers, la biologie fondamentale et la biochimie qui nous découvrent le fonctionnement des systèmes biologiques, la physique qui étudie la composition de la matière et ses lois, fournissent des données objectives qui sont autant de bases nouvelles pour la réflexion métaphysique. Comment, en effet, réfléchir à la finalité de l'individu ou de l'univers si cette analyse n'est pas fondée sur des données objectives expérimentales ? Faut-il pour réfléchir à une question métaphysique – et l'après-vie en est une – ne pas raisonner correctement sur *ce qui est* ?

Comme disait Salvador Dali : « Je fais des détours par la science pour rejoindre le dogme... »

Cependant la réflexion ne s'achève pas encore : supposons que, dans notre raisonnement, il n'y ait aucune impossibilité à ce que l'âme, « carte à mémoire » de ce que nous avons été, intègre un « corps » énergétique sous une forme quelconque, il reste à définir comment cette intégration se décidera, ou plutôt à chercher qui déclenchera ce processus.

On peut croire qu'il se déclenche seul et automatiquement : au moment de la mort physique, le défunt, libéré, dégage son corps-énergie et sa « carte à mémoire » pour intégrer une nouvelle forme et commence ainsi son après-vie.

On peut croire – et l'on me permettra de préférer cette seconde solution – que le processus d'intégration de l'âme, « carte à mémoire » de la totalité de notre identité personnelle, au « corps » énergétique soit contenue dans un programme prévu... de toute éternité. Et par un constructeur d'une intelligence telle qu'elle est inconcevable... un constructeur qui prendrait soin de chaque atome et de chaque information, de chaque structure organisée, de la plus simple à la plus complexe comme l'être humain, en un mot de chacun d'entre nous... Prononcer son nom serait le réduire : l'émerveillement nous suffit.

Appendice :

accompagner le mourant

La peur tenaille le mourant, la peur de mourir seul surtout. Elle envahit celui qui reste et qui assiste, impuissant, au départ d'un être.

Impuissant? Est-ce si sûr?

Chacun de nous peut surmonter sa peur, son recul, pour assister celui qui meurt.

Plusieurs ouvrages sortis durant ces dernières années sur ce thème de « l'accompagnement du mourant » montrent bien l'actualité de ce problème. Nous vivons, en effet, à une époque si désireuse d'escamoter la mort qu'au moment de celle d'un être cher nous cherchons en vain le comportement convenable et les rituels oubliés.

Christiane Jomain est infirmière responsable d'un service hospitalier où mourait en moyenne une personne tous les deux jours. Son service, qui devait servir de relais entre l'hospitalisation en phase aiguë et le traitement à domicile, s'est transformé en « mouroir ». Christiane Jomain a assisté plus de huit cents mourants avant d'écrire son témoignage [1]. Elle a surtout entrepris de mettre en place des gestes, des attitudes, des comportements chez les personnes « soignantes » de son équipe pour atteindre son objectif : contribuer à la douceur de la dernière étape, entourer celui qui s'en va d'au moins autant de soins et de tendresse que celui qui naît (la nais-

1. *Mourir dans la tendresse* (éd. le Centurion).

sance et la mort sont deux des grands « événements » de la vie, pourquoi seul le premier aurait-il droit à la sollicitude tandis que l'autre n'aurait droit qu'au rejet ?). Son idée est au fond très simple : tant qu'un être est vivant, il a besoin de tendresse.

Christiane Jomain, observant les réactions habituelles des personnes dont le travail est de veiller sur les malades terminaux, propose à titre d'exemples des comportements modifiés :

Le refus. « Pour ce malade, il n'y a plus rien à faire », peut devenir *accueil* : « Que pouvons-nous faire pour qu'il se sente moins abandonné ? » ;

La négation de la mort. « Voyons, ne dites pas de bêtises », peut devenir *acceptation* de ce qu'exprime le malade : ne répondre ni oui ni non. Se taire. Être attentif. Rassurer. « Nous sommes là, vous pouvez compter sur nous pour vous soulager » ;

La colère. « Restez tranquille, on va vous faire une piqûre pour vous calmer » peut devenir *calme et compréhension*. « Dans quelle position seriez-vous plus à l'aise ? Je reste encore un moment avec vous » ;

Le marchandage. « Ne cachez pas vos médicaments ! Vous n'avez rien mangé encore une fois », peut devenir *négociation* : « Vous n'êtes pas très affamé. Que mangeriez-vous qui vous ferait plaisir ? Voulez-vous que nous reparlions de vos médicaments avec le médecin ? »

Voilà quelques-uns de ces comportements modifiés. Christiane Jomain y ajoute : « Garder son calme. Apprendre à poser une main sur le front ou sur un bras. Caresser une joue. Réfléchir avant de parler. Se taire parfois. S'asseoir au bord du lit. Apprendre à dire "Je ne vous abandonnerai pas tant que vous ne vous sentirez pas mieux." »

On ne se trompe jamais en faisant preuve de sérénité (ce qui n'est pas l'indifférence), de compassion,
d'attention bienveillante et compréhensive.

Le Dr Blandine Beth a été médecin à Calcutta
auprès de mère Teresa, au « mouroir » de Kali Gath.
Là, les plus pauvres parmi les pauvres mouraient
entourés de sollicitude alors que toute leur vie
n'avait été que souffrance. Quel contraste avec les
hôpitaux occidentaux, où ceux dont la vie avait été
opulence d'amis, de famille, de plaisirs se retrouvaient subitement seuls, pris en charge par « l'anonymat hospitalier ». Ce tableau, qui pourrait
paraître un peu schématique, n'est pas éloigné de la
réalité. Le Dr Beth le sait bien, qui a ensuite travaillé à Londres sous la direction de Cicely Saun-
ders, médecin-chef du St. Christopher's Hospice,
une « dame » extraordinaire, initiatrice d'un mouvement pour accompagner les mourants et surtout
pour former le personnel hospitalier à cette tâche.

Blandine Beth[1], elle aussi, propose non seulement
une réflexion, mais des modifications des comportements habituels. Elle insiste sur l'impérieuse nécessité d'apporter au mourant une aide physique (pour
soulager la douleur), morale et spirituelle.

Le Dr Kubler-Ross[2], personnage célèbre aux
États-Unis, fut la première à oser interroger des
mourants pour connaître ce qu'ils ressentaient, à
leur laisser la parole, à les écouter, et elle est
aujourd'hui considérée comme « le maître » en cette
question... Elle affirme, ce qui surprendra plus d'un
lecteur : « En observant des centaines de patients

1. *L'Accompagnement du mourant*, par le Dr Blandine Beth (éd.
Doin).
2. *La Mort, dernière étape de la croissance*, par le Dr Élisabeth
Kubler-Ross (éd. du Rocher).

terminaux, j'ai acquis la conviction qu'ils peuvent faire de la mort un moyen de croissance. » Croissance intérieure, spirituelle s'entend (ce qui laisse supposer que le Dr Kubler-Ross croit à une vie après la mort).

Ses observations l'ont amenée à décrire les cinq stades de la mort qui, selon elle, sont les étapes de la croissance et de la vie, les étapes ultimes qu'il ne s'agit ni de manquer ni d'escamoter :
— la dénégation : « Non, pas moi » ;
— la rage et la colère : « Pourquoi moi ? » ;
— le marchandage : « Moi, oui, mais... » ;
— la dépression : « Oui, moi » ;
— l'acceptation : « Mon heure est arrivée, tout est bien. ».

Ces cinq stades sont utiles comme points de repère pour comprendre les différentes réactions des malades mourants, pour suivre leur évolution, pour les écouter. Mais, bien entendu, chaque malade a son rythme propre et il ne s'agit là que d'un « schéma type » (qui d'ailleurs a été controversé). Soulignons que ces trois auteurs traitent de l'accompagnement du mourant en milieu hospitalier car c'est là que l'on meurt aujourd'hui (près de 70 % des Français). « On ne meurt plus chez soi entouré des siens, on meurt seul à l'hôpital », dit Philippe Ariès, le plus grand historien français de la mort.

Mais ce qui est expliqué dans ces ouvrages et qui est destiné au personnel soignant hospitalier n'est pas moins instructif pour chacun d'entre nous. On peut y ajouter d'autres témoignages, à commencer par celui de Jeanne Guesné, qui, elle aussi, assista de nombreux mourants.

L'un de ses amis étant hospitalisé pour une tumeur à l'intestin, elle se rendit à Lyon et le trouva déjà paralysé. Seuls ses yeux lui indiquèrent qu'il la reconnaissait.

« Plongeant mon regard dans ses yeux qui allaient se fermer pour toujours, je m'entendis lui dire d'une voix ferme : " Ne vous endormez pas. Restez vigilant. Restez attentif. N'ayez aucune crainte, la mort n'existe pas. C'est autre chose que vous ne connaissez pas encore. Surtout, soyez attentif à tout. " Me rendant compte de mes paroles insolites, que je proférais d'ailleurs à mon insu, je m'arrêtai brusquement. C'est alors que la religieuse qui priait dans la chambre me lança impérativement : " Continuez. Qu'est-ce que vous attendez? Vous voyez bien qu'il en a besoin. " Ne cherchant plus à comprendre, tendue par le nerf de diamant d'une lucidité inoubliable, je poursuivis l'impossible dialogue entre nos deux regards rivés l'un à l'autre : " Ne vous endormez pas. Veillez. Soyez attentif à tout... " » Le *Bardo Thôdol* ne dit pas autre chose. À l'époque, Jeanne Guesné ne l'avait pas lu.

Et qui dira, qui expliquera, quelle force passe d'une main à l'autre quand le vivant tient la main du mourant? Il y a là un transfert d'énergie certain que le mourant emporte avec lui, de mystérieuse façon, mais qui, indubitablement, l'aide à franchir le seuil de la mort... ou celui de l'après-vie.

Voici le témoignage de Cynthia d'Aur, qui assista son père :

« À l'âge de trente-six ans, je me retrouvai au chevet de mon père malade à l'hôpital. Il se perdait dans un profond silence. Par les ondes secrètes de la télépathie, je trouvai un moyen sensible de communication avec lui. La sœur directrice disait qu'il était dans le coma mais je savais qu'il entendait nos voix. Je crois que mon père avait toujours eu peur de la mort. L'accompagner était pour moi une loi naturelle, impérieuse, même. J'entendis une porte qu'on ouvrait avec précaution dans le silence. Des pas feutrés... Je regardai avec tendresse ma mère si fidèle s'approcher de son époux qui paraissait toujours être dans le coma. Rien de perceptible n'aurait pu prouver le contraire. Mais je savais, je sentais qu'il était présent... »

La mère proposa alors à sa fille d'aller se reposer, elle assurerait la veille. Mais au moment où Cynthia voulut sortir de la chambre, son père souleva lentement un bras. Cynthia ne comprit pas bien le message mais pensa qu'elle devait rester encore un peu. L'infirmière entra alors et, prenant le pouls du malade, ne constata aucun changement notable. Pour elle, il était bien dans le coma. Une seconde fois, alors qu'elle s'apprêtait à sortir, Cynthia constata que son père était encore capable de mobiliser une extrême énergie pour lever son bras : « Je sentis qu'il fallait m'en aller afin de rassurer ma mère, que c'était là le vœu de père. Mais je savais aussi que si je lui lâchais la main, il mourrait. Il y a des choses que l'on sent avec certitude. On ne sait pas pourquoi c'est ainsi. Je lui mis un baiser sur le front lui disant adieu à ma façon. Ma voix était sans force. Je sortis sur la pointe des pieds. J'enfilai mon manteau avec lenteur et je revins dans la chambre. La sœur à nouveau lui tenait le poignet. J'ai vu subitement son visage changer, je l'ai entendue dire : " Je ne comprends pas, tout à l'heure son pouls était normal, maintenant il est en train de mourir. " Père se redressa sur son lit, regardant devant lui avec des yeux immenses, fixes, pleins d'angoisse et d'interrogations... puis il retomba de tout son poids, sans vie, brusquement. »

Cynthia fut aussi au chevet de sa mère au moment où celle-ci mourut : « Elle me reconnut lorsque je lui pris la main. Je lui dis : " Maman, je sais... je t'accompagne... Je viens avec toi... " Le plus simplement du monde, je savais que cela était possible. Mère ferma ses paupières, calme, confiante, elle acceptait de se laisser glisser dans le grand tout[1]. »

Il faut aussi citer Aldous Huxley et son cheminement personnel[2]. Il était profondément intéressé par le phénomène de la mort et par les expériences religieuses, fussent-elles induites par les drogues psychédéliques. Lorsque sa première femme, Maria, succomba à un cancer, il l'assista avec une sensibilité et une conscience exceptionnelles. Durant ses dernières heures, Huxley utilisa une technique hypnotique visant à réveiller en elle le souvenir d'expériences extatiques qu'elle avait connues spontanément. Son but était de faciliter la mort de son épouse en la guidant vers des états de conscience mystiques[3].

Voici ce qu'il écrivit au psychiatre qui l'initia au L.S.D. et à la mescaline :

« Mon expérience personnelle avec Maria m'a montré à quel point les vivants peuvent faciliter le " passage " des mourants, jusqu'à quel point ils peuvent contribuer à élever cette expérience purement physiologique de l'existence humaine vers un niveau de conscience, voire de spiritualité. » Huxley considérait les substances psychédéliques comme des moyens de libération de la peur de la mort. En

1. Témoignage paru dans *La Mort pour la vie* (éd. Michel Bettex, Genève, 1982).
2. Rapporté par le Dr Stan Grof dans *La Rencontre de l'homme avec la mort* (Le Rocher, 1982).
3. Cette expérience est relatée dans son roman *Ile*.

1963, quand il mourut lui-même d'un cancer, il demanda à sa seconde épouse, Laura, de faciliter par ce moyen sa mort, convaincu jusqu'au bout que celle-ci était un processus spirituel.

Il existe aujourd'hui diverses initiatives pour l'accompagnement du mourant.

— À Paris, s'est ouvert, en juin 1987, la première « unité de soins palliatifs » en France, à l'hôpital international de l'université de Paris[1]. Le Dr Abiven, attentif aux conditions des hospitalisations en France, qui avait déjà publié en 1976 *Humaniser l'hôpital*, a dirigé une équipe d'infirmières et de soignants (tous volontaires expérimentés) qui ont accepté d'accompagner leurs malades jusqu'au bout de la vie[2]. Les soins palliatifs sont ceux que l'on donne aux malades quand on sait que plus aucune thérapeutique ne peut plus les guérir. « Ce qui reste à faire, dit le Dr Vanier, quand il n'y a plus rien à faire. » Il ne s'agit plus ici de guérir, bien que les soins soient poursuivis notamment pour supprimer la douleur, mais d'offrir la possibilité de finir les derniers moments de sa vie dans les meilleures conditions. Le malade est pris en charge sur tous les plans : affectif, psychologique, spirituel, social. La famille est admise à rester près de lui autant qu'elle le souhaite (des « appartements », salon, cuisine, sont mis à sa disposition, un lit supplémentaire est installé dans la chambre du malade). Parce que la mort se passe moins mal quand la famille peut manifester jusqu'au bout sa tendresse et son importance. Au lieu de la solitude et de l'angoisse, on offre ici l'attention, la disponibilité, l'affection. Le

1. 42, bd Jourdan, 75674 Paris Cedex 14, tél. (1) 45 89 47 89.
2. Pour reprendre le titre du magnifique reportage de Bernard Martino, diffusé sur TF1, et dont le récit est publié chez Balland : « Voyage au bout de la vie ».

personnel hospitalier chargé de ce service reçoit une formation spéciale, technique bien entendu, pour connaître la physiologie de la douleur et les moyens de la soulager, mais aussi psychologique : des réunions de travail regroupent sans distinction hiérarchique l'ensemble des membres de l'équipe composée de cinq infirmières, six aides-soignantes, une surveillante, deux médecins, un kinésithérapeute et de bénévoles. Chacun peut ainsi faire part de ses réactions, de ses comportements face à la mort et aux malades mourants. Le rôle de la psychologue, qui étudie avec chacun les problèmes posés, s'avère indispensable. Les lieux mêmes, harmonieusement conçus par l'architecte J.-F. Guilloteau, les couleurs pastel judicieusement choisies prédisposent à la paix.

Cette unité de soins palliatifs a été une unité pionnière et, peu à peu, des hôpitaux ouvrent des unités semblables pouvant accueillir douze à quinze mourants. La France avait en ce domaine un retard à combler puisque de telles unités existent depuis une dizaine d'années aux États-Unis, en Grande-Bretagne et au Canada (à Montréal en particulier). Après le rapport du groupe de travail sur l'aide aux mourants, à l'initiative du ministre M. E. Hervé, Mme Barsach, ministre de la Santé, a adressé une circulaire aux préfets en précisant les modalités essentielles d'organisation de ces soins palliatifs. On constate donc qu'au niveau européen et français, la mort commence à n'être plus « tabou ». Mais comme toujours, les initiatives officielles ne font que suivre les initiatives privées, nées du cœur et de la générosité. Depuis quelques années, le Pr Schaerrer à Grenoble, le Dr Michèle Salamagne à Paris, avaient aménagé au sein de leur hôpital une unité de soins palliatifs afin que leurs malades puissent terminer dans la paix les derniers jours de leur vie.

— L'Association pour les soins palliatifs (A.S.P.)[1] fondée en janvier 1985 par M. Jean Faveris, a pour rôle essentiel d'encourager toutes les initiatives qui vont dans ce sens et d'aider au financement des créations d'unités de tels soins. Elle s'occupe aussi de recruter des bénévoles pour accompagner les mourants tant à l'hôpital qu'à domicile. Ces bénévoles, choisis et sélectionnés (car la bonne volonté ne suffit pas toujours) reçoivent une formation adaptée au cours de plusieurs sessions qu'ils doivent suivre. À la fin de l'année 1987, on comptait environ soixante personnes bénévoles opérationnelles.

— La Fraternité Jonathan[2] est animée par des parents ayant perdu un enfant, frappés par ce qui semble l'injustice suprême, la douleur sans nom : la mort d'un enfant que ce soit par accident, suicide, drogue, ou maladie. Entraide morale et réconfort sont offerts ici car « la douleur partagée crée un véritable lien fraternel ». Ce n'est pas ici l'accompagnement du mourant, mais l'aide à « ceux qui restent ».

— Dans le programme « Vivre jusqu'à la mort » du Dr Raymond-C. Carey, directeur du service recherches de l'hôpital luthérien de Park Ridge aux États-Unis, un aumônier vient proposer au malade ses services, non pour l'aider à mourir mais l'aider à vivre chaque jour aussi paisiblement que possible. Il apprend aussi à sa famille les meilleures façons de réconforter le mourant. Le principal résultat est de

1. 66, rue Boissière, 75016, Paris, tél. (1) 45 01 27 57.
2. 55, rue Saint-Antoine, 75004 Paris, tél. (1) 48 87 08 06, le jeudi après-midi.

montrer un « indice d'ajustement émotionnel », c'est-à-dire la façon dont un malade en phase terminale peut assumer intérieurement et extérieurement son espérance de vie réduite. L'ajustement émotionnel inclut le concept de paix intérieure et de contrôle de soi. Cette méthode établit aussi de la même façon un « indice de malaise ». Tout cela peut paraître à la fois sec et scientifique mais il est indubitable que les malades qui consentent à cette expérience acceptent mieux l'idée de mourir.

— L'Association « Jusqu'à la mort, accompagner la vie » (association loi 1901) est formée de membres bénévoles qui visitent les malades dans les hôpitaux et qui reçoivent une formation particulière pour apprendre à soulager les mourants, au moins dans leur souffrance morale.

Adresse : 12, rue Montorge, 38000 Grenoble, Tél. : (4) 76 47 76 60.

— L'Association « Vieillir ensemble », Hôpital Paul-Brousse, 94804 Villejuif.

— L'association d'études pour les états approchant la mort, (I.A.N.D.S., qui signifie International Association for Near Death Studies) est une association, fondée en 1982, qui s'est donné pour but de regrouper toutes les études, recherches et expériences, ayant trait à la mort. Après trois ans d'existence, elle compte déjà plus de mille membres, c'est-à-dire de chercheurs et de « professionnels ». Le président de cette association est le Dr Kenneth Ring. Elle a son siège à l'université du Connecticut[1]. Pour les gens intéressés qui veulent partager leurs recherches, I.A.N.D.S. met à leur disposition

1. Adresse exacte : I.A.N.D.S. Box U-20 University of Connecticut, Storrs, Connecticut, 06268. Elle publie deux revues : *Anabiosis* et *Vital Signs*.

des salles de réunion, de la documentation, organise des colloques, offre aussi des services de soutien à ceux qui approchent les mourants (familles et personnel hospitalier).

I.A.N.D.S. est née de la constatation qu'aucune théorie fondée sur la physiologie ou sur la psychologie ne tenait compte jusqu'à présent de l'expérience de l'approche de la mort, un phénomène qui mérite l'intérêt si l'on songe que, selon un sondage établi en 1982, huit millions d'adultes aux États-Unis déclarent avoir eu une expérience d'approche de la mort.

Les recherches ainsi regroupées par I.A.N.D.S. permettent déjà de constater que la possibilité qu'un certain aspect de la conscience puisse continuer au-delà de la mort physique n'est plus à exclure.

Il existe une branche de I.A.N.D.S. en Grande-Bretagne et une branche en France, qui fut présidée par le Pr Louis-Vincent Thomas, professeur à Paris-V-Sorbonne, anthropologie sociale et sociologie comparée.

À la mort de ce dernier, l'association a cessé ses activités.

Bibliographie

Addison James : *La Vie après la mort dans les croyances de l'humanité* (Paris, 1936).

Alexander Jacques : *Les Énigmes de la survivance* (Marabout, 1972).

Alsalih Subhi : *La Vie future selon le Coran* (Vrin, 1971).

Amiel Clémence : *Communiquer avec l'invisible*, (Philippe Lebaud, 1995).

Amadou Robert : *Les Grands Médiums* (Denoël, 1957).

Ariès Philippe : *Essai sur l'histoire de la mort* (Le Seuil, 1975) ; *L'Homme devant la mort* (Le Seuil, 1977).

Arnold Paul : *Le Livre des morts maya* (Robert Laffont, 1978).

Atwater Phyllis : *Retour de l'après-vie* (Le Rocher, 1993).

Aur Cynthia d' : *La Mort pour la vie* (ouvrage collectif, édition Michel Bettex, Genève, 1982).

Aurobindo : *Renaissance et karma* (Le Rocher, 1983).

Bamunoba : *La Mort dans la vie africaine* (U.N.E.S.C.O. 1978).

Bar Francis : *Les Routes de l'autre monde* (P.U.F., 1946).

Barbarin Georges : *L'Après-mort : les grands problèmes de l'au-delà* (Astra, 1951).

Bardo Thôdol : *Le Livre des morts tibétain*, présenté par Lama Anagarika Govinda (Albin Michel, 1981).

Bareau André : *En suivant Bouddha* (Philippe Lebaud, 1985).

BELLINE Marcel : *La Troisième Oreille* (Robert Laffont, 1972).

BERGSON Henri : *L'Énergie spirituelle* (P.U.F., 1949).

BERNARD et DUBOY : *Les Autres Vies et la Réincarnation* (Le Rocher, 1992).

BERNHEIM P.A. et STAVRIDES G. : *Paradis, Paradis* (Plon, 1991).

BERNSTEIN Morey : *A la recherche de Bridley Murphy* (Robert Laffont, 1956).

BESANT Annie : *La Mort et l'Au-delà* (Adyar).

BETH Blandine Dr : *L'Accompagnement du mourant* (Doin, 1985).

BIANU Zeno : *Les Religions et la Mort* (Ramsay, 1981).

BIONDI Humbert : « Interview par M.T. de Brosses » (*Paris-Match*, 29 juillet 1983).

BLAVATSKY Héléna : *La Clé de la théosophie* (Adyar, 1983 pour la traduction) ; *La Doctrine secrète* (Adyar).

BOURGINE Jérôme : *Le Voyage astral* (Le Rocher, 1993).

BOUVIER Hélène : *Victoire du spirituel* (Astra, 1983).

BOZZANO Ernest : *Les Phénomènes psychiques au moment de la mort* (Jean Meyer, 1923).

BRUNE François : *Les morts nous parlent* (Le Félin, 1988-1993).

BRUNE François et CHAUVIN Rémy : *En direct de l'au-delà* (Robert Laffont, 1993).

CAPRA Fritjoff : *Le Tao de la physique* (Tchou, 1979).

CAROUTCH Yvonne : *Renaisssance tibétaine* (Friant, 1982).

CASGHA Jean-Yves : *Les Mystères de la vie et de la mort* (Philippe Lebaud, 1990).

CASTANEDA Carlos : *Histoires de pouvoir et autres* (Gallimard, 1980).

CAYCE Edgar : *Visions de l'Atlantide* (J'ai Lu, 1983).

CAZENAVE Michel : *La Synchronicité, l'Ame et la Science* (Poiesis, 1984).

CHABANIS Christian : *La Mort, un terme ou un commencement* (Fayard, 1982).

CHARRON Jean : *L'Esprit, cet inconnu* (Albin Michel, 1977) ; *Mort, voici ta défaite* (Albin Michel, 1979) ;

Colloque de Fès, *L'Esprit et la Science* (Albin Michel, 1983) ; *Les Lumières de l'invisible* (Albin Michel, 1985).

CHAUCHARD Paul : *La Mort* (« Que sais-je ? », P.U.F., 1966).

CHEVALIER Jean : *Les Voies de l'au-delà* (Éditions du Félin, 1994).

CHOISY Maryse : *La Survie après la mort, colloque de Cerisy* (Alliance mondiale des religions, éd. Labergerie).

CLERC Fernand : *L'Hypothèse Dieu dans la science* (Sand, 1984).

CONACHER Douglas et Eira : *There is Life after Death* (Howard Baker, Londres, 1978).

COQUET Michel : *Connaissance de l'après-vie* (L'Or du temps, 1986).

Coran le : traduction de Jean Grosjean (Philippe Lebaud, 1979).

COULIANO L.T. : *Expérience de l'extase* (Payot, 1984).

CREUSOT Camille : *Résurrection ou survie* (Dervy, 1966).

CROLARD Jean-François : *Renaître après la mort* (Robert Laffont, 1979).

CROOKAL R. : *The Techniques of Astral Projection* (Aquarian Press, Londres, 1964).

CROOKES William : *Recherches sur les phénomènes du spiritualisme* (Jean Meyer, 1923).

DAGPO RINPOCHE : *Le Dalaï-Lama* (Olivier Orban, 1985).

DANIELOU Alain : *La Fantaisie des dieux et l'Aventure humaine* (Le Rocher, 1984).

DAVID-NEEL Alexandra : *Immortalité et Renaissance* (Le Rocher, 1961).

DECROIX Jeanne : *Une mère très particulière* (Lanzmann et Seghers, 1978) ; *L'Amour par-delà la mort* (Sand, 1983).

DELANNE Gabriel : *Le Spiritisme devant la science* (Jean Meyer) ; *Recherches sur la médiumnité* (Jean Meyer) ; *Réincarnation* (Jean Meyer).

DENIS Léon : *Dans l'invisible* (Jean Meyer) ; *Après la mort* (Jean Meyer, 1934) ; *Christianisme et spiritisme, preuves expérimentales de la survivance* (Jean Meyer, 1946).

DEQUERLOR Christine : *Les Oiseaux messagers cosmiques* (Arista, 1989).

DOYLE sir Arthur Conan : *Histoires et messages de l'au-delà* (U.G.E., 1967).

DROUOT Patrick : *Mémoires d'un voyageur du temps* (Le Rocher, 1994).

DUTHEIL Régis et Brigitte : *L'Homme superlumineux* (Sand, 1990).

EADDIE Betty : *Dans les bras de la lumière* (Filipacchi, 1994).

ECCLÈS John-C. : *Le Mystère humain* (Pierre Mardaga, 1979).

EDELSTEIN Stuart : *Biologie d'un mythe* (Sand, 1988).

ELIADE Mircea : *Le Chamanisme* (Payot, 1978) ; *Les Religions australiennes* (Payot, 1972) ; *Traité d'histoire des religions* (Payot, 1949).

ELLENBERGER : *À la découverte de l'inconscient* (S.I.M.E.P., Lyon, 1975).

EZNER Joanne : *Réincarnation et renaissance intérieure* (Jacques Grancher, 1995).

FLAMMARION Camille : *Après la mort* (Flammarion, 1922) ; *Les Maisons hantées* (Flammarion, 1923) ; *La Mort et son mystère* (J'ai Lu, éd. 1977).

FRAZER sir James : *La Crainte des morts* (Émile Noury, 1934).

GÉRARDIN Lucien : *Le Biofeedback* (Retz, 1978).

GRANET Marcel : *La Pensée chinoise* (Albin Michel, 1968).

GRANT Joan et KESLEY Denys : *Nos Vies antérieures* (J'ai Lu, 1971, n° 297).

GRÉGOIRE François : *L'Au-delà* (« Que sais-je ? », P.U.F., n° 725).

GROF Stanislav : *Les Royaumes de l'inconscient humain* (Le Rocher 1983) ; *Les Nouvelles Dimensions de la conscience* (Le Rocher, 1989).

GROF Stanislav et HALIFAX Joan : *La Rencontre de l'homme avec la mort* (Le Rocher, 1982).

GUENON René : *L'Erreur spirite* (Éditions Traditionnelles, 1977) ; *L'Homme et son devenir selon le Védanta* (Bossard, 1925).

GUESNÉ Jeanne : *Le Grand Passage* (Le Courrier du livre, 1978) ; *La Conscience d'être* (Arista-L'Espace bleu, 1983).

GUILLE Étienne : *L'Alchimie de la vie* (Le Rocher, 1984).

GUIRDHAM Arthur Dr : *Les Cathares et la Réincarnation*, postface de René Nelli (Payot, 1972) ; « Pourquoi je crois en la réincarnation » (revue *Question de*, n° 41).

HEAD Joseph et Canston S. L. : *Le Livre de la réincarnation* (Fanval, 1984).

HENNEZEL Marie DE : *L'Amour ultime* (Hatier, 1991).

HUANT Ernest : *Finalité, temporalité, survie, une nouvelle analyse physique de la survie* (P. Tequi, 1975).

IVERSON Jeffrey : *Vivons-nous plus d'une vie ?* (J'ai Lu, 1978).

JAFFE Aniéla : *Apparitions, fantômes, rêves et mythes* (Mercure de France, 1983).

JAMES William : *Expérience d'un psychisme* (Payot, 1972).

JANKÉLÉVITCH Wladimir : *La Mort* (Flammarion, 1977).

JOMAIN Christiane : *Mourir dans la tendresse* (Le Centurion, 1985).

JOUVENEL Marcelle DE : *Au diapason du ciel* (La Colombe, 1948) ; *Quand les sources chantent* (La Colombe, 1950).

JUNG Carl Gustav : *Psychologie et orientalisme* (Albin Michel, 1985) ; *Ma vie* (Gallimard, 1983).

KARDEC Allan : *Le Livre des esprits* (Dervy Livres, 1972) ; *Le Livre des médiums* (Jean Meyer et Dervy) ; *Qu'est-ce que le spiritisme ?* (Jean Meyer).

KELEMAN Stanley : *Living your Dying* (Random House, New York, 1974).

KIELCE A. : *Le Sens du Tao* (Le Mail, 1985).

KOECHLIN DE BIZEMONT Dorothée : *L'Univers d'Edgar Cayce* (Robert Laffont, 1987) ; *Prophéties d'Edgar Cayce* (Le Rocher, 1989).

KRISHNAMURTI : *Questions et réponses* (Le Rocher, 1984).

KUBLER-ROSS Élisabeth : *La Mort, dernière étape de la croissance* (Le Rocher, 1985) ; *La mort est un nouveau soleil* (Le Rocher, 1988) ; *La Mort, porte de la vie* (Le Rocher, 1990).

KUNG Hans : *Vie éternelle ?* (Le Seuil, 1985).

LALLEMAND Louis : *Le Sens symbolique de la « Divine Comédie » de Dante, l'Enfer* (Guy Trédaniel, 1984).

LANTIER Jacques : *La Théosophie* (C.A.L., 1970) ; *Le Spiritisme* (C.A.L., 1971).

LARCHER Hubert Dr : *Le sang peut-il vaincre la mort ?* (Gallimard, 1957).

LEADBATER Charles W. : *L'Autre Côté de la mort* (Adyar, 1974).

LEBRUN Maguy : *Médecins du ciel, médecins de la terre* (Robert Laffont, 1987) ; *L'Amour en partage* (Robert Laffont, 1991).

LÉON Lyne : *Ma mort et puis après* (Philippe Lebaud Éditeur).

Livre des morts égyptien : par Albert Champdor (Albin Michel, 1963) ; par Évelyne Rossiter (Seghers, 1979).

LUPASCO Stéphane : *Les Trois Matières* (Julliard, 1960) ; *L'Énergie et la Matière vivante* (Julliard, 1962).

MAETERLINCK Maurice : *La Mort* (Fasquelle, 1953).

MAILLY-NESLE Solange DE : *L'Être cosmique* (Flammarion, 1985).

MERCIER Évelyne-Sarah : *La Mort transfigurée*, ouvrage collectif (Belfond-L'Âge du Verseau, 1992).

MICHEL Aimé : *Les Pouvoirs du mysticisme* (Retz, 1973).

MISRAKI Paul : *L'Expérience de l'après-vie* (Robert Laffont, 1974).

MONCHICOURT Marie-Odile : *L'Homme et le cosmos, entretiens avec John Barrow et Frank Tipler*, préface de Hubert Reeves (Imago, 1984).

MONNERET Simon : *Vivre sa mort* (Denoël, 1978).

MONNIER Pierre : *Lettres de Pierre* (Robert Laffont, 1974) ; *Au-delà de la mort* (Fischbasher).

MONROE Robert : *Le Voyage hors du corps* (Le Rocher, 1989) ; *Fantastiques Expériences du voyage astral* (Robert Laffont, 1990).

MOODY Raymond Dr : *La Vie après la vie* (Robert Laffont, 1977) ; *Lumières nouvelles sur la vie après la vie* (Robert Laffont, 1978) ; *Voyages dans les vies antérieures* (Robert Laffont, 1990) ; *Rencontres* (Robert Laffont, 1994).

MORIN Edgar : *L'Homme et la Mort* (Le Seuil, 1970).

MORRANNIER Jeanne : *La mort est un réveil* (Lanore, 1990).

MULDON et CARRINGTON : *Les Phénomènes d'extériorisation consciente du corps astral* (Dervy, 1966).

MURRAY Philippe : *Le XIXe siècle à travers les âges* (Denoël, 1984).

NATAF André : *Les Preuves de la réincarnation* (Tchou, 1978).

NOTHOMB Paul : *L'Homme immortel* (Albin Michel, 1984).

O'JACOBSON Nils : *La Vie après la mort, expériences parapsychologiques et mystiques* (Presses de la Cité, 1977).

OSIS K. Dr : *Ce qu'ils ont vu au seul de la mort* (Le Rocher, 1982).

OSTRANDER Sheila et SCHROEDER Lynn : *Fantastiques recherches parapsychologiques en U.R.S.S.* (Robert Laffont, 1978).

PAPUS : *La Réincarnation* (Dangles, 1953).

PIKE James A. : *Dialogues avec l'au-delà* (Robert Laffont, 1970).

PISANI Isola : *Mourir n'est pas mourir* (Robert Laffont, 1978) ; *Preuves de survie* (Robert Laffont, 1980).

PLATON : *Phédon* (Classiques Hatier).

PRIEUR Jean : *Les Témoins de l'invisible* (Livre de poche, n° 6804) ; *Les morts ont donné signe de vie* (Livre de poche n° 6808) ; *Les Visiteurs de l'autre monde* (Livre de poche n° 6815) ; *Les Mystères des retours éternels* (R. Laffont, 1994).

RANDALL Neville : *La mort ouvre sur la vie* (J'ai Lu, 1978).

RATZINGER Joseph : *La Mort et l'Au-delà* (Fayard, 1979).

RAVIGNANT Patrick : *La Réincarnation* (M.A. Éditions, 1984).

RAWLINGS M. : *Beyond Death's Door* (Nashville, 1978).

RHINE Louisa : *Les Voies secrètes de l'esprit* (Fayard, 1970) ; *Initiation à la parapsychologie* (Presses de la Renaissance, 1977).

RICHET Charles, CROOKES W., FLAMMARION C. et MANN T. : *Ces médiums qui ont vaincu la matière* (Tchou, 1977).

RING Kenneth : *Sur la frontière de la vie* (Robert Laffont, 1983) ; *En route vers Oméga* (Robert Laffont, 1991).

RITCHIE Georges : *Retour de l'au-delà* (Robert Laffont, 1986).

SABOM Michel Dr : *Souvenirs de la mort* (Robert Laffont, 1983).

SARDOS ALBERTINI Lino : *L'au-delà existe* (Filipacchi, 1991) ; *Au-delà de la foi* (Filipacchi, 1992).

SATPREM et Luc VENET : *La Vie sans mort* (Robert Laffont, 1985).

SCHAFER Hildegard : *Théorie et pratique de la trans-communication* (Robert Laffont, 1992).

SCHWARZ Fernand : *Les Traditions de l'Amérique ancienne* (Dangles, 1982).

SCOTT-ROGO D. : *Les Mystères de la vie après la mort* (Amarande, 1992).

SHELDRAKE Rupert : *Une nouvelle science de la vie* (Le Rocher, 1985) ; *La Mémoire de l'univers* (Le Rocher, 1988) ; *L'Ame de la nature* (Le Rocher, 1992).

SIEMONS Jean-Louis : *La Réincarnation, des preuves aux certitudes* (Retz, 1983) ; *Revivre nos vies antérieures* (Albin Michel, 1984).

SIMONET Monique : *Images et messages de l'au-delà* (Le Rocher, 1991) ; *Porte ouverte sur l'éternité* (Le Rocher, 1993).

SMEDT Marc DE : *Le Rire du tigre* (Albin Michel, 1985).

SOGYAL RINPOCHE : *Le Livre tibétain de la vie et de la mort* (La Table Ronde, 1993).

SOTTO Alain et OBERTO Virginia : *Au-delà de la mort, nouvelles recherches parapsychologiques* (Presses de la Renaissance, 1978).

STANLEY Maria Pia : *Christianisme et réincarnation* (L'Or du temps, 1989).

STEINER Rudolf : *Le Sens de la mort* (Triades, 1978) ; *La Vie de l'âme entre la mort et une nouvelle naissance* (Éditions anthroposophiques, 1977).

STEVENSON Ian : *Vingt cas suggérant le phénomène de réincarnation* (Sand, 1985) ; *Les enfants qui se souviennent de leurs vies antérieures* (Sand, 1995).

SWEDENBORG Emmanuel : *Le Ciel et la Terre* (S.R.F., 1972) ; *Le Livre des rêves* (Berg, 1984).

TARG Russel et HARARY Keith : *L'Énergie de l'esprit* (Flammarion, 1985).

TARG Russel et PUTHOFF Harold : *Aux confins de l'esprit*, préface d'Olivier Costa de Beauregard (Albin Michel, 1978).

TART Charles : *A Psychological Study of Out the Body Experience* (American S.P.R., 1988) ; *Altered States of Consciousness* (American S.P.R., 1970).

THOMAS Louis-Vincent : *Anthropologie de la mort* (Payot, 1976).

THOMAS Pascal : *Renaissance, réincarnation et résurrection, œuvre collective* (Droguet et Ardent, 1991).

THURSTON Herbert : *Les Phénomènes physiques du mysticisme* (Gallimard, 1961).

TOURNIAC Jean : *Vie posthume et résurrection dans le judéo-christianisme* (Dervy, 1984).

TRESMONTANT Claude : *Les Problèmes de l'âme* (Le Seuil, 1950) ; *L'Histoire de l'univers et le Sens de la création* (Œil, 1985).

VAN EERSEL Patrice : *La Source noire* (Grasset, 1986).

VARENNE Jean : *Le Yoga* (Retz, 1973).

VINCENT Louis-Marie : *Peut-on croire à la résurrection ?* (Dervy, 1988).

WALTER Jean-Jacques : *Psychanalyse des rites* (Denoël, 1977).

WAMBACH Helen : *Revivre le passé* (Robert Laffont, 1986).

WATSON Lyall : *Histoire naturelle de la vie éternelle* (Albin Michel, 1976).

WILSON Colin : *L'Occulte* (Albin Michel, 1873).

WILSON Ian : *Expériences vécues de la survie après la mort* (L'Âge du Verseau, 1988).

Table des matières

Les preuves de l'après-vie   7

L'immortalité : 13

Les Celtes : l'éternité tout confort   17
Les Germains : un banquet pour les héros . .   18
Le chamanisme : à la recherche de l'âme en
fuite   19
En Égypte : un livre pour l'ultime voyage . . .   20
En Mésopotamie : l'enfer sans retour   23
En Iran : le combat du Bien et du Mal   25
En Grèce : les fruits de l'immortalité   26
Au Japon : le shintoïsme, la voie des Kamis .   31
En Chine : le taoïsme, les recettes de l'immor-
talité   32
En Afrique : l'ancêtre et le vivant   36
En Amérique du Sud : la peur des esprits . . .   38

La réincarnation : 43

La réincarnation selon l'hindouisme   45
La réincarnation selon le bouddhisme   52
Au Tibet : le livre de la libération   54

Les Tulkous 63
La réincarnation en islam 68
La réincarnation dans l'Eglise chrétienne.... 69
Des preuves pour la réincarnation.......... 75
    Les travaux du Dr Stevenson 76
L'exploration des vies antérieures 92
    La régression sous hypnose.............. 92
    Les expériences du Colonel de Rochas 94
    Ce que l'hypnose réveille................ 95
    Le cas de Ruth Simmons................ 97
Des N.D.E. aux vies antérieures 98
    Télépathie ou souvenirs oubliés?........ 99
    Les guérisons sous hypnose du Dr Kelsey. 103
    Les fantastiques lectures de vie d'Edgar
    Cayce 108
    La régression spontanée................. 110
    La mémoire du monde ou celle des parti-
    cules................................. 111

La résurrection : 115

Le judaïsme : l'après-vie indescriptible 117
L'islam : le rappel à la vie au jour des comptes 121
Le christianisme : l'immortalité personnelle.. 126
La science et la résurrection 132

L'état hors du corps : 139

Vivre en dehors de l'enveloppe corporelle?.. 143
Les diverses densités de la matière 147
La pensée crée la réalité 150
Se construire un corps pour l'éternité....... 151
L'incessante incarnation de la vie 155
Le voyage astral.......................... 156
Le délit de subjectivité 161

Le corps astral 164
Le corps et son double énergétique 167
L'énergie lumineuse, support de la survie ? . . 174
Un au-delà superlumineux. 177

L'état de pré-mort : 181

Au bord de la mort. 184
La mort est une autre naissance 185
Les étapes du voyage vers l'au-delà 187
   L'impression d'être mort 189
   Le bruit et le tunnel. 190
   Le dédoublement 192
   La rencontre 194
   L'être de lumière. 198
   Le défilé de la vie. 201
   La barrière 204
   La fascination de l'au-delà 204
   La décision du retour. 206
   La vie nouvelle 206
Mort et transfiguration. 211
Vie-mort : une frontière impossible 214
Le cerveau non irrigué. 220
La drogue et la mort. 222
Au-delà du mur de la lumière 232

Le rêve et l'au-delà : 237

La prémonition de la mort 243
L'information sur l'au-delà 251
L'interprétation des rêves de mort. 253
Autre réalité ou jeu de l'imaginaire ? 263
Devenir un rêveur conscient. 264
Rêves et réincarnation 267
   Rêves d'une vie antérieure. 269

Rêves et « karma »   274
Le second système.   275
Les barrières de l'espace-temps.   279

Les communications avec l'au-delà : 285

Le spiritisme.   293
L'état de médium.   296
Médiums sous surveillance   299
    Eusapia Palladino   299
    Daniel Douglas Home.   302
    Marthe Béraud.   304
    Willi Schneider   306
    Les moulages du Dr Geley.   309
    Leonor Piper.   311
Communiquer avec les morts   313
    L'écriture automatique   318
    La transcommunication instrumentale   323
    Des images de l'au-delà   329
    Redécouverte du *psychomanteum* antique. .   335
Les tables tournantes   337
Les lieux hantés.   339
Les fantômes   341
    La main brune.   347
    Le fantôme de Jung.   348
Les déplacements d'objets   351
La synchronicité   353

Conclusion   357

Appendice : accompagner le mourant   367

Bibliographie.   381

Achevé d'imprimer
en avril 2007
par Printer Industria Gráfica
pour le compte de France Loisirs, Paris

Numéro d'éditeur : 48393
Dépôt légal : mai 2007

Imprimé en Espagne